中国社会科学院创新工程学术出版资助项目

构建流通骨干网络与流通节点城市发展报告 (2016~2017)

Construction of Mainstay Circulation Network and
Node-cities Development Report（2016~2017）

依绍华 ◎ 等著

经济管理出版社
ECONOMY & MANAGEMENT PUBLISHING HOUSE

图书在版编目（CIP）数据

构建流通骨干网络与流通节点城市发展报告（2016-2017）/依绍华等著. —北京：经济管理出版社，2017.9

ISBN 978-7-5096-5353-1

Ⅰ. ①构… Ⅱ. ①依… Ⅲ. ①城市—物流—网络系统—研究报告 Ⅳ. ①F252

中国版本图书馆 CIP 数据核字（2017）第 231065 号

组稿编辑：杨　雪
责任编辑：杨　雪
责任印制：黄章平
责任校对：董杉珊

出版发行：经济管理出版社
　　　　　（北京市海淀区北蜂窝 8 号中雅大厦 A 座 11 层　100038）
网　　　址：www. E-mp. com. cn
电　　　话：（010）51915602
印　　　刷：北京玺诚印务有限公司
经　　　销：新华书店
开　　　本：787mm×1092mm /16
印　　　张：15
字　　　数：311 千字
版　　　次：2017 年 10 月第 1 版　　2017 年 10 月第 1 次印刷
书　　　号：ISBN 978-7-5096-5353-1
定　　　价：79.00 元

课题组成员介绍

课题组负责人：依绍华

课题组成员（按姓氏笔画排列）：

庄伟卿　　许贵阳

张　昊　　张　楚

邹旭鑫　　廖　斌

目 录

引言 001

总报告

第一章　大流通网络建设情况分析 005
　一、总体发展状况 005
　二、流通基础设施建设 021
　三、流通创新与优化情况及比较 028

第二章　流通节点城市发展状况分析 044
　一、节点城市发展情况分析 044
　二、节点城市政策执行情况 052
　三、流通节点功能发挥情况及比较 053

第三章　骨干流通大通道发展分析 068
　一、东线沿海流通大通道 068
　二、中线京港澳流通大通道 077
　三、西线呼昆流通大通道 082
　四、西北北部流通大通道 086
　五、陇海兰新沿线流通大通道 090
　六、长江沿线流通大通道 095

七、沪昆沿线流通大通道 ·························· 100

八、珠江西江流通大通道 ·························· 103

第四章 问题与对策建议 ···························· 108

一、存在的问题 ·································· 108

二、政策建议 ···································· 112

子报告

子报告一 区域流通协调发展分析 ················· 117

一、区域流通协调发展措施 ······················ 117

二、流通一体化 ·································· 128

子报告二 骨干流通网络辐射力分析 ················ 131

一、主要节点城市发展情况分析 ·················· 131

二、主要节点城市流通业对经济增长作用机理研究 ···· 137

三、主要节点城市流通产业对经济增长辐射作用的测度 ··· 142

四、政策建议 ···································· 152

子报告三 典型流通节点城市发展分析 ·············· 156

一、沈阳 ·· 156

二、石家庄 ······································ 160

三、青岛 ·· 166

四、郑州 ·· 172

五、西安 ·· 179

六、重庆 ·· 184

七、杭州 ·· 190

八、广州 ·· 196

附录 ·· 203

参考文献 ·· 228

后记 ··· 231

引 言

建设大流通网络，培育流通节点城市，对于完善现代市场体系，促进国民经济运行效率和质量提升具有重要意义。2015 年 6 月，由商务部牵头，根据中共十八大、十八届三中全会、十八届四中全会精神和《国务院关于深化流通体制改革加快流通产业发展的意见》（国发〔2012〕39 号）制定的《全国流通节点城市布局规划（2015～2020 年）》（以下简称《规划》）发布，全国流通节点城市建设和商业功能区发展有了新的进展、取得了新的成绩，但也面临着一些问题和挑战。因此，有必要对构建大流通网络与流通节点城市发展状况进行分析总结，以更好地培育节点城市，发挥其集聚辐射功能，逐步构建大流通网络，提升流通效率。

本报告首先以"3 纵 5 横"骨干流通大通道及节点城市构成的大流通网络进行分析，包括总体发展情况、流通基础设施建设、流通创新与优化情况及其比较。其次对37 个国家级流通节点城市，66 个区域级流通节点城市的发展状况进行分析，考察城市经济总体发展，节点功能发挥以及在流通创新方面的表现。再次对"3 纵 5 横" 8 条骨干流通大通道沿线经济与流通发展状况进行分析，考察大通道在促进周边区域协同发展，商品与要素自由流动，以及流通效率提升等方面的作用，主要根据每条骨干大通道串联的具体经济区域，综合其在全国产业布局与流通运行中的角色和作用，采用定量与定性相结合的方式分别进行有针对性的分析。最后围绕流通基础设施建设、骨干流通网络构建、流通节点城市发展等方面的分析结果，提出当前全国大流通网络构建与流通节点城市发展遇到的主要困难和问题，从优化制度环境、提升行业发展动力、改善配套支持条件、深化管理体制改革等方面，提出有利于未来加快全国性流通网络形成和重要流通节点城市发展的对策建议。

本报告包含一个主报告加三个子报告，主报告分为四个部分：大流通网络建设情况分析；流通节点城市发展状况分析；骨干流通大通道发展分析；问题与对策建议。子报告分为三个部分：区域流通协调发展分析；骨干流通网络辐射力分析；典型流通节点城市发展分析。

总报告

第一章 大流通网络建设情况分析

一、总体发展状况

（一）流通网络经济地位状况

"3纵5横"全国骨干流通大通道，即东线沿海流通大通道、中线京港澳流通大通道、西线呼昆流通大通道、西北北部流通大通道、陇海兰新沿线流通大通道、长江沿线流通大通道、沪昆沿线流通大通道及珠江西江流通大通道所涵盖的37个国家级流通节点城市和66个区域级流通节点城市，占全国4个直辖市和333个地级行政区域（不含港澳台地区）中的比例为30.56%，而经济总量（2015年）占到全国的67.45%（见表1-1，下同）。其中，第一产业增加值占40.12%，第二产业增加值占73.02%，第三产业增加值占67.83%。除第一产业外，第二、第三产业的占比，37个国家级流通节点城市和66个区域级流通节点城市合计分别接近3/4和超过2/3，在全国范围内发挥了主体的作用，是国家经济的主战场。在经济增长速度方面，"3纵5横"全国骨干流通节点城市的平均增长率，除第一产业外，GDP、第二产业增加值、第三产业增加值的平均增长率皆超过全国水平。这表明："3纵5横"全国骨干流通节点城市不仅在经济规模上是主战场，还是国家经济的启动源和推动源。因此，对"3纵5横"大流通网络建设的总体把握将有助于国家制定更加精准的流通战略规划和政策实施措施。

表1-1 "3纵5横"节点城市的经济地位（2015年）

单位：亿元

指标	全国		"3纵5横"全国骨干					
			流通大通道		国家级节点城市		区域级节点城市	
	数值	增长率（%）	总和	平均增长率（%）	总和	平均增长率（%）	总和	平均增长率（%）
GDP	676708	6.9	456413.22	8.04	292324.97	8.57	164088.25	7.52
第一产业增加值	60863	3.9	24419.1	3.47	9285.57	2.82	15133.53	4.12

指标	全国		"3纵5横"全国骨干					
			流通大通道		国家级节点城市		区域级节点城市	
	数值	增长率（%）	总和	平均增长率（%）	总和	平均增长率（%）	总和	平均增长率（%）
第二产业增加值	274278	6.0	200285.89	7.21	117987.19	7.22	82298.7	7.19
第三产业增加值	341567	8.3	231688.02	9.86	165052.16	9.94	66635.86	9.77
占全国的比例（%）	GDP		67.45		43.20		24.25	
	第一产业增加值		40.12		15.26		24.86	
	第二产业增加值		73.02		43.02		30.01	
	第三产业增加值		67.83		48.32		19.51	

注：①全国及各节点城市的GDP、第一产业增加值、第二产业增加值、第三产业增加值均来自对应的2015年国民经济和社会发展统计公报；②因日喀则统计数据暂无法获取，故统计排除之；③节点城市GDP、第一产业增加值、第二产业增加值、第三产业增加值的平均增长率为取各节点城市较2014年增长率的平均数。

（二）大流通网络基础建设情况

1. 固定资产建设投入

自2015年5月25日，商务部等十部门联合印发《全国流通节点城市布局规划（2015~2020年）》以来，对实施国家新型工业化、信息化、城镇化和农业现代化，以及"一带一路"、京津冀协同发展和长江经济带等重大发展倡议和战略起到很好的助推器作用。通过科学合理规划全国流通节点城市，推动流通节点城市加速发展，完善流通节点城市网络布局，形成健全的全国骨干流通网络。在对2015年大流通节点城市与全国的基础建设投资进行比较（见表1-2），全国全社会固定资产投资额为562000亿元，增长率为11.8%，全国全社会固定资产投资额占GDP的比例为83.05%；"3纵5横"全国骨干流通大通道的全社会固定资产投资额为307494.39亿元，平均增长率为11.65%，占全国的54.71%，全社会固定资产投资额占GDP的比例为67.37%。一方面，大流通网络基础建设投入保持较高的增速；另一方面，大流通网络基础建设投入与GDP占比呈现较低水平。其中，37个国家级流通节点城市的全社会固定资产投资额占全国的比例为31.79%，低于这37个节点城市GDP总额占全国GDP总额比例（43.20%）11.41个百分点；37个国家级流通节点城市的全社会固定资产投资额占GDP的比例为61.11%，低于全国全社会固定资产投资额占GDP比例（83.05%）21.94个百分点；同时，与66个区域级流通节点城市的22.93%和78.53%也存在较大差异。这表明："3 纵 5 横"全国骨干流通大通道节点城市的基础建设投入水平并不高，特别是 37 个国家级流通节点城市相对较低。

表 1-2 大流通网络基础建设情况（2015 年）

单位：亿元，%

指标	全国		"3 纵 5 横"全国骨干					
			流通大通道		37 个国家级流通节点城市		66 个区域级流通节点城市	
	数值	增长率（变化率）	总和/平均值	平均增长率	总和/平均值	平均增长率	总和/平均值	平均增长率
GDP	676708	6.9	456413.22/4474.64	8.04	292324.97/7900.67	8.57	164088.25/2486.19	7.52
全社会固定资产投资额	562000	11.8	307494.39/2985.38	11.65	178636.50/4828.01	10.20	128857.89/1952.39	12.46
全社会固定资产投资额占 GDP 的比例	83.05	2.49	67.37	144.90	61.11	119.02	78.53	165.69
占全国的比例 GDP		67.45			43.20		24.25	
占全国的比例 全社会固定资产投资额		54.71			31.79		22.93	

注：①全国及各节点城市的 GDP、全社会固定资产投资额均来自对应的 2015 年国民经济和社会发展统计公报；②因大庆市的全社会固定资产投资额增长率数据暂无法获取，故统计排除之。③节点城市 GDP、全社会固定资产投资额的平均增长率为取各节点城市较 2014 年的增长率的平均数。

2. 软环境建设体系

国务院 2015 年 8 月 28 日印发关于推进国内贸易流通现代化建设法治化营商环境的意见，提出了五个方面的举措[①]：一是健全内贸流通统一开放的发展体系。加强全国统一市场建设，构建开放融合的流通体系。建设以三大流通产业集聚区、四大流通产业集聚带和若干重要支点城市为基础的全国骨干流通网络。完善流通设施建设管理体系，加强流通领域重大基础设施建设。二是提升内贸流通创新驱动水平。推动电子商务等新兴流通方式创新，促进农产品和农村电子商务发展，鼓励引导传统流通企业利用电子商务加快转型。推动绿色循环低碳发展模式和文化培育传播形式创新。完善创新支

---

① 《国务院关于推进国内贸易流通现代化建设法治化营商环境的意见》（国发〔2015〕49 号），发布时间 2015-08-28，访问网址 http://www.gov.cn/zhengce/content/2015/08/28/content_ 10124.htm，访问时间 2016-10-30；新华网，"国务院系统部署发展现代流通业 推进大流通网络建设"，发布时间 2015-08-29，访问网址 http://news.xinhuanet.com/info/2015-08/29/c_134567736.htm，访问时间 2016-10-30。

持政策，健全支撑服务体系，推动流通企业改革创新。加强知识产权保护。三是增强内贸流通稳定运行的保障能力。完善信息服务体系，推广大数据应用。完善商品应急储备体系，增强市场应急保供能力。构建重要商品追溯体系，形成来源可追、去向可查、责任可究的信息链条。四是健全内贸流通规范有序的规制体系。加快推进流通立法。加强流通领域执法，提升监管执法效能。加强流通标准化建设。加快建设流通信用体系，推动建立行政管理信息共享机制、市场化综合信用评价机制、第三方信用评价机制等信用评价模式。五是健全内贸流通协调高效的管理体制。处理好政府与市场的关系，推动建立内贸流通领域负面清单、权力清单和部门责任清单。合理划分中央与地方政府权责，完善部门间协调机制，充分发挥行业协会商会作用。

（三）节点城市的合作联动情况

1. 政策联动

根据《全国流通节点城市布局规划（2015~2020年）》确定的"3纵5横"全国骨干流通大通道包括三条南北向流通大通道和五条东西向流通大通道。

（1）东线沿海流通大通道：以深圳经济特区、上海浦东新区、天津滨海新区等经济特区和国家级新区为引擎，沿线包括东北地区、京津冀、山东半岛、长三角、海峡西岸、珠三角等地区，依托我国人口和生产力布局最密集、产业最集中的地区，促进商品和要素自由流动，提高现代服务业发展水平，形成联结东西、贯穿南北，辐射全国、面向亚太的流通产业发展战略空间，提升我国流通产业国际竞争力。

（2）中线京港澳流通大通道：依托京港澳高速、京广高铁、京广铁路等综合交通运输通道，串联京津冀城市群、中原城市群、长江中游地区、珠三角地区，联系香港和澳门地区，涵盖北京、石家庄、郑州、武汉、长沙、广州、深圳等重要的流通节点城市，促进农产品和工业品跨区域流动，形成贯穿南北、衔接东西、辐射全国的重要流通大通道。

（3）西线呼昆流通大通道：以西部的呼和浩特、西安、成都、重庆、昆明为支点，以沿线的重庆两江新区等国家级新区为牵引，促进西部地区流通基础设施建设，向东联系京津冀地区、长三角地区、珠三角地区，向南辐射南亚、东南亚，形成联系东西、纵贯南北的流通大通道。

（4）西北北部流通大通道：发挥天津滨海新区龙头带动作用，以北京、呼和浩特、石家庄、太原、银川、乌鲁木齐为支点，经哈萨克斯坦、俄罗斯、白俄罗斯到达欧洲，促进环渤海地区和西部地区流通产业联动发展，发挥欧亚大陆桥功能，辐射中亚、西亚和东北亚地区。

（5）陇海兰新沿线流通大通道：通过陇海、兰新线等运输通道，串联乌鲁木齐、西宁、兰州、西安、郑州、连云港等流通节点城市，向西出阿拉山口、霍尔果斯，联接中亚，经莫斯科到达欧洲；以喀什为支点向西，通过中亚、西亚，经伊斯坦布尔到达欧洲。依托国际铁路运输通道，提升郑州、西安、兰州、西宁、乌鲁木齐等节点城市流通服务功能，向西北联系中亚、西亚和欧洲，向南辐射我国云贵地区，带动我国西部地区开发开放。

（6）长江沿线流通大通道：以上海为龙头，以南京、杭州、宁波、苏州、合肥、武汉、重庆等为支点，串联起江苏、浙江、安徽、江西、湖北、湖南、四川、贵州、云南九省沿江节点城市，依托长江经济带综合立体交通走廊，建设长江沿线流通大通道，发挥承东启西、通江达海的区位优势，带动长江经济带和东中西部联动发展。

（7）沪昆沿线流通大通道：依托沪昆高铁、沪昆铁路、沪昆高速公路组成的综合运输体系，经缅甸联系南亚和孟加拉湾，串联长三角地区、长株潭地区、黔中地区、滇中地区，加强长三角沿海发达地区与中部内陆地区、西南沿边地区流通产业联动发展，形成横贯东中西部地区，联系南亚的流通大通道。

（8）珠江西江流通大通道：依托珠江—西江黄金水道和南广铁路、贵广铁路、云桂铁路等组成的综合运输体系，建设珠江西江流通大通道，经越南辐射东盟和南亚，

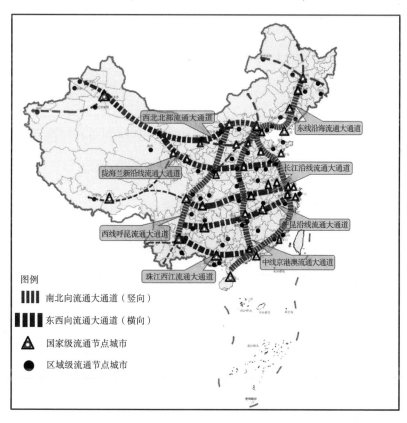

图1-1 全国骨干流通网络布局示意图

资料来源：《全国流通节点城市布局规划（2015~2020年）》。

发挥直接连接东西部地区、面向港澳、连接东盟的区位优势，促进形成西南中南地区新的经济支撑带，形成东西互动、优势互补、江海联动的流通大通道。

2. 产业与流通数据联动

"3纵5横"全国骨干流通大通道是以37个国家级流通节点城市为主，带动66个区域级流通节点城市为辅，推进遍及全国范围的流通网络的发展。因此，这里以2005~2014年的数据①讨论37个国家级流通节点城市的产业与流通关联性。研究分为两个视角：①以37个城市为视角，分析城市间产业与流通的联动；②以产业、流通为视角，分析37个城市的联动。

产业数据指标：国内生产总值（GDP）、第一产业增加值（IND1）、第二产业增加值（IND2）和第三产业增加值（IND3）。

流通数据指标：旅客运输量（PassVol）和货物运输量（CargVol）。

（1）产业、流通的联动。将37个节点城市的产业与流通数据进行相关性分析（见表1-3）。国内生产总值（GDP）、第一产业增加值（IND1）、第二产业增加值（IND2）、第三产业增加值（IND3）与旅客运输量（PassVol）和货物运输量（CargVol）均存在显著的相关。从相关性系数来看，货物运输量（CargVol）与产业变量较旅客运输量（PassVol）来得大，说明货物运输量与国内生产总值、第一产业增加值、第二产业增加值、第三产业增加值的关联性更紧密，联动更强。

表1-3 产业、流通关联性分析

指标		GDP	IND1	IND2	IND3	PassVol	CargVol
GDP	Pearson 相关性						
IND1	Pearson 相关性	0.357**					
IND2	Pearson 相关性	0.919**	0.474**				
IND3	Pearson 相关性	0.961**	0.280**	0.840**			
PassVol	Pearson 相关性	0.517**	0.304**	0.471**	0.494**		
CargVol	Pearson 相关性	0.732**	0.497**	0.737**	0.638**	0.416**	

注：** 表示在 0.01 水平（双侧）上显著相关。

（2）节点城市的联动。选取国内生产总值（GDP）、旅客运输量（PassVol）与货物运输量（CargVol）变量，对37个节点城市做相关性分析，结果见附表1：37个国家级流通节点城市关联性分析。除长春与其他节点城市均显著相关外，余下36个节点城市的联动存在显著不相关，情况如下：

---

① 因2015年数据采集存在一定缺失，故数据确定到2014年，因产业流通的关联是长期历史发展起来的，所以最新数据到2014年也可准确描述它们之间的关系，不影响研究结论。

北京与天津、石家庄、太原、呼和浩特、大连、上海、济南、青岛、武汉、南宁、昆明、拉萨、兰州、银川、乌鲁木齐不相关;

天津与苏州、深圳、海口、成都、贵阳、拉萨不相关;

石家庄与苏州、深圳、海口、贵阳不相关;

太原与苏州、郑州、深圳、海口、重庆、成都、贵阳、拉萨不相关;

呼和浩特与沈阳、苏州、深圳、海口、重庆、成都、贵阳不相关;

沈阳与上海、拉萨不相关;

大连与苏州、深圳、海口、重庆、成都、贵阳、拉萨不相关;

哈尔滨与上海、拉萨不相关;

上海与南京、苏州、杭州、郑州、长沙、深圳、海口、重庆、成都、贵阳、拉萨、西宁不相关;

南京与拉萨不相关;

苏州与宁波、济南、青岛、武汉、南宁、昆明、拉萨、兰州、银川、乌鲁木齐不相关;

杭州与拉萨不相关;

宁波与拉萨不相关;

合肥与拉萨不相关;

福州与拉萨不相关;

厦门与拉萨不相关;

南昌与拉萨不相关;

济南与深圳、贵阳不相关;

青岛与深圳、贵阳、拉萨不相关;

郑州与拉萨不相关;

武汉与深圳、海口、拉萨不相关;

长沙与拉萨不相关;

广州与拉萨不相关;

深圳与南宁、昆明、拉萨、兰州、银川、乌鲁木齐不相关;

南宁与海口、成都、贵阳不相关;

海口与拉萨、兰州、银川、乌鲁木齐不相关;

重庆与拉萨不相关;

成都与拉萨、兰州、银川、乌鲁木齐不相关;

贵阳与拉萨、兰州、银川、乌鲁木齐不相关;

拉萨与兰州、西宁、乌鲁木齐不相关。

从研究结果来看,北京、上海、苏州、深圳、拉萨、海口、成都等节点城市与其他城市的联动效果并不理想。表明在流通网络中,这些城市的经济表现显著,但并未在流通网络中发挥与之相匹配的流通中心节点的影响力和推动力。

（四）"一带一路"流通状况分析

"一带一路"的重点省份总共有18个，具体为：新疆、陕西、甘肃、宁夏、青海、内蒙古西北6省，黑龙江、吉林、辽宁东北3省，广西、云南、西藏西南3省，上海、福建、广东、浙江、海南5省，内陆地区则是重庆。此外，规划还提及要发挥港澳台地区在"一带一路"中的作用。[①] 通过对"一带一路"规划与"流通节点"规划比较，分析《全国流通节点城市布局规划（2015~2020年）》支持"一带一路"建设情况（见表1-4）。由表1-4可知，除省份西藏、城市合肥的"流通节点"规划不能支持"一带一路"建设与东北三省较一般支持以外，其他"一带一路"重点省份都能得到《全国流通节点城市布局规划（2015~2020年）》的较好支持。

表1-4　"一带一路"规划与流通节点规划比较分析

项　目			对比分析		项　目			
《推动共建丝绸之路经济带和21世纪海上丝绸之路的愿景与行动》			功能定位	匹配情况	《全国流通节点城市布局规划（2015~2020年）》			
覆盖区域	覆盖省份	覆盖城市			功能定位	覆盖国家级节点城市	覆盖省份	覆盖区域
西北、东北地区	北京		建设向北开放重要窗口	匹配	促进环渤海地区和西部地区流通产业联动发展，发挥欧亚大陆桥功能，辐射中亚、西亚和东北亚地区	北京、呼和浩特、石家庄、太原、银川、乌鲁木齐	内蒙古、河北、山西、宁夏、新疆	西北北部流通大通道
	内蒙古		发挥联通俄蒙区位优势	匹配				
	新疆		打造丝绸之路经济带核心区	匹配				
	宁夏		推进宁夏内陆开放型经济试验区建设	匹配				
	黑龙江		完善与俄远东地区陆海联运合作，推进构建北京莫斯科欧亚高速运输走廊，建设向北开放重要窗口	一般				
	吉林			一般				
	辽宁			一般				
	陕西		打造西安内陆型改革开放新高地	匹配	向西北联系中亚、西亚和欧洲，向南辐射我国云贵地区，带动我国西部地区开发开放	乌鲁木齐、西宁、兰州、西安、郑州	新疆、青海、甘肃、陕西、河南、江苏	陇海兰新沿线流通大通道
	甘肃		加快兰州开发开放	匹配				
	青海	西宁	加快西宁开发开放	匹配				

[①]　中国道路运输在线，访问网址 http://www.zgdlys.cn/jiankang/2015/0401/11499.html，发布时间 2015-04-09，访问时间 2016-11-10。

项　目			对比分析			项　目		
《推动共建丝绸之路经济带和21世纪海上丝绸之路的愿景与行动》			功能定位	匹配情况	功能定位	《全国流通节点城市布局规划（2015~2020年）》		
覆盖区域	覆盖省份	覆盖城市				覆盖国家级节点城市	覆盖省份	覆盖区域
西南地区	广西		21世纪海上丝绸之路与丝绸之路经济带有机衔接的重要门户；加快北部湾经济区和珠江—西江经济带开放发展，构建面向东盟区域的国际通道，打造西南、中南地区开放发展新的战略支点	匹配	建设珠江西江流通大通道，经越南辐射东盟和南亚，发挥直接连接东西部地区、面向港澳、连接东盟的区位优势，促进形成西南中南地区新的经济支撑带，形成东西互动、优势互补、江海联动的流通大通道	广州、南宁、贵阳、昆明	广东、广西、贵州、云南	珠江西江流通大通道
	云南		推进与周边国家的国际运输通道建设，打造大湄公河次区域经济合作新高地，建设成为面向南亚、东南亚的辐射中心	匹配				
	西藏		推进与尼泊尔等国家边境贸易和旅游文化合作	不匹配				
沿海和港澳台地区	上海		加快推进上海自贸区建设	匹配	依托长江经济带综合立体交通走廊，建设长江沿线流通大通道，发挥承东启西、通江达海的区位优势，带动长江经济带和东中西部联动发展	上海、南京、杭州、宁波、苏州、合肥、武汉、长沙、重庆、成都、贵阳、昆明	江苏、浙江、安徽、江西、湖北、湖南、四川、贵州、云南	长江沿线流通大通道
	福建		支持建设21世纪海上丝绸之路核心区，推进福建海峡蓝色经济试验区建设	匹配	形成连接东西、贯穿南北，辐射全国、面向亚太的流通产业发展战略空间，提升我国流通产业国际竞争力	深圳、上海、天津、沈阳、大连、长春、哈尔滨、北京、石家庄、济南、青岛	广东、辽宁、吉林、黑龙江、河北、山东、江苏、浙江、安徽、福建、海南	东线沿海流通大通道
	浙江		推进浙江海洋经济发展示范区建设、舟山群岛新区建设	匹配				

续表

项　目			对比分析		项　目			
《推动共建丝绸之路经济带和21世纪海上丝绸之路的愿景与行动》			功能定位	匹配情况	功能定位	《全国流通节点城市布局规划（2015~2020年）》		
覆盖区域	覆盖省份	覆盖城市				覆盖国家级节点城市	覆盖省份	覆盖区域
沿海和港澳台地区	广东		"一带一路"特别是21世纪海上丝绸之路建设的排头兵和主力军	匹配		南京、苏州、杭州、宁波、合肥、福州、厦门、广州、海口	—	—
	海南		加大国际旅游岛开发开放力度	匹配				
内陆地区	重庆		打造重庆西部开发开放重要支撑	匹配	促进西部地区流通基础设施建设，向东联系京津冀、长三角、珠三角地区，向南辐射南亚、东南亚，形成联系东西、纵贯南北的流通大通道	呼和浩特、西安、成都、重庆、昆明	内蒙古、陕西、四川、云南	西线呼昆流通大通道
		成都	打造内陆开放型经济高地	匹配				
		郑州		匹配	促进农产品和工业品跨区域流动，形成贯穿南北、衔接东西、辐射全国的重要流通大通道	北京、石家庄、郑州、武汉、长沙、广州、深圳	河北、河南、湖北、湖南、广东	中线京港澳流通大通道
		武汉		匹配				
		长沙		匹配	加强长三角沿海发达地区与中部内陆地区、西南沿边地区流通产业联动发展，形成横贯东中西部地区，联系南亚的流通大通道	上海、杭州、宁波、南昌、长沙、贵阳、昆明	浙江、江西、湖南、贵州、云南	沪昆沿线流通大通道
		南昌		匹配				
		合肥		不匹配				

注：①资料整理自网站：http：//www．zj．xinhuanet．com/2016-04/23/c_ 1118714208. htm（《推动共建丝绸之路经济带和21世纪海上丝绸之路的愿景与行动》）；http：//www．mnw．cn/news/china/878162.html；《全国流通节点城市布局规划（2015~2020年）》。②"匹配情况"的判定是根据"功能定位"作出定性的描述。

　　进一步地，各地方都围绕"一带一路"倡议，制定了流通节点建设的规划及实施举措。以福建和新疆两个"一带一路"核心区的流通建设规划情况为例。《福建省"十三五"综合交通运输发展专项规划》（2016年5月）提出的目标：围绕推进全省交通运输现代化，开创综合交通、智慧交通、绿色交通、平安交通协同发展新格局，打造现代综合交通运输升级版，增强交通服务产业发展、服务新型城镇化、服务新农村建设、服务公众便捷出行的能力，五年计划完成投资7500亿元，到2020年，基本建成域内互通、域外互联、安全便捷、经济高效、绿色智能的现代综合交通运输体系，综合交通总体发展水平达到全国先进行列，实现交通网络更加完善、两个体系基本建成、行业治理智慧高效。具体规划指标见表1-5、表1-6，更详尽的规划数据参见《福建省"十三五"综合交通运输发展专项规划》。[①]

表1-5 "十三五"时期福建省交通运输投资计划

单位：亿元

铁路	城（市）际轨道	民航	城市公共交通	高速公路	普通公路	港航	综合运输枢纽	邮政	合计
1000	1100	800	280	1370	2010	530	290	120	7500

资料来源：《福建省"十三五"综合交通运输发展专项规划》。

表1-6 "十三五"时期福建省综合交通运输规划主要指标

指标			单位	2015年	2020年	增量
公路	总里程		万公里	10.46	10.8	0.34
	其中	高速公路	公里	5002	6000	1000
		普通国省二级及以上公路比例	%	65	75	10
轨道交通	铁路营运里程		公里	3298	5000	1700
	其中	快速铁路	公里	1569	3000	1430
	城（市）际轨道运营和在建里程		公里	100	800	700
港口	港口吞吐量		亿吨	5	7	2
	其中	集装箱吞吐量	万标箱	1360	1600	240
机场	建成运营民航机场		座	6	8	2
	建成运营通用机场		座	2	10	8
枢纽	设区市综合客运枢纽覆盖率		%	50	100	50

[①] 福建省人民政府办公厅，《福建省人民政府办公厅关于印发福建省"十三五"综合交通运输发展专项规划的通知》（闽政办〔2016〕90号），发文时间2016-06-03，访问网址 http://www.fujian.gov.cn/zc/zwgk/ghxx/zxgh/201606/t20160623_1191404.htm，访问时间2016-11-11。

指　　标		单位	2015 年	2020 年	增量
运输服务	设区市中心城区公交站点 500 米覆盖率	%	80	100	20
	城市公共交通占机动化出行比例 （其中百万以上人口城市）	%	25	>35（60）	>10
	快递网点乡镇覆盖率	%	70	100	30
	闽台客运量	万人次	270	320	50
智慧绿色 平安	交通一卡通县级行政区覆盖率	%	—	100	100
	交通运输 CO_2 排放强度下降率	%	7		
	交通运输事故死亡人数下降率	%	5		

数据来源：《福建省"十三五"综合交通运输发展专项规划》。

再如新疆维吾尔自治区，按照实现"五个支撑"战略定位、构建现代综合交通运输体系的总体要求，新疆综合交通运输体系由"五大通道"、"三大枢纽"、"三个网络"、"三个系统"构成。到 2020 年，丝绸之路经济带交通枢纽中心建设取得突破性进展，综合运输通道能力更加充分、配置更加合理；区域干线网络技术状况显著改善；各运输方式顺畅衔接、深度融合；城乡基础运输网络覆盖更加广泛；运输服务品质显著提升；安全应急保障更加可靠有力；向西开放互联互通进一步增强，基本形成功能完善、能力充分、结构合理、服务优质、安全可靠、绿色低碳的综合交通运输体系，基本适应打造丝绸之路经济带核心区和全面建成小康社会的需要。[①] 具体规划指标见表 1-7，而更详尽的规划数据参见《新疆综合交通运输"十三五"发展规划》（征求意见稿）。

表 1-7　新疆综合交通运输"十三五"发展主要指标

发展目标	发展指标	2015 年	2020 年	指标类型
能力充分 结构合理	铁路营业里程（公里）	5879	10000	预期性
	铁路复线里程（公里）	2881	3800	预期性
	铁路电气化里程（公里）	3175	5000	预期性
	公路总里程（万公里）	17.6	19	预期性
	高速公路总里程（公里）	4316	5500	预期性
	普通国道二级及以上比重（%）	50	70	预期性
	县城（团场）通二级及以上公路比重（%）	85	100[a]	预期性
	建制村通硬化路比例（%）	90	100	约束性
	民用运输机场数量（个）	22[b]	27	预期性

① 新疆维吾尔自治区交通运输厅，《新疆综合交通运输"十三五"发展规划》（征求意见稿），发文时间 2015-07-03，访问网址 http：//www.xjjt.gov.cn/article/2015-11-23/art84330.html，访问时间 2016-11-11。

发展目标	发展指标	2015 年	2020 年	指标类型
服务优质	高速公路 ETC 覆盖率（％）	100		约束性
	县城开通公交率（％）	100		预期性
	乡镇（营）通客运率（％）	100c		约束性
	建制村（连）通客运率（％）	100		约束性
	乡镇（团场）快递网点覆盖率（％）	100		预期性
	建制村（连）通邮率（％）	100		约束性
	地级城市中心城区公交站点 500 米覆盖率（％）	100		预期性
安全可靠	重要基础设施及运输装备视频监控联网覆盖率（％）	100		约束性
	国省干线一般灾害情况下应急救援到达时间（小时）	≤2		约束性
	重点监管水域应急救援到达时间（小时）	≤0.5		约束性
	干线公路除雪作业覆盖率（％）	100		约束性
绿色低碳	交通运输碳排放强度下降率（％）	5		预期性
	清洁能源及新能源公交车占比（％）	—		预期性
	干线公路废旧沥青路面材料循环利用率（％）	80		预期性

注：a. 若羌、且末等县城按照连通公路达到二级服务水平计算；b. 含在建机场；c. 具备条件的。

数据来源：《新疆综合交通运输"十三五"发展规划》（征求意见稿）。

（五）"京津冀"流通状况分析

在《京津冀协同发展规划纲要》（2015 年 4 月 30 日审议通过）与《"十三五"时期京津冀国民经济和社会发展规划》[1] 指导下，京津冀交通一体化是京津冀协同发展的骨骼系统和先行领域。按照网络化布局、智能化管理功能和一体化服务的要求，构建以轨道交通为骨干多节点、网格状、全覆盖的交通网络，提升运输组织和服务现代化水平，建立统一开放的区域运输市场格局（见图 1-2）[2]。

1. 建设轨道上的京津冀

"十三五"期间重点推进京张城际、京沈客专、京霸铁路等干线铁路建设，同步完成星火站、丰台清河等铁路枢纽建设。加快推进京唐、京滨、京石等城际铁路建设，加强北京、天津、河北主要城市间轨道交通衔接。加快城际铁路联络线（S6 线）建设，形成连接首都国际机场、新机场及沿线各新城的交通骨干走廊，京津冀区域城际铁路主骨架基本形成。加强中心城与新城及北京周边主要镇之间的快速交通联系，重

---

[1] 北京市交通委员会，《北京市"十三五"时期交通发展建设规划》，2016 年 6 月。

[2] 参考《京津冀协同发展交通一体化规划》。

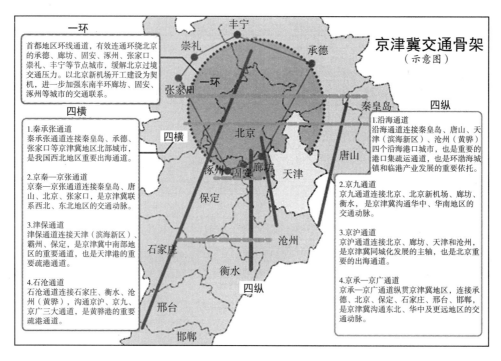

图1-2　京津冀交通骨架规划示意图

图片来源：《京津冀协同发展交通一体化规划》，访问网址 http：//politics. peo-ple. com. cn/n1/2015/1215/c1001-27928941. html。康剑制图。

点推动北京东部、南部平原地区的市域（郊）铁路建设。

2. 打造国际一流的陆空运输体系

构建京津冀区域机场群。加快北京新机场一期建设并投入使用，与天津滨海机场、石家庄正定机场等形成合理定位、优势互补、协调发展的区域机场群。适时发展通用航空，研究推进通用航空基础设施网络建设，促进完善通用航空产业发展相关保障政策；构建北京新机场陆侧交通系统，满足进出港客货交通运输需求，支撑临空经济区建设发展。加强北京新机场与轨道、高速公路等多种交通方式的衔接，建设形成由京霸铁路、廊涿城际、轨道交通新机场线、新机场高速、新机场北线高速、京台高速及京开高速拓宽工程组成的"5纵2横"综合快速联络通道。

3. 完善便捷通畅的公路交通网

基本建成国家高速公路网，优化调整国家高速公路通道功能，构建"客内货外"的网络格局。建设京新高速，形成西北部货运通道，缓解京藏高速交通压力，建设京台高速、京泰高速、承平高速、首都地区环线（通州大兴段），加强京津冀区域公路互联互通。加快西向高速公路建设，对接太行山高速公路。重点建设兴延、延崇等高速公路。"十三五"期间计划建设高速公路300公里以上。推进普通公路建设，计划完成国道建设约105公里，普通国市道二级路以上比例达到79%，计划完成市道新建、改建里程约 150 公里。

4. 推进综合运输服务一体化

加强运输服务衔接融合和协同监管。推动不同运输方式之间旅客"联程运"和货物"多式联运",全面实现京津冀道路客运联网售票,推进建设具有公共服务属性的物流园区(货运枢纽),提升信息化智能水平。加快公众信息服务系统和道路运输信息采集系统建设,立共享机制提供"一站式"公众信息服务。推动建立京津冀区域一体化综合交通运行协调指挥平台,实现区域综合交通运输的统筹、协调和联动提高区域交通事件快速反应及应急处置能力;加快综合运输服务示范区建设。加快综合运输服务示范区建设。加快综合运输服务示范区建设。开展京津冀综合运输服务示范区建设,重点从综合客运枢纽、货物集疏中心、运输服务信息共享、综合运输组织模式工作机制和标准等方面开展示范区建设。通过试点示范,引领带动综合运输服务工作,实现各种运输方式协同发展。

(六)"长江经济带"流通状况分析

"长江经济带"覆盖省份:上海、江苏、浙江、安徽、江西、湖北、湖南、重庆、四川、云南、贵州 11 个省市(见图 1-3),面积约 205 万平方公里,人口和生产总值均超过全国的 40%。近年来,长江经济带首尾两大战略金融核心区:江北嘴、陆家嘴已逐步发展成为中国最具影响力并和国际经济关联密切的金融中心。依托黄金水道推动长江经济带发展,打造新的中国经济支撑带。[①]《长江经济带发展规划纲要》围绕"生态优先、绿

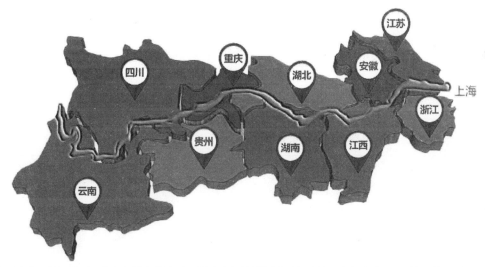

图 1-3 "长江经济带"覆盖省份示意图

图片来源:http://www.sc.xinhuanet.com/content/2016-09/12/c_1119547594.htm,朱潍制图。

---

① 四川日报,《长江经济带发展规划纲要》正式印发 确立"一轴两翼三极多点"新格局,发布时间 2016-09-12,访问网址 http://www.sc.xinhuanet.com/content/2016-09/12/c_1119547594.htm,访问时间 2016-11-13。

色发展"的基本思路，确立了长江经济带"一轴、两翼、三极、多点"的发展新格局，加快建设综合立体交通走廊，以沪瑞和沪蓉南北两大运输通道作为长江经济带的发展基础，促进交通的互联互通，增强南北两侧腹地重要节点城市人口和产业集聚能力。

在流通基础建设方面，国家交通运输部在《推动长江经济带交通运输发展2016年工作要点》[①] 上，提出了10大项37个工作要点。包括综合立体交通走廊、长江干线航道、支流航道等公路、水路、铁路、航空运输方式到科学管理体制改革等的建设内容。进一步，根据《长江经济带综合立体交通走廊规划（2014～2020年）》[②]，长江经济带综合交通网发展目标数据见表1-8、表1-9、表1-10。

表1-8　改革开放以来长江经济带综合交通网建设情况

指　　标	单位	1978年	2013年	增长（倍）
一、内河航道里程	万公里	8.9	8.9	—
高等级航道里程	万公里	0.23	0.67	1.9
二、铁路营运里程	万公里	1.4	2.96	1.1
高速铁路里程	万公里	0	0.4	—
复线率	%	11.9	49.8	—
电化率	%	2.7	69.7	—
三、公路通车里程	万公里	35	188.8	4.4
国家高速公路里程	万公里	0	3.2	—
四、输油（气）管道里程	万公里	0.06	4.4	72.3
五、城市轨道交通营运里程	公里	0	1089	—
六、民用运输机场数	个	20	74	2.7

数据来源：《长江经济带综合立体交通走廊规划（2014～2020年）》。

表1-9　2020年长江经济带交通运输量预测

指　　标	单位	2013年	2020年	年均增长（%）
客运量	亿人	181	310	8.0
旅客周转量	亿人公里	15867	26320	7.5
货运量	亿吨	179	270	6.0
货物周转量	亿吨公里	68203	103910	6.2

数据来源：《长江经济带综合立体交通走廊规划（2014～2020年）》。

---

① 中国交通新闻网，推动长江经济带交通运输发展2016年工作要点，发布时间2016-05-10，访问网址http：//www.moc.gov.cn/jiaotongyaowen/201605/t20160509_2025366.html，访问时间2016-11-14。

② 访问网址http：//leaders.people.com.cn/n/2014/0925/c58278-25733885.html，访问时间2016-11-14。

表 1-10　长江经济带综合交通网发展目标

指　　标	单位	2013 年	2020 年
一、内河航道里程	万公里	8.9	8.9
高等级航道里程	万公里	0.67	1.2
二、铁路营运里程	万公里	2.96	4
高速铁路里程	万公里	0.4	0.9
复线率	%	49.8	60.7
电化率	%	69.7	88.5
三、公路通车里程	万公里	188.8	200
国家高速公路里程	万公里	3.2	4.2
乡镇通沥青（水泥）路率	%	97.9	100
建制村通沥青（水泥）路率	%	84.7	100
四、输油（气）管道里程	万公里	4.4	7.0
五、城市轨道交通营运里程	公里	1089	3600
六、民用运输机场数	个	74	100
七、长江干线过江桥梁（含隧道）数	座	89	180

数据来源：《长江经济带综合立体交通走廊规划（2014~2020 年）》。

二、流通基础设施建设

（一）全国范围流通基础建设情况

全国在 2015 年完成固定资产投资 551590.04 亿元，比 2014 年的 502004.9 亿元增长了 9.88%。其中，交通运输、仓储和邮政业固定资产投资额在 2015 年完成了 48971.84 亿元，比 2014 年的 42984.47 亿元增长了 13.93%，并分别占全国固定资产投资总额的 8.88% 和 8.56%，占比提升了 0.32 个百分点。进一步地，对过去 24 个月（2014 年 11 月~2016 年 10 月，可见附表 2）交通运输等领域的固定资产投资变化情况进行分析。如图 1-4 所示，全国固定资产投资累计增长率变化稳定，交通运输、仓储和邮政业固定资产投资累计增长率变化呈现小幅的波动；其中，道路运输业和水上运输业呈现小幅的波动，仓储业呈现相对平滑的上下波动，而铁路运输业、管道运输业和航空运输业呈现激烈的上下振荡。

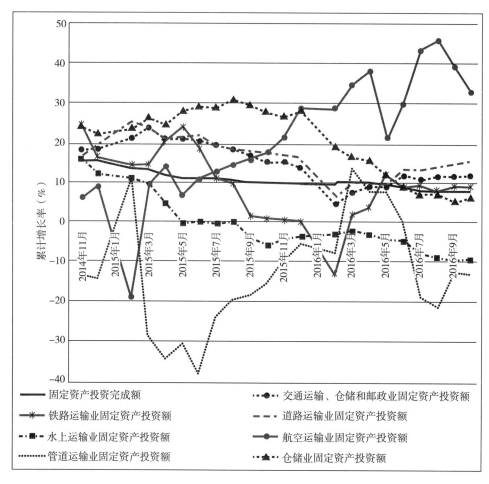

图 1-4　交通运输、仓储和邮政业固定资产投资额累计增长率变化趋势图

（2014 年 11 月~2016 年 10 月）

　　再对交通运输、仓储和邮政业固定资产投资额情况进行考察（数据参见附表3）。如图 1-5 所示，在过去 24 个月内（2014 年 11 月~2016 年 10 月），除铁路运输业、航空运输业和管道运输业呈现激烈的上下振荡外，其他有关行业呈现小幅的或平稳的变化趋势。

　　研究表明，在过去 24 个月内（2014 年 11 月~2016 年 10 月）：①铁路运输业、航空运输业和管道运输业在流通领域的固定资产投资变化激烈；②所有交通运输行业领域的固定资产投资均出现负增长情况；③2015 年 5 月《全国流通节点城市布局规划（2015~2020 年）》的出台，在所有交通运输行业领域的固定资产投资情况的反映上，并未出现规律性的增长或下降趋势，我们认为全国流通基础建设并没有发生显著的政策效应。

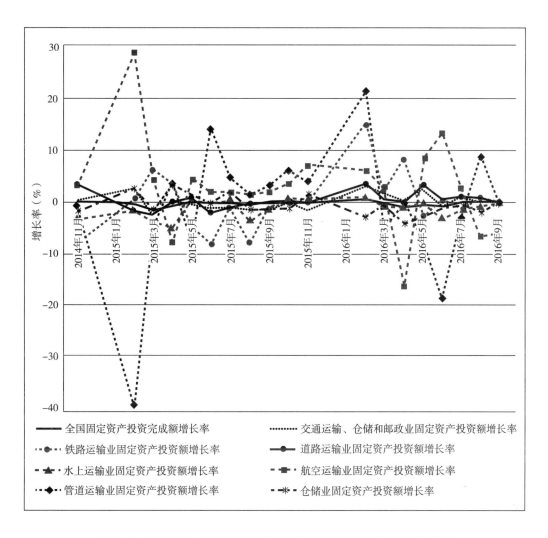

图 1-5 交通运输、仓储和邮政业固定资产投资额增长率变化趋势图

（2014 年 11 月~2016 年 9 月）

（二）节点城市流通基础建设情况

在对 37 个国家级流通节点城市和 66 个区域级流通节点城市的交通运输、仓储和邮政业固定资产投资的考察中，鉴于 2015 年数据的缺失，这里仅对已获取数据的节点城市进行分析。37 个国家级节点城市（已采集数据）的交通运输、仓储和邮政业固定资产投资额总额为 9858.06 亿元，较 2014 年平均增长率为 19.74%，增速高过 37 个节点城市的全社会固定资产投资的 10.20% 平均增速。其中，哈尔滨、上海、厦门、乌鲁木齐较 2014 年具有显著的高增长率，平均增长率为 73.03%，远高于其他节点城市；而济南、广州、贵阳、兰州较 2014 年呈现下降趋势，平均增长率为 -9.06%。66 个区域级流通节点城市（已采集数据）的交通运输、仓储和邮政业固定资产投资额总额为 4655.77 亿元，较 2014 年平均增长率为 22.66%，增速显著高过 66 个节点城市的全社会固定资产投资的 12.46% 平均增速。其中，鄂尔多斯、泉州、漳州、赣州、南阳、柳州、酒泉较 2014 年具有显著的高增长率，平均增长率为 65.49%，远高于其他节点城市；而吉林、九江、东莞、佛山、博尔塔拉较 2014 年呈现较大幅度的下降趋势，平均增长率为 -26.27%。具体如表 1-11 所示。

表 1-11　节点城市流通基础建设投入情况（2015 年）

37 个国家级流通节点城市					66 个区域级流通节点城市				
序号	节点城市	全社会固定资产		交通运输、仓储和邮政业固定资产		序号	节点城市	全社会固定资产		交通运输、仓储和邮政业固定资产	
		投资额（亿元）	（平均）增长率（%）	投资额（亿元）	（平均）增长率（%）			投资额（亿元）	（平均）增长率（%）	投资额（亿元）	（平均）增长率（%）
1	北京	7990.90	5.70	849.80	9.50	1	唐山	4619.60	9.60	493.60	12.40
2	天津	13065.86	12.10	916.52	6.00	2	保定	2499.10	11.00	102.30	5.20
3	石家庄	5727.50	12.10			3	秦皇岛	892.45	10.40		
4	太原	2025.61	16.00	51.96	3.30	4	邯郸	3526.60	11.10		
5	呼和浩特	1618.60	15.80			5	大同	1145.40	6.80		
6	沈阳	5326.00	-18.90			6	临汾	1401.20	14.00	127.20	28.80
7	大连	4559.30	-32.70			7	包头	2582.90	15.30	78.80	28.60
8	长春	4342.66	10.66			8	呼伦贝尔	969.70	14.90	118.56	19.00
9	哈尔滨	4595.70	10.10	144.70	80.80	9	鄂尔多斯	2737.20	14.50	221.10	107.80
10	上海	6352.70	5.60	794.56	73.00	10	锦州	782.10	-19.40		
11	南京	5484.47	0.40			11	丹东	583.50	-36.10		
12	苏州	6124.40	-1.70			12	延边	840.40	15.00		
13	杭州	5556.32	12.20			13	吉林	2582.70	12.10	61.20	-27.66
14	宁波	4506.60	13.00	186.70	0.38	14	牡丹江	1019.90	10.50		
15	合肥	6153.35	15.40			15	大庆	130.00			
16	福州	4893.91	10.50	509.51	9.10	16	徐州	4266.12	16.50		
17	厦门	1896.52	20.60	312.85	48.50	17	南通	4376.00	12.30		
18	南昌	4000.07	17.00	144.75	20.80	18	连云港	2077.35	21.00		
19	济南	3498.40	14.20	104.30	-8.00	19	无锡	4901.19	7.00		
20	青岛	6555.70	14.20	484.75		20	舟山	1134.76	18.10	223.39	16.30

续表

37 个国家级流通节点城市					66 个区域级流通节点城市				
		全社会固定资产		交通运输、仓储和邮政业固定资产				全社会固定资产		交通运输、仓储和邮政业固定资产	
序号	节点城市	投资额（亿元）	（平均）增长率（%）	投资额（亿元）	（平均）增长率（%）	序号	节点城市	投资额（亿元）	（平均）增长率（%）	投资额（亿元）	（平均）增长率（%）
21	郑州	6288.00	19.60		24.60	21	金华	1836.16	15.10		
22	武汉	7725.26	10.30	570.94	25.60	22	温州	3456.39	13.20		
23	长沙	6363.29	17.10	481.60	20.00	23	阜阳	1005.00	24.80	365.78	30.90
24	广州	5405.95	10.60	671.57	-3.30	24	芜湖	2709.19	13.20		
25	深圳	3298.31	21.40	397.54	14.90	25	泉州	3406.25	18.50	354.49	48.60
26	南宁	3418.43	16.52	1595.26	22.81	26	漳州	2573.73	20.60	291.65	50.30
27	海口	1012.04	23.20	148.38	12.60	27	九江	2119.92	17.00	40.00	-32.20
28	重庆	15480.33	17.10			28	赣州	1892.21	17.60	178.22	55.70
29	成都	7007.00	5.80	554.00	0.90	29	潍坊	4516.70	13.90		
30	贵阳	2804.45	20.10	218.93	-17.00	30	烟台	4667.14	13.90		
31	昆明	3497.88	11.50			31	临沂	3219.20	13.90		
32	拉萨	546.04	19.90			32	洛阳	3537.00	18.60	113.70	3.70
33	西安	5165.98	-12.50	362.84	7.90	33	商丘	1458.54	13.20		
34	兰州	1803.75	11.99	192.97	-7.92	34	南阳	2708.87	17.00	131.53	61.10
35	西宁	1295.95	10.10			35	宜昌	3085.35	20.00	355.60	38.70
36	银川	1540.88	10.60			36	襄阳	3071.90	20.30		
37	乌鲁木齐	1708.39	11.90	163.63	89.80	37	荆州	1853.60	12.23		
	合计	178636.50	10.20	9858.06	19.74	38	衡阳	2125.93	20.30		
						39	娄底	1108.39	18.00		
						40	株洲	2181.40	18.70		
						41	东莞	1446.52	3.30	145.90	-14.80
						42	佛山	3035.52	16.20	139.32	-6.30
						43	桂林	1970.83	21.10	232.19	11.40
						44	柳州	2082.89	15.00	159.82	44.80
						45	钦州	866.23	21.20	108.13	4.50
						46	防城港	549.74	10.00	64.66	20.70
						47	绵阳	1154.09	6.80		
						48	达州	1331.68	13.20		

序号	节点城市	66个区域级流通节点城市			
		全社会固定资产		交通运输、仓储和邮政业固定资产	
		投资额（亿元）	（平均）增长率（%）	投资额（亿元）	（平均）增长率（%）
49	南充	1388.98	11.60		
50	宜宾	1295.51	14.60		
51	遵义	3236.91	26.80	297.52	29.70
52	六盘水	1112.48	24.30	59.09	20.50
53	曲靖	1378.79	18.40		
54	红河	1678.43	36.70	91.22	14.40
55	咸阳	3063.20	22.90		
56	榆林	1384.37	-15.90		
57	天水	602.79	12.09		
58	酒泉	1104.70	10.10	79.40	90.10
59	海西	505.90	-6.10		
60	海东	611.39	20.33		
61	石嘴山	498.95	0.20		
62	喀什	807.80	15.00		
63	伊犁	1046.80	-11.30		
64	博尔塔拉	249.00	27.40	21.40	-50.40
65	巴音郭楞	718.35	-12.70		
66	日喀则	135.00	16.50		
	合计	128857.89	12.46	4655.77	22.66

注：大庆市数据为政府提供的预计值，无实际值；空的位置为缺失数据，已采集到22个国家级节点城市和27个区域级节点城市。

数据来源：整理自国家统计局和各节点城市2015年国民经济和社会发展统计公报。

进一步地，根据节点城市基础设施建设的高增长率和低增长率，设计其对政策反应的图景描述。如图1-6所示。

（三）流通基础建设其他相关资源情况

2015年8月6日，国务院同意在上海、南京、郑州、广州、成都、厦门、青岛、

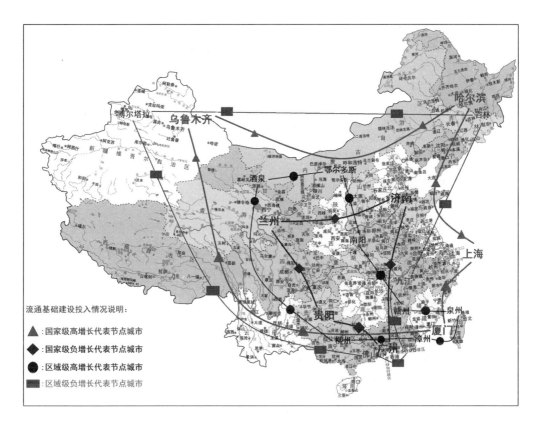

图1-6 代表节点城市基础设施建设对《规划》的政策响应情况示意图

注：《规划》指《全国流通节点城市布局规划（2015~2020年）》。

黄石和义乌9个城市开展国内贸易流通体制改革发展综合试点。① 除黄石和义乌市，其他7个隶属于国家级流通节点城市，其试点任务包括"探索建立创新驱动的流通发展机制"、"探索建设法治化营商环境"、"探索建立流通基础设施发展模式"、"探索健全统一高效的流通管理体制"等。2015年9月29日，《国务院办公厅关于推进线上线下互动加快商贸流通创新发展转型升级的意见》（国办发〔2015〕72号）文件发布，推进线上线下互动，加快商贸流通创新发展和转型升级。2016年4月21日，《国务院办公厅关于深入实施"互联网+流通"行动计划的意见》国办发〔2016〕24号文件发布，"互联网+流通"正在成为大众创业、万众创新最具活力的领域，成为经济社会实现创新、协调、绿色、开放、共享发展的重要途径。实施"互联网+流通"行动计划，是流通模式优化与资源整合发展，有利于推进流通创新发展，推动实体商业转型升级，拓展消费新领域，促进创业就业，增强经济发展新动能。2016年9月26日，《国务院办

---

① 国务院办公厅，《国务院办公厅关于同意在上海等9个城市开展国内贸易流通体制改革发展综合试点的复函》（国办函〔2015〕88号），发布时间2015-08-06。

公厅关于转发国家发展改革委物流业降本增效专项行动方案（2016~2018年）的通知》提出21项重点行动，是推进流通及相关领域基础设施建设情况、流通模式优化与资源整合发展。①优化行业行政审批；②深化公路、铁路、民航等领域改革；③优化货运车辆通行管控；④推动货物通关便利化，落实信息互换、监管互认、执法互助，推进"单一窗口"建设和"一站式作业"改革，提高通关效率；⑤提升行业监管水平；⑥完善物流领域增值税政策；⑦降低物流企业运输收费水平；⑧规范物流领域收费行为；⑨调整完善相关管理政策；⑩建立与现代产业体系相匹配的国家级物流枢纽体系；⑪健全有效衔接的物流标准体系；⑫构建高效运行的多式联运体系；⑬完善城市物流配送体系；⑭健全农村物流配送网络；⑮促进物流信息互联共享；⑯鼓励信息平台创新发展；⑰完善物流行业诚信体系；⑱加强物流业网络安全保障；⑲推动物流业与制造业联动发展；⑳促进交通物流融合发展；㉑促进商贸业与物流业融合发展。①

三、流通创新与优化情况及比较

（一）流通信息化建设情况

目前，各地区、各行业均在发展流通信息化建设。例如，商务部的"全国农产品流通体系建设管理信息平台"、"全国中小商贸流通企业公共服务平台"、"流通标准化信息管理系统"、"中小企业外贸软件（ERP）云服务平台"、"商贸流通业行业统计信息平台"等。其中，截至2015年9月，"全国中小商贸流通企业公共服务平台"已有29个地区的服务大厅投入使用，20个地区的网络平台上线运营，各地累计在区县商务部门、各类商圈、专业市场、行业协会设立375个工作站、936个联系点，遴选各类专业服务机构1582家，服务项目200余个，备案企业近8万家，搭建起服务中小商贸流通企业的软硬件平台。2015年前三季度，通过平台向企业提供政策、市场等信息382139条，共为26091人次提供政策、法律、管理、商务等咨询服务，共举行供需信息对接活动和相关业务讲座11068场次，信息服务功能不断完善；组织53956人次参加职业技能培训、经验交流座谈、跨境电商创业培训、职业技能竞赛、从业资格认证等各类专业培训和技能竞赛，通过举办各类讲座、远程教育、研讨会、专题报告会或者组织企业集中申报境外旅客购物离境退税商店等多样化的活动，为15328家企业解决财税、法务、企业管理、创业等问题；共帮助企业获得银行直接贷款376.28亿元、综合授信386.43亿元、担保贷款136.63亿元、典当融资18.65亿元，累计受益企业30947家次；组织30056家企业赴境内外参加或者直接组织各种精品展、消费品博览

① 国务院办公厅，《国务院办公厅关于转发国家发展改革委物流业降本增效专项行动方案（2016~2018年）的通知》（国办发〔2016〕69号），发布时间2015-09-26。

会、产业供需对接会、"农超、农校、农餐对接"洽谈会、食品博览会、春季服装服饰展、产品对接会、产品推介会、进口商品采购会等展览展销会，累计举办展销、组织企业参加展销会 180 次，签订各类购销协议金额达 66.61 亿元。[①]

再例如，2016 年 9 月 22~23 日，2016 年中国药品流通行业信息工作年会在青岛召开[②]，会上发布了《中国药品流通行业发展报告（2016 年）》蓝皮书，指出随着中国经济增速放缓，2015 年我国药品流通市场和药品零售市场增速进一步放缓。2015 年药品流通行业销售总额 16613 亿元，同比增长 10.2%，增速较 2014 年下降 5 个百分点，较"十二五"期间年均增长率下降 6.4 个百分点。药品零售市场销售额 3323 亿元，增幅由 2014 年的 9.1%降至 8.6%，低于"十二五"期间年均增长率 4.5 个百分点。在这一形势下，医药流通行业需要应时而变。因此，中国医药商业协会与百洋智能科技合作签订了信息战略合作协议，共同致力于药品流通行业信息系统建设，为未来的药品流通行业提供信息化平台，带来更多共享的数据信息，促进全行业大数据应用创新。

（二）流通产业组织化程度情况

流通产业组织化程度是一个描述流通产业组织的规模、结构及其效率问题的动态概念，对流通产业组织化程度的度量可以从集中度、企业数量和规模、产业壁垒、连锁化程度、大型交易市场规模、流通效率、流通产业集群等方面考察。[③] 对流通组织化的的合理化程度应该是有效竞争，处理好规模经济与有效竞争的关系，在流通组织合理化的基础上，逐步向流通组织化高度化方向发展。基于数据采集因素，这里主要从两个方面反映流通产业组织化程度：一是国家统计局发布的 2014 年亿元以上商品交易市场批发和零售业占全部批发和零售业比例情况[④]；二是中国物流企业 50 强业务收入占比情况[⑤]。

1. 亿元以上商品交易市场批发和零售业占比情况分析

如表 1-12 所示，2010~2014 年以来，亿元以上商品交易市场数量占批发和零售业法人企业单位数的比例在递减，亿元以上商品交易市场成交额占批发和零售业商品销售额的比例也在递减，但 2014 年以 2.77%的数量比例却带来 18.53%的交易额比例。其中，亿元以上商品交易批发市场成交额占批发业企业商品销售额的比例与亿元以上商品交易零售市场成交额占零售业企业商品销售额的比例，在过去几年均呈现下降趋

① 商务部，中小企业工作简报第 45 期——2015 年前三季度试点工作进展，访问网址 http：//gxhuahong.com/xwdtzy/883.jhtml，访问时间 2016-11-16。

② 青岛新闻网，百洋智能科技助推医药流通信息化建设，发布时间 2016-09-23，访问网址 http：//www.qingdaonews.com/content/2016-09/23/content_11771362.htm，访问时间 2016-11-16。

③ 吴中宝，王晓东．流通产业组织化程度的测度分析［J］．商业经济与管理，2008（12）：3-10.

④ 访问网址 http：//data.stats.gov.cn/easyquery.htm? cn=C01，访问时间 2016-11-17。

⑤ 中国物流信息中心，访问网址 http：//www.clic.org.cn/wlxx/index.jhtml，访问时间 2016-11-17。

势。2014 年，亿元以上商品交易批发市场成交额占批发业企业商品销售额的比例为20.04%，亿元以上商品交易零售市场成交额占零售业企业商品销售额的比例为12.64%。这表明：①亿元以上商品交易市场的流通组织化程度呈现下降趋势；②大型的交易市场在批发业中比零售业更为集中，可认为批发流通业的组织化程度高于零售业；③连锁零售企业商品销售额占批发和零售业商品销售额的比例也呈现逐年下降，也可认为其流通组织化程度呈现下降趋势。

表 1-12 市场批发和零售业主要交易方式占比情况

指标		2010 年	2011 年	2012 年	2013 年	2014 年
批发和零售业法人企业单位数（个）		111770	125223	138865	171973	181612
其中	亿元以上商品交易市场数量（个）	4940	5075	5194	5089	5023
	比例（%）	4.42	4.05	3.74	2.96	2.77
连锁零售企业门店总数（个）		176792	195779	192870	204090	206415
批发和零售业商品销售额（亿元）		276635.7	360525.9	410532.7	496603.8	541319.8
其中	亿元以上商品交易市场成交额（亿元）	72703.53	82017.27	93023.77	98365.1	100309.9
	比例（%）	26.28	22.75	22.66	19.81	18.53
连锁零售企业商品销售额（亿元）		27385.43	34510.69	35462.08	38006.87	37340.61
连锁零售企业商品销售额占批发和零售业商品销售额的比例（%）		9.90	9.57	8.64	7.65	6.90
批发业企业商品销售额（亿元）		219121.1	288701.01	327091.32	398116.54	430678.38
其中	亿元以上商品交易批发市场成交额（亿元）	60954.93	69390.81	80141.76	84628.3	86323.67
	比例（%）	27.82	24.04	24.50	21.26	20.04
零售业企业商品销售额（亿元）		57514.6	71824.89	83441.33	98487.26	110641.39
其中	亿元以上商品交易零售市场成交额（亿元）	11748.6	12626.46	12882	13736.83	13986.23
	比例（%）	20.43	17.58	15.44	13.95	12.64

2. 物流企业 50 强业务收入占比情况

2014 年度 50 强物流企业物流业务收入共达 8233 亿元（见表 1-13），按可比口径比上年增长 5.5%。物流企业 50 强门槛为 22.4 亿元，入围门槛比上年提高 2.1 亿元。2015 年度 50 强物流企业物流业务收入共达 8414 亿元，比上年增长 5.9%，收入规模总体有所增加；物流企业 50 强门槛达到 22.5 亿元，比上年增加 2.1 亿元；快递快运、农产品物流企业收入规模保持稳步增长，其中河北省粮食产业集团有限公司家等 5 家新企业首次入围。

分类型看，2014 年运输型物流企业占 22%，同比下降 2%；仓储型物流企业占

4%，同比上升2%；综合型物流企业占74%，同比持平。分区域看，东部地区占80%，同比上升2%；中部地区占14%，同比持平；西部地区占6%，同比下降2%。分登记注册类型看，国有企业占34%，同比下降2%；民营企业占6%，同比上升2%；港澳台商投资企业、外商投资企业分别占10%和6%。

在全国物流业收入方面，2015年为7.6万亿元，比上年增长4.5%[①]；2014年物流业总收入7.1万亿元，同比增长6.9%[②]。2015年50强物流企业物流业务收入占全国水平的11.07%，较2014年的11.60%下降了0.53个百分点，可认为我国物流业的流通组织化程度呈现下降趋势。

表1-13 全国物流50强业务收入情况

2014年			2015年		
排名	企业名称	物流业务收入（万元）	排名	企业名称	物流业务收入（万元）
1	中国远洋运输集团总公司	14414820	1	中国远洋运输集团总公司	12471555
2	中铁物资集团有限公司	7632421	2	中国海运（集团）总公司	7906602
3	中国海运（集团）总公司	6764517	3	中国外运长航集团有限公司	7531999
4	中国外运长航集团有限公司	5828320	4	厦门象屿股份有限公司	5992331
5	河北省物流产业集团有限公司	5818003	5	河北省物流产业集团有限公司	5501006
6	开滦集团国际物流有限责任公司	4423713	6	顺丰速运（集团）有限公司	4810000
7	厦门象屿股份有限公司	3537580	7	中铁物资集团有限公司	3596298
8	中国石油天然气运输公司	3040718	8	天津港（集团）有限公司	3503500
9	中国物资储运总公司	3000880	9	山东物流集团有限公司	2643449
10	顺丰速运（集团）有限公司	2570000	10	河南能源化工集团国龙物流有限公司	2312648
11	河南能源化工集团国龙物流有限公司	2170563	11	中国物资储运总公司	1985395
12	福建省交通运输集团有限责任公司	1767495	12	中国石油天然气运输公司	1807000
13	安吉汽车物流有限公司	1476000	13	安吉汽车物流有限公司	1760700
14	朔黄铁路发展有限责任公司	1430905	14	福建省交通运输集团有限责任公司	1531857
15	高港港口综合物流园区	1112000	15	德邦物流股份有限公司	1292149

---

① 国家发改委等，《2015年全国物流运行情况通报》，访问网址 http：//yxj.ndrc.gov.cn/xdwl/201605/t20160531_806054.html，访问时间2016-11-17。

② 国家发改委等，《2014年全国物流运行情况通报》，访问网址 http：//www.sdpc.gov.cn/gzdt/201504/t20150416_688291.html，访问时间2016-11-17。

| \multicolumn{3}{c}{2014 年} | \multicolumn{3}{c}{2015 年} |
排名	企业名称	物流业务收入（万元）	排名	企业名称	物流业务收入（万元）
16	嘉里物流（中国）投资有限公司	982218	16	冀中能源峰峰集团邯郸鼎峰物流有限公司	1275631
17	北京康捷空国际货运代理有限公司	959718	17	锦程国际物流集团股份有限公司	1090132
18	重庆港务物流集团有限公司	932931	18	广州铁路（集团）公司	1013000
19	中石油北京天然气管道有限公司	926038	19	招商局集团有限公司	948081
20	德邦物流股份有限公司	863333	20	连云港港口集团有限公司	913693
21	中铁集装箱运输有限责任公司	806659	21	中国石油化工股份有限公司管道储运分公司	843068
22	国电物资集团有限公司	781930	22	嘉里物流（中国）投资有限公司	825784
23	浙江物产物流投资有限公司	779805	23	云南物流产业集团有限公司	810904
24	中国国际货运航空有限公司	775599	24	全球国际货运代理（中国）有限公司	749351
25	中国石油化工股份有限公司管道储运分公司	673795	25	青藏铁路公司	672534
26	一汽物流有限公司	615565	26	武汉商贸国有控股集团有限公司	661073
27	五矿物流集团有限公司	523681	27	一汽物流有限公司	649009
28	武汉商贸国有控股集团有限公司	506250	28	中铁铁龙集装箱物流股份有限公司	631602
29	中铁现代物流科技股份有限公司	494502	29	重庆港务物流集团有限公司	623592
30	重庆长安民生物流股份有限公司	464966	30	通辽铁盛商贸（集团）有限公司	610235
31	中铁快运股份有限公司	441855	31	重庆长安民生物流股份有限公司	607144
32	中外运敦豪国际航空快件有限公司	417295	32	秦皇岛港股份有限公司	582974
33	江苏徐州港务集团有限公司	364651	33	日照港集团有限公司	518736
34	中铁特货运输有限责任公司	357913	34	冀中能源国际物流集团河北冀中唐能贸易有限公司	508933
35	联邦快递（中国）有限公司	356838	35	江苏徐州港务集团有限公司	445803
36	湖南星沙物流投资有限公司	356764	36	广东省航运集团有限公司	420427
37	郑州铁路经济开发集团有限公司	352000	37	河北万合物流股份有限公司	374143
38	山西太铁联合物流有限公司	334894	38	湖南星沙物流投资有限公司	359829
39	广东省航运集团有限公司	334864	39	北京长久物流股份有限公司	339481
40	青岛福兴祥物流股份有限公司	300651	40	河北省粮食产业集团有限公司	329198
41	中信信通国际物流有限公司	299079	41	上药山禾无锡医药股份有限公司	327301
42	中国储备棉管理总公司	296446	42	南京港（集团）有限公司	286588
43	上海现代物流投资发展有限公司	283987	43	林森物流集团有限公司	284395

2014 年			2015 年		
排名	企业名称	物流业务收入（万元）	排名	企业名称	物流业务收入（万元）
44	国药控股江苏有限公司	280000	44	唐山港集团股份有限公司	282719
45	北京长久物流股份有限公司	263546	45	江苏九州通医药有限公司	272958
46	天地国际运输代理（中国）有限公司	262885	46	江苏宝通物流发展有限公司	268993
47	南京空港油料有限公司	260866	47	青岛铁路经营集团有限公司	265975
48	湖南全洲医药消费品供应链有限公司	244765	48	中铁现代物流科技股份有限公司	238614
49	浙江省八达物流有限公司	225129	49	五矿物流集团有限公司	237392
50	新时代国际运输服务有限公司	224247	50	天津大田运输服务有限公司	225150
合　计		82333600	合　计		84140931

数据来源：中国物流信息中心，2015 年参考网站 http：//www.clic.org.cn/qywsq/ 269501.jhtml；2014 年参考网站 http：//www.clic.org.cn/qywsq/244520.jhtml。

（三）流通开放式发展情况

这里以国家级节点城市北京、郑州、成都和区域级节点城市邯郸为例，描述这 4 个节点城市中具有全国代表性的保税物流中心，通过对 4 个国家级保税物流中心的流通开放式发展情况进行分析，可对大流通网络的开放情况窥一斑而知全豹（见表 1-14）。

表 1-14　大流通代表节点城市的开放式发展情况

名称	城市	成立时间	投建方	覆盖范围	具备功能	主要经营产品	流通开放式发展情况
北京亦庄保税物流中心	北京	2010	博大世通国际物流有限公司（由北京经济技术开发区管理委员会委托北京经济技术投资开发总公司独资设立）	服务首都，远期计划辐射京津冀等华北地区	保税存储进出口货物及其他未办结海关手续货物；对所存货物开展流通性简单加工和增值服务；全球采购和国际分拨、配送；转口贸易和国际中转	出口工业制成品，保税消费品	见下文描述
河南保税物流中心	郑州	2010	河南省进口物资公共保税中心集团有限公司	河南	保税存储，出口退税，转口贸易，采购分拨配送，简单加工和增值服务	农产品，有色金属，医疗器械等	见下文描述

名称	城市	成立时间	投建方	覆盖范围	具备功能	主要经营产品	流通开放式发展情况
成都保税物流中心	成都	2014	成都保税物流投资有限公司（由成都高新投资集团有限公司及中外运空运发展股份有限公司共同出资设立）	四川	出口退税，进口免税，中心内交易免税，保税物流中心内企业之间的货物交易不征增值税和消费税，保税仓储期限长，仓储货物可简单加工，仓储货物保税	高附加值原材料，电子产品，其他工业制品等	见下文描述
河北武安保税物流中心	邯郸	2015	河北新武安钢铁集团物流有限公司	冀中南	六大功能区、仓储区：（海关封闭监管区与国内贸易区）、商务信息展示区、综合服务区、钢材加工区、运输配送区、公寓生活服务区	钢铁、工业制成品	见下文描述

资料来源：中商情报网/第一物流网，发布时间 2016-03-11，访问网站 http://www.askci.com/news/chanye/2016/03/11/173621un2k.shtml，访问时间 2016-11-18。

北京亦庄保税物流中心：北京亦庄保税商务中心将由北京亦庄保税直购中心、亦庄跨境电商服务平台、亦庄保税体验中心三大业务板块组成。吸引具有保税需求的跨境贸易企业、跨境电子商务企业、高端医疗机构和文化创意企业等高端现代服务业在亦庄的聚集，促进开发区新兴产业的发展，同时将升级服务功能，实现与天竺空港、天津港等口岸的区港联动，完善保税物流中心的口岸功能，进一步扩大北京服务业开放。数据显示，截至 2014 年 1~7 月，中心税收已经达到 3.23 亿元，超过 2013 全年税收水平。在对外方面，拉美中国商会在 2016 年"ET 保税与拉美中国商会贸易洽谈会"上表示，将引入拉美各国的产品到北京亦庄保税直购中心进行商品保税展示交易。[①]

河南保税物流中心：2012 年取得国家跨境贸易电子商务服务试点运营资质，成为全国首批综合性试点，搭建了 E 贸易综合服务平台（跨境电子商务大数据中心），E 贸易物流供应链体系（EHL），E 贸易跨境 O2O 电商平台（中大门 O2O）、E 贸易金融平台、E 贸易教育培训平台等开放式生态产业。该物流中心已在北京、上海、广州、深圳、天津、重庆、成都等地设立办事处，在欧洲、俄罗斯、美国、南美、中国香港、韩国、日本、澳大利亚等国家和地区设立分支机构。与青岛港签署战略合作协议共同

---

① 北京亦庄保税物流中心网站 http://www.bjblc.com.cn/，访问时间 2016-11-18。

打造"郑州无水港"，并联合成立豫青公司运营实体，使港口功能向内陆延伸；同时与郑州航空港、郑州铁路集装箱中心站、郑州公路港等形成区港联动，整体形成海、铁、陆、空多式联运无缝连接，共享"一带一路"经济枢纽及郑欧班列始发地货源集疏优势。[①] 如图1-7、图1-8、图1-9所示。

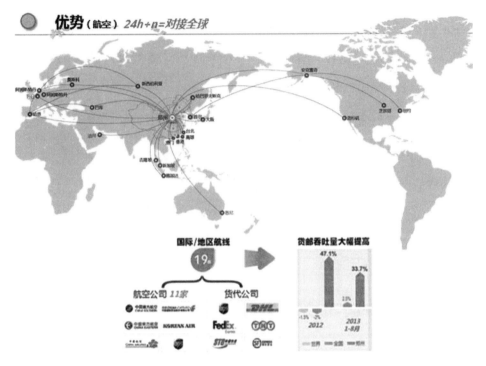

图1-7 河南保税物流中心E贸易物流优势（航空运输）示意图

图片来源：河南保税物流中心网站 http://www.hnblc.com/qgldys.htm。

成都保税物流中心：保税物流中心的业务发展依托集装箱中心站、铁路口岸、中欧班列（蓉欧快铁）等资源。2016年上半年，成都铁路局共开出中欧班列199列，同比增长123%；回程中欧班列99列，同比增长350%。开出和回程总数均占全路总数的54%，位居全路之首。中欧班列成都至波兰罗兹的始发站、终到站，在中欧班列开行量不断增加的同时，从2015年8月开始回程班列陆续开行以来，欧洲商品正在通过中欧班列源源不断地运往成都。在原有成都至波兰罗兹、重庆至德国杜伊斯堡的两线基础上，成都局再新增了一条成都至德国杜伊斯堡的班列品牌。至此，成都局每周有6趟中欧班列固定开行。除此之外，成都铁路局还在积极打造东南亚国际物流通道，其中成都经河口出境至越南的"东盟国际运输专线"已于2016年5月投入试运行。[②]

---

① 河南保税物流中心网站 http://www.hnblc.com/，访问时间2016-11-18。

② 成都日报，《建国际合作园区 成都纵深推进对外开放》，发布时间2016-07-14，访问网址 http://www.chengdu.gov.cn/info/00020101/2016/7/14/c08441df50fd4dcd83cfdfb389e42363info.shtml，访问时间2016-11-18。

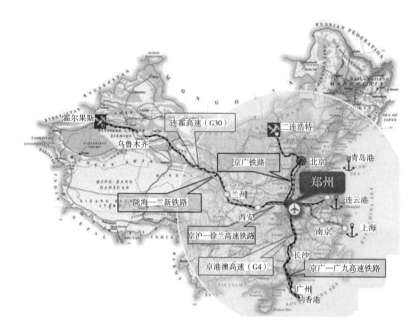

图1-8 河南保税物流中心E贸易物流优势（海、陆、空多式联运）示意图

图片来源：河南保税物流中心网站 http://www.hnblc.com/qgldys.htm。

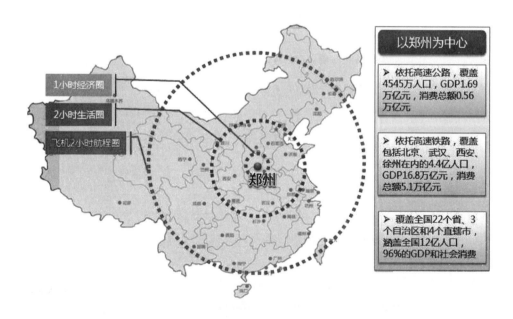

图1-9 河南保税物流中心E贸易物流区位优势示意图

图片来源：河南保税物流中心网站 http://www.hnblc.com/qgldys.htm。

河北武安保税物流中心：武安地处晋冀鲁豫四省通衢之地。以这里为圆心，200公里半径涵盖晋、冀、鲁、豫 4 个省会城市，是多个国家级发展战略区域的重要节点。武安保税物流中心，位于武安火车站东南侧，北邻邯长铁路和邯武快速路，向西南方向 18 公里、向东方向 15 公里均可进入青兰高速路，向东 30 公里经邯郸可进入京深高速路，向东南 30 公里可抵达邯郸机场。经邯长铁路，武安可与邯黄铁路、京广铁路接轨，可通往周边 6 大港口，即黄骅港、天津港、曹妃甸港、青岛港、日照港和烟台港。中心总投资 26.3 亿元，一期工程投资 13 亿元。项目建成后，可提供 5000 多个就业岗位，资金周转量达 600 亿元，年可上缴税金 6 亿元。规划将成为冀中南地区保税物流航母、冀中南地区进出口贸易中心、冀中南地区物流信息中心、冀中南地区公共服务型物流基地等优势区位。[①] 如图 1-10、图 1-11 所示。

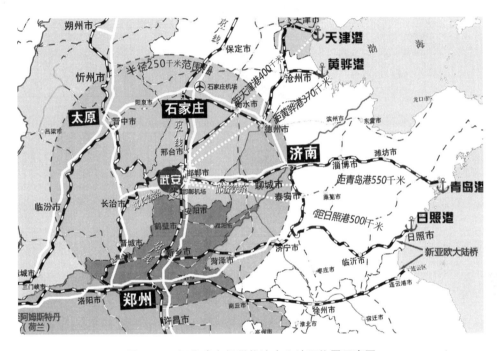

图 1-10　河北武安保税物流中心地理位置示意图

图片来源：河北武安保税物流中心网站 http://wablc.com/a/zhongxingaikuang/jiaotongzhuangkuang/。

（四）新型流通模式发展情况

新型流通模式的发展主要体现为"互联网+流通"模式。2016 年 4 月 21 日，《国务院办公厅关于深入实施"互联网+流通"行动计划的意见》（国办发〔2016〕24 号）文件提出了 12 条"互联网+流通"建设意见：

---

① 河北武安保税物流中心网站 http://wablc.com/。

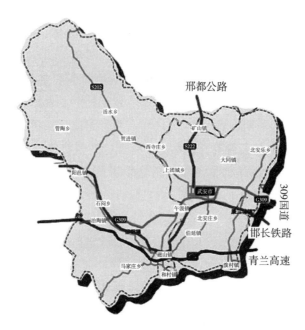

图1-11 河北武安保税物流中心地理交通示意图

图片来源：河北武安保税物流中心网站 http://wablc.com/a/zhongxingaikuang/jiaotong-zhuangkuang/。

（1）加快推动流通转型升级。充分应用移动互联网、物联网、大数据等信息技术，在营销、支付、售后服务等方面进行线上线下互动，全方位、全天候满足消费需求，降低消费成本。

（2）积极推进流通创新发展。支持发展协同经济新模式，通过众创、众包、众扶等多种具体形式，围绕产业链、供应链、服务链建立上下游企业、创业者之间的垂直纵深与横向一体化协作关系，提升社会化协作水平和资源优化配置能力。

（3）加强智慧流通基础设施建设。加大对物流基地建设、冷链系统建设等的政策性扶持力度，科学规划和布局物流基地、分拨中心、公共配送中心、末端配送网点，加大流通基础设施投入，科学发展多层次物流公共信息服务平台，推进电子商务与物流快递协同发展。

（4）鼓励拓展智能消费新领域。探索构建线上线下融合发展的体验式智慧商圈，促进商圈内不同经营模式和业态优势互补、信息互联互通、消费客户资源共享，抱团向主动服务、智能服务、立体服务和个性化服务转变，提高商圈内资源整合能力和消费集聚水平。

（5）大力发展绿色流通和消费。推动"互联网+回收"模式创新，利用大数据、云计算等技术优化逆向物流网点布局，鼓励在线回收，加强生活垃圾分类回收和再生资源回收有机衔接。

（6）深入推进农村电子商务。促进农产品网络销售，以市场需求为导向，鼓励供销合作社等各类市场主体拓展适合网络销售的农产品、农业生产资料、休闲农业等产品和服务，引导电子商务企业与新型农业经营主体、农产品批发市场、连锁超市等建立多种形式的联营协作关系。

（7）积极促进电子商务进社区。大力发展社区电子商务，鼓励发展社区购物服务应用软件，加强电子商务企业与社区商业网点融合互动，开展物流分拨、快件自取、电子缴费等服务，提高社区商业的信息化、标准化、规范化、集约化水平，提升社区居民生活品质。

（8）加快完善流通保障制度。组织开展道路货运无车承运人试点工作，允许试点范围内无车承运人开展运输业务。

（9）发挥财政资金引导带动作用。鼓励有条件的地方设立"互联网+流通"发展基金，引导社会资本、境外资本加大对流通领域互联网等信息技术应用的投入。

（10）增强流通领域公共服务支撑能力。鼓励整合建设商务公共服务云平台，对接相关部门服务资源，为流通领域提供政策与基础信息服务，为中小微企业提供商业通用技术应用服务。加快建立健全电子商务统计监测体系。

（11）健全流通法规标准体系。健全批发、零售、物流、生活服务、商务服务领域标准体系，加强适应电子商务发展需要的农产品生产、采摘、检验检疫、分拣、分级、包装、配送和"互联网+回收"等标准体系建设。

（12）营造诚信经营公平竞争环境。鼓励平台型服务企业利用技术手段加强对违法违规行为的监测、识别和防范，主动与执法部门建立联防联控机制；严厉打击平台型服务企业包庇、纵容违法违规经营行为，营造保障"互联网+流通"行动计划顺利实施的法治化营商环境①。

以上 12 条建设意见，是未来新型流通模式的主要表现方式，互联网将贯穿到整个社会流通产业的方方面面，并发挥巨大的价值。这里以网上零售情况为例说明，2015年社会消费品零售总额 300931 亿元，比上年增长 10.7%，扣除价格因素，实际增长 10.6%。其中，全年网上零售额 38773 亿元，比上年增长 33.3%，占社会消费品零售总额的 12.88%，而网上商品零售额 32424 亿元，比上年增长 31.6%，占社会消费品零售总额的 10.77%。在网上商品零售额中，吃类商品增长 40.8%，穿类商品增长 21.4%，用类商品增长 36%。对比 2014 年社会消费品零售总额 262394 亿元，比上年增长 12.0%，扣除价格因素，实际增长 10.9%。其中，2014 年网上零售额 27898 亿元，比上年增长 49.7%，占社会消费品零售总额的 10.63%，其中限额以上单位网上零售额

---

① 国务院办公厅，《国务院办公厅关于深入实施"互联网+流通"行动计划的意见》（国办发〔2016〕24号），发布时间 2016 年 4 月 21 日，访问网址 http：//www.gov.cn/zhengce/content/2016－04/21/content_5066570.htm，访问时间 2016-11-18。

4400 亿元，增长 56.2%。2015 年网上商品零售额增长率 31.6%，较 2014 年增长率 49.7%低，但占社会消费品零售总额的比例，2015 年 12.88%比 2014 年 10.63%提高了 2.25 个百分点。① 另外，在"双十一"上，据第三方机构监测统计，2016 年的"双十一"全网交易额已突破 1800 亿元，再创新高，增幅超过 46%。② 而 2015 年的交易额共计 1229.37 亿元，较 2014 年的 805 亿元增长 52.7%，全网包裹数达 6.8 亿件，较 2014 年的 4.1 亿件增长 65.7%。从 2015 年天猫"双十一"购买城市排行榜（见表 1-15），及 2016 年京东"双十一"TOP5 消费城市：北京、上海、深圳、广州、成都③可见，网上购买主力城市也是《全国流通节点城市布局规划（2015~2020 年）》的节点城市。

表 1-15 2015 年天猫"双十一"各城市消费额情况排行榜

主要城市	"双十一"交易额（亿元）	人口（万人）	人均消费（元）	人均位次
广州	23.4	1308.05	178.9	5
深圳	25.2	1077.89	233.8	2
南京	15.9	821.61	193.5	3
武汉	17.15	1033.8	165.9	7
厦门	6.9	381	181.1	4
福州	9.5	743	127.9	11
杭州	28.6	889.2	321.6	1
宁波	12.9	768.1	167.9	6
苏州	17	1069.1	160.5	8
无锡	8.97	650.01	138.0	9
沈阳	7.12	828.7	86.9	21
泉州	6.1	844	72.3	24
温州	9.8	906.8	108.1	12
大连	6.66	669	99.6	16
青岛	8.2	904.62	90.6	19
东莞	8.16	834.31	97.8	17
佛山	7.01	735.06	95.4	18
合肥	8.18	769.6	106.4	15
重庆	17	2991.4	56.8	27

① 数据来源于 2015 年、2014 年国民经济和社会发展统计公报。
② 商务部召开例行新闻发布会（2016 年 11 月 17 日），访问网址 http://video.mofcom.gov.cn/topics/2016/1118/4266.html，访问时间 2016-11-18。
③ 资料来源：http://app.3987.com/dongtai/20754.html。

主要城市	"双十一"交易额（亿元）	人口（万人）	人均消费（元）	人均位次
天津	13.1	1516.81	86.4	20
长春	5.01	767	65.3	25
哈尔滨	6.22	1015	61.3	26
昆明	7.08	662.6	106.9	14
南宁	5.34	691.38	77.2	23
南昌	7	524.02	133.6	10
贵阳	4.9	455.6	107.6	13
西安	7.1	826.75	82.3	22

注：北京、上海、成都、长沙、郑州、济南6个主要城市数据暂缺。

数据来源：http://tieba.baidu.com/p/4157733303。

（五）绿色低碳流通发展情况

2016年1月18日，北京市发展和改革委员会（简称发改委）等部门联合发布《北京经济技术开发区绿色低碳循环发展行动计划》，从园区层面试点积极探索转型升级和绿色低碳循环发展路径，示范引领本市产业园区绿色低碳循环发展，也作为大流通节点城市的代表做法。具体的目标（见表1-16）及做法如下①：

（1）全面推行建筑绿色化。大力提升绿色建筑比重，新建以政府投资为主的公益性建筑和大型公共建筑达到绿色建筑二星及以上标准，新建和扩建工业建设项目至少达到绿色工业建筑一星级标准，重大工业建设项目达到绿色工业建筑二星级及以上标准，新建公共建筑中绿建二星及以上占比达到50%。加快实施既有建筑综合节能改造，在朝林大厦等一批公共建筑开展电源、照明、暖通空调等智能建筑系统升级项目；实施社区、政府机构、学校百万平米建筑系统节能工程，实现公共机构系统节能全覆盖。在新建和既有建筑改造中积极开展超低能耗示范项目。预计年节约标准煤3000吨，年节约用水90万吨。

（2）构建多元绿色出行体系。严格控制机动车污染排放，引导进入开发区的物流货运车、通勤班车尾气排放达标，鼓励优先使用新能源车。建设覆盖园区范围的大型充换电中心站，充电桩总规模达到1000个。打造全市首个纯电动汽车分时租赁平台，园区内布局服务网点达到20个以上，服务车辆达到800辆，推进纯电动车配套建设及租赁示范运营。加快开发区慢行交通系统建设，扩大公共租赁自行车规模，新增公共

---

① 北京市发改委等发布的《北京经济技术开发区绿色低碳循环发展行动计划》，发布时间2016-01-18，访问网址http://www.bjpc.gov.cn/zwxx/tztg/201601/t9896569.htm，访问时间2016-11-19。

租赁自行车 3000 辆，自行车租赁网点达到 200 个以上。通过三年行动，园区绿色出行比例超过 85%，预计年减少二氧化碳排放 2 万吨。

（3）重点开展工业节能减排技术改造。大力推进企业清洁生产审核工作，年综合能耗 2000 吨标准煤以上用能单位完成清洁生产审核比例达到 80%。以电子信息行业为重点，在京东方、中芯国际等企业实施一批清洁生产和节能改造项目，预计年节约用电 6000 万千瓦时，年减少蒸汽使用量 4 万吨。实施园区照明节能改造工程，对 10 万盏企业厂区光源进行 LED 节能照明改造，对公共机构建筑、公共建筑地下车库等光源进行 LED 节能照明改造，力争实现园区公共区域 LED 光源照明全覆盖，预计年节约用电 1500 万千瓦时。以汽车制造业、供暖行业为重点，实施一批污染物减排技术改造项目，预计年减少 VOC 排放 200 余吨。在实现园区无煤化基础上完成全区锅炉燃烧器改造，预计年减少氮氧化物排放 200 吨。统筹整合新能源利用、工业再生水使用、废弃物和废水回收等领域的先进做法，示范建设一批"绿色工厂"。

（4）全方位推进可再生能源利用。实施"阳光屋顶"光伏建筑一体化示范工程，重点在京东方、北京奔驰等厂区建设一批分布式光伏电站，力争实现园区百万平米厂房屋顶光伏全覆盖，新增装机容量 32 兆瓦，年发电量 3600 万千瓦时。在医药基地试点建设高效太阳能光热项目，替代传统能源满足生产及生活供热制冷需求，总建设面积 2 万平方米。在加强可再生能源利用基础上，试点运用能源互联网技术。进一步扩大地源热泵、污水源热泵、空气源热泵使用规模。

（5）建设产业共生网络。推广全产业链绿色环保管理模式，梳理产业链条，组织 80 家企业编制原材料、能源利用及废弃物排放的物料清单，建设具有园区特色的低投入、低消耗、低排放和高效率的循环型产业共生网络体系。试点建设中芯国际—华新绿源—艾尼克斯电子废弃物共生链条和京东方—华新绿源—园区企业废弃背光模组 LED 循环利用共生链条。

（6）实行固体废物分类收运全过程管理。示范建设生活垃圾、餐厨垃圾、建筑垃圾、工业危险废物、污泥等固体废物全分类收运体系，建立企业固体废物产生、分类、转移、处置利用登记管理制度，建设"可统计、可监测、可溯源、可问责"的固体废物统筹管理系统，基本实现各类固体废物的分类回收、分类运输全过程监管，建筑、餐厨垃圾规范收运率和污泥无害化处理率均达到 100%。在主要工业企业建设回收仓储装置，通过"嵌入式"服务延展工业废弃物回收渠道，预计年处置工业固体废物 1 万吨，推动南海子公园等园林绿化废弃物规范化处置，年最大处置能力达 6 万吨。

（7）建设园区能源环境智能化综合服务平台。搭建覆盖园区环境资源领域的综合服务平台，实现对主要污染物排放、能源实时消耗、节能减排诊断、固体废物收运在线监测、分析预警、指标考核管理，形成"一个平台，多元信息，智能调度，集中展示"的一体化、可视化、实时化监测与预警系统，采用大数据分析手段，提高园区综合管理水平。

表 1-16　北京经济技术开发区绿色低碳循环发展重要指标及目标

类别	序号	指标名称	单位	2014 年基准值	2017 年目标值
经济发展	1	全员劳动生产率	万元/人	35	40
	2	土地产出率	亿元/平方千米	17	21
	3	科研投入占 GDP 比例	%	3.5	4
低碳节能	4	能源消费总量	万吨标准煤	160.8	183.1
	5	能源消耗强度	吨标准煤/万元	0.161	0.150
	6	二氧化碳排放总量	万吨	344	387
	7	二氧化碳排放强度	吨/万元	0.345	0.317
	8	可再生能源占能源消费总量比例	%	0.83	1.68
循环利用	9	高品质再生水占工业用水比例	%	37	41
	10	万元 GDP 用水量	%	2.86	2.38
	11	生活垃圾正确分类投放率	%	22	50
	12	垃圾（餐厨、建筑）规范收运率	%	—	100
	13	参与产业共生网络建设企业数量	家	26	80
环境友好	14	细颗粒物 PM2.5 年均浓度下降率	%	—	37.5
	15	工业园区重点污染物排放总量减排指标达标率	%	100	100
	16	污泥无害化处理率	%	—	100
生态宜居	17	人均公园绿地面积	平方米/人	17.9	19.2
	18	新建公共建筑达到绿建二星及以上比例	%	—	50
	19	绿色出行比例	%	84	≥85
	20	新能源汽车网点充电桩数量	支	243	1000

第二章 流通节点城市发展状况分析

一、节点城市发展情况分析

（一）经济发展情况

1. 国家级节点城市

通过对 37 个国家级和 66 个区域级节点城市的 GDP、第一产业增加值、第二产业增加值、第三产业增加值、社会消费品零售总额和进出口总值等经济指标与全国水平进行比较，可描述节点城市在全国的经济地位及发展情况。如表 2-1 所示，37 个国家级节点城市 GDP 合计占全国 GDP 的 43.20%，平均增长率为 8.57%，超过全国增长率6.9%达 1.67 个百分点，是提升经济发展的主力。另外，第一产业增加值的占比为15.26%，平均增长率为 2.82%，低于全国 3.9%；第二产业增加值的占比为 43.02%，平均增长率为 7.22%，超过全国水平 6.0%达 1.22 个百分点；第三产业增加值的占比为 48.32%，平均增长率为 9.94%，超过全国水平 8.3%达 1.64 个百分点。由此可知，国家级节点城市第三产业对经济的促进作用在全国范围内超过第二产业的促进作用。在社会消费品零售总额和进出口总值指标上，37 个国家级节点城市分别占全国的53.51%和 65.98%，超过这 37 个城市的 GDP 占全国 GDP 总量 43.20%的程度，再由表1-2 所示的全社会固定资产投资额占比 31.79%可以认为，37 个国家级节点城市的消费和外贸对国家经济的贡献超过投资的贡献，也可认为 37 个国家级节点城市的消费和外贸对国家经济的贡献作用较高。

此外，37 个节点城市在 GDP、第一产业增加值、第二产业增加值和第三产业增加值的增速方面均超过全国水平的有合肥、福州、南昌、济南、武汉、南宁、重庆、成都、贵阳、昆明、西安、兰州、西宁。表明这些节点城市在经济、产业方面处于快速增长阶段，假定为第一增长梯队[①]。依次判定，可认定节点城市经济增长状况划分如下：

[①] 这里假定：对节点城市的经济增速对比全国增速，在 GDP、第一产业增加值、第二产业增加值和第三产业增加值上，全部超过全国水平的列入增速第一梯队；有 3 项超过全国水平的列入增速第二梯队；其他的列入第三梯队。下文解释同上。

经济增长第一梯队的节点城市（13个）：合肥、福州、南昌、济南、武汉、南宁、重庆、成都、贵阳、昆明、西安、兰州、西宁。

经济增长第二梯队的节点城市（13个）：天津、太原、呼和浩特、哈尔滨、南京、青岛、郑州、长沙、广州、深圳、拉萨、银川、乌鲁木齐。

经济增长第三梯队的节点城市（11个）：北京、石家庄、沈阳、大连、长春、上海、苏州、杭州、宁波、厦门、海口。

表2-1 37个国家级节点城市经济发展指标一览表（2015年）

序号	节点城市	GDP		第一产业增加值		第二产业增加值		第三产业增加值		社会消费品零售总额（亿元）	进出口总值（亿美元）
		总值（亿元）	（平均）增长率（%）	总值（亿元）	（平均）增长率（%）	总值（亿元）	（平均）增长率（%）	总值（亿元）	（平均）增长率（%）		
1	北京	22968.6	6.9	140.2	-9.6	4526.4	3.3	18302	8.1	18646.00	3195.90
2	天津	16538.19	9.3	210.51	2.5	7723.6	9.2	8604.08	9.6	42624.66	1143.47
3	石家庄	5440.6	7.5	494.4	2.3	2452.9	5.8	2493.3	10.6	2693.00	121.40
4	太原	2735.34	8.9	37.43	1.3	1020.14	6	1677.77	11.4	1540.80	106.77
5	呼和浩特	3090.5	8.3	126.2	3.3	867.1	8	2097.2	8.8	1353.50	20.70
6	沈阳	7280.5	3.5	341.4	3.5	3499	0.9	3440.1	6.3	3883.20	140.80
7	大连	7731.6	4.2	453.3	3	3580.8	0.9	3697.5	8.2	3084.30	550.91
8	长春	5530.03	6.5	343.3	5	2770.9	4.1	2415.8	9.8	2409.30	139.90
9	哈尔滨	5751.2	7.1	672.6	7.2	1862.8	4.1	3215.8	9.3	3394.50	47.78
10	上海	24964.99	6.9	109.78	-13.2	7940.69	1.2	16914.52	10.6	3826.42	8162.32
11	南京	9720.77	9.3	232.39	3.4	3916.11	7.2	5572.27	11.3	4590.17	532.70
12	苏州	14500	7.5	215.2	3.4	7041.8	2.2	7243	9.2	4424.80	3053.50
13	杭州	10053.58	10.2	287.69	1.8	3910.6	5.6	5855.29	14.6	815.29	665.66
14	宁波	8011.5	8	285.2	1.8	3924.5	4.8	3801.8	12.5	3349.60	1936.40
15	合肥	5660.27	10.5	263.43	4.4	3097.91	10.6	2298.93	11	2183.65	203.38
16	福州	5618.1	9.6	434.74	4	2482.44	8.9	2700.92	11.3	3488.74	331.63
17	厦门	3466.01	7.2	23.94	-0.5	1508.99	7.9	1933.08	6.5	1168.42	832.91
18	南昌	4000.01	9.6	172	3.9	2180	9.8	1648	9.8	1662.87	114.64
19	济南	6100.23	8.1	305.39	4.1	2307	7.4	3487.84	8.9	3410.30	91.10
20	青岛	9300.07	8.1	363.98	3.2	4026.46	7.1	4909.63	9.4	3713.70	700.23
21	郑州	7315.2	10.1	151	3.1	3625.5	9.4	3538.7	11.4	3294.70	570.30
22	武汉	10905.6	8.8	359.81	4.8	4981.54	8.2	5564.25	9.6	5102.24	280.72
23	长沙	8510.13	9.9	341.78	3.6	4478.2	8.8	3690.15	12.1	3690.59	129.53

序号	节点城市	GDP		第一产业增加值		第二产业增加值		第三产业增加值		社会消费品零售总额（亿元）	进出口总值（亿美元）
		总值（亿元）	（平均）增长率（%）	总值（亿元）	（平均）增长率（%）	总值（亿元）	（平均）增长率（%）	总值（亿元）	（平均）增长率（%）		
24	广州	18100.41	8.4	228.09	2.5	5786.21	6.8	12086.11	9.5	7932.96	1338.70
25	深圳	17502.99	8.9	5.66	-1.7	7205.53	7.3	10291.8	10.2	5017.84	4417.92
26	南宁	3410.09	8.6	370.35	4.1	1345.66	8.2	1694.08	9.9	1786.68	58.52
27	海口	1161.28	7.5	58.12	1.2	223.67	5.8	879.49	8.3	595.53	43.43
28	重庆	15719.72	11	1150.15	4.7	7071.82	11.3	7497.75	11.5	6424.02	744.77
29	成都	10801.2	7.9	373.2	3.9	4723.5	7.2	5704.5	9	4946.20	395.30
30	贵阳	2891.16	12.5	129.89	6.4	1108.52	14.6	1652.75	11.1	1060.17	91.22
31	昆明	3970	8	188.1	5.8	1588.38	7.4	2193.52	8.7	2061.66	123.64
32	拉萨	376.73	11.2	13.8	4.3	140.95	16.4	221.98	8.2	205.80	6.63
33	西安	5810.03	8.2	220.2	5	2165.54	6.8	3424.29	9.5	3405.38	282.88
34	兰州	2095.99	9.1	56.22	5.9	782.65	6.8	1257.11	11.2	1152.15	50.59
35	西宁	1131.62	10.9	37.46	5.3	543.47	12.6	550.69	9	461.94	18.32
36	银川	1480.73	8.3	57.46	4.7	787.11	9.1	636.16	7.6	477.63	32.67
37	乌鲁木齐	2680	10.5	31.2	6	788.8	5.6	1860	13.9	1152.00	58.43
	合计	292324.97	8.57	9285.57	2.82	117987.19	7.22	165052.16	9.94	161030.71	30735.66
	全国水平	676708	6.9	60863	3.9	274278	6.0	341567	8.3	300931	46584.92
	节点城市占全国的比例（%）	43.20	124.17	15.26	72.35	43.02	120.41	48.32	119.80	53.51	65.98

数据来源：整理自国家统计局和各节点城市 2015 年国民经济和社会发展统计公报。

2. 区域级节点城市

同样地，再对 66 个区域级节点城市的 GDP、第一产业增加值、第二产业增加值、第三产业增加值、社会消费品零售总额和进出口总值等经济指标与全国水平进行比较，可描述节点城市在全国的经济地位及发展情况。由表 2-2 所示，66 个区域级节点城市GDP 合计占全国 GDP 的 24.25%，平均增长率为 7.52%，超过全国水平 6.9% 达 0.62个百分点，拉升了经济的发展。另外，第一产业增加值的占比为 24.86%，平均增长率为 4.12%，超过全国水平 3.9% 达 0.22 个百分点；第二产业增加值的占比为 30.01%，平均增长率为 7.19%，超过全国水平 6.0% 达 1.19 个百分点；第三产业增加值的占比为 19.51%，平均增长率为 9.77%，超过全国水平 8.3% 达 1.47 个百分点。同样地，区域级节点城市第三产业对经济的促进作用在全国范围内超过第二产业、第一产业的促进作用。可见，区域级节点城市与国家级存在一定的差异。例如，在 GDP、第一产业、第二产业、第三产业的增速方面均超过全国增速水平；区域级节点城市整体对经济发展的作用力远低于国家级。在社会消费品零售总额和进出口总值指标上，分别占据全国水平的 20.43% 和 14.17%，低于 GDP 的 24.25% 占比程度，再由表 1-2 所示的全社会固定资产投资额占比 22.93%，可以认为，66 个区域级节点城市的消费、外贸和投资对国家经济的贡献作用较低。

表 2-2　66 个区域级节点城市经济发展指标一览表（2015 年）

序号	节点城市	GDP		第一产业增加值		第二产业增加值		第三产业增加值		社会消费品零售总额（亿元）	进出口总值（亿美元）
		总值（亿元）	（平均）增长率（%）	总值（亿元）	（平均）增长率（%）	总值（亿元）	（平均）增长率（%）	总值（亿元）	（平均）增长率（%）		
1	唐山	6103.10	5.60	569.10	2.80	3365.40	4.90	2168.60	7.50	2138.20	139.10
2	保定	3000.30	7.00	353.50	3.20	1500.70	4.70	1146.10	11.80	1509.30	44.50
3	秦皇岛	1250.44	5.50	177.63	2.80	445.09	4.90	627.72	6.60	631.33	46.04
4	邯郸	3145.40	6.80	402.80	2.40	1500.70	4.80	1241.90	11.20	1358.60	29.70
5	大同	1052.90	9.00	56.40	2.00	440.00	7.90	556.50	11.00	567.70	4.14
6	临汾	1161.10	0.20	91.00	-3.40	563.40	-5.20	506.70	10.30	572.00	3.02
7	包头	3781.90	8.10	101.10	3.20	1830.60	8.30	1850.20	8.20	1276.60	15.50
8	呼伦贝尔	1595.96	8.10	263.66	3.80	710.81	8.50	621.48	9.30	545.88	29.89
9	鄂尔多斯	4226.10	7.70	99.00	3.30	2400.00	8.00	1727.10	7.50	660.30	7.08
10	锦州	1357.50	3.00	211.70	3.30	589.60	0.50	556.20	6.00	597.70	24.30
11	丹东	984.90	3.00	156.70	4.80	402.90	8.80	425.30	1.50	505.00	26.60
12	延边	886.90	7.00	75.20	4.50	442.80	8.40	404.80	6.80	481.30	20.40
13	吉林	2455.20	6.40	252.60	5.00	1116.50	6.50	1086.10	6.80	1313.20	10.60
14	牡丹江	1186.30	6.80	220.80	6.90	454.40	5.90	511.10	7.60	501.80	48.90
15	大庆	2983.50	-26.70	191.85	3.70	1994.53	-36.34	797.12	6.00	119.00	—
16	徐州	5319.88	9.50	504.76	3.50	2355.06	9.80	2460.06	10.20	2358.45	14.28
17	南通	6148.40	9.60	354.90	2.90	2977.50	9.70	2816.00	10.50	2379.50	315.80
18	连云港	2160.64	10.80	282.69	3.60	959.00	11.10	918.95	12.40	830.71	80.45
19	无锡	8518.26	7.10	137.72	-0.10	4197.43	5.00	4183.11	9.60	2847.61	684.67
20	舟山	1095.00	9.20	112.00	4.90	453.00	10.90	529.00	8.50	415.52	116.62
21	金华	3406.48	7.80	141.21	1.50	1538.94	5.80	1726.33	10.50	1783.10	490.60
22	温州	4619.84	8.30	123.24	3.10	2101.53	7.10	2395.07	9.90	2674.38	194.78
23	阜阳	1267.40	9.50	286.30	4.70	526.40	10.30	454.80	11.30	674.70	15.00

序号	节点城市	GDP		第一产业增加值		第二产业增加值		第三产业增加值		社会消费品零售总额（亿元）	进出口总值（亿美元）
		总值（亿元）	（平均）增长率（%）	总值（亿元）	（平均）增长率（%）	总值（亿元）	（平均）增长率（%）	总值（亿元）	（平均）增长率（%）		
24	芜湖	2457.32	10.30	120.02	4.30	1540.60	10.30	796.70	11.00	733.04	68.19
25	泉州	6137.74	8.90	178.28	1.90	3742.33	8.90	2217.13	9.30	2459.59	271.04
26	漳州	2767.45	11.00	370.87	4.30	1343.19	10.20	1053.39	14.80	776.99	93.42
27	九江	1902.68	9.70	140.75	4.00	1014.59	9.30	747.34	11.50	578.56	59.95
28	赣州	1973.87	9.60	295.56	4.10	870.46	9.80	807.85	11.40	705.21	41.56
29	潍坊	5170.50	8.30	455.10	4.10	2490.80	7.90	2224.60	9.80	2277.50	189.30
30	烟台	6446.08	8.40	440.85	4.30	3323.46	7.90	2681.77	9.80	2679.45	493.87
31	临沂	3763.20	7.10	346.50	4.50	1687.10	6.50	1729.60	8.40	2235.00	87.40
32	洛阳	3508.80	9.20	236.40	5.00	1740.70	8.90	1531.70	10.30	1605.10	19.51
33	商丘	1803.93	8.70	377.01	4.50	762.14	8.50	664.78	11.80	666.21	3.00
34	南阳	2522.32	9.20	404.19	4.50	1153.91	8.90	964.22	12.00	1429.29	19.28
35	宜昌	3384.80	8.90	370.31	5.30	1986.41	8.80	1028.08	10.20	1089.47	30.86
36	襄阳	3382.10	8.90	402.10	4.80	1922.90	9.00	1057.10	10.10	1165.10	24.12
37	荆州	1590.50	8.50	353.01	5.20	695.12	7.40	542.37	11.90	—	—
38	衡阳	2601.57	8.70	395.84	3.60	1161.02	7.10	1044.71	12.60	1009.10	31.32
39	娄底	1291.38	7.60	189.19	3.80	663.12	5.80	439.06	11.90	433.82	9.78
40	株洲	2335.10	9.50	179.50	3.80	1337.10	7.90	818.50	13.60	839.70	24.90
41	东莞	6275.06	8.00	20.50	-0.40	2902.98	6.20	3351.59	10.00	2154.70	1676.73
42	佛山	8003.92	8.50	136.42	2.60	4838.89	7.60	3028.61	10.30	2687.66	657.20
43	桂林	1942.97	8.00	339.42	4.40	900.98	8.20	702.57	9.20	751.96	9.20
44	柳州	2298.62	7.20	168.42	4.10	1300.11	5.20	830.09	12.20	944.11	22.30
45	钦州	944.42	8.40	205.18	4.10	381.75	8.50	357.49	11.20	333.50	58.27
46	防城港	620.72	10.20	75.75	3.60	353.00	12.60	191.98	7.80	101.03	86.01
47	绵阳	1700.33	8.60	260.05	3.80	858.93	9.30	581.35	9.40	879.16	26.27
48	达州	1350.76	3.10	290.82	3.90	581.19	-0.20	478.76	9.60	672.47	3.69
49	南充	1516.20	7.60	335.23	3.80	741.11	7.90	439.86	9.60	698.82	2.03
50	宜宾	1525.90	8.50	216.35	3.90	889.89	8.60	419.66	10.30	676.01	9.52
51	遵义	2168.34	13.20	349.27	6.80	970.75	13.70	848.32	14.10	639.93	14.85
52	六盘水	1201.08	12.10	114.51	6.90	614.14	12.10	472.43	12.90	292.72	3.84
53	曲靖	1630.26	7.40	317.15	6.00	642.23	5.90	670.88	9.50	502.40	5.60

序号	节点城市	GDP		第一产业增加值		第二产业增加值		第三产业增加值		社会消费品零售总额（亿元）	进出口总值（亿美元）
		总值（亿元）	（平均）增长率（%）	总值（亿元）	（平均）增长率（%）	总值（亿元）	（平均）增长率（%）	总值（亿元）	（平均）增长率（%）		
54	红河	1222.28	10.20	201.99	6.40	553.79	12.00	466.50	9.20	326.26	12.83
55	咸阳	2155.91	8.70	328.78	5.30	1240.41	9.30	586.72	9.00	601.58	4.60
56	榆林	2621.29	4.30	143.60	4.40	1637.29	4.30	840.40	4.00	396.41	—
57	天水	553.80	9.20	97.50	6.10	185.60	10.00	270.70	9.60	262.42	3.83
58	酒泉	544.80	5.30	78.60	5.50	202.00	4.30	264.20	6.30	176.60	7.57
59	海西	439.90	3.20	26.80	7.60	297.00	2.00	116.00	7.10	81.50	—
60	海东	384.40	11.30	53.20	5.70	192.80	14.00	138.30	9.20	80.05	—
61	石嘴山	482.38	6.90	25.92	4.50	308.33	7.40	148.13	6.00	96.06	—
62	喀什	780.00	12.20	227.00	6.20	240.00	14.40	313.00	15.00	168.12	11.54
63	伊犁	1639.77	8.70	456.08	6.00	497.01	8.10	686.67	11.00	330.32	59.47
64	博尔塔拉	287.20	12.00	46.65	5.10	67.88	22.00	117.51	8.60	39.00	95.56
65	巴音郭楞	1052.00	4.00	197.00	7.00	600.00	0.80	255.00	11.00	157.12	3.00
66	日喀则	—	—	—	—	—	—	—	—	—	—
合计		164088.25	7.52	15133.53	4.12	82298.70	7.19	66635.86	9.77	61475.02	6603.37
全国水平		676708	6.9	60863	3.9	274278	6.0	341567	8.3	300931	46584.92
节点城市占全国的比例（%）		24.25	108.92	24.86	105.60	30.01	119.89	19.51	117.74	20.43	14.17

注："—"的位置为缺失数据。

数据来源：整理自国家统计局和各节点城市2015年国民经济和社会发展统计公报。

此外，66个节点城市（除日喀则数据缺失排除在统计外）在GDP、第一产业增加值、第二产业增加值和第三产业增加值的增速对比全国水平，可认定节点城市经济增长状况划分如下：

经济增长第一梯队的节点城市（27个）：延边、舟山、阜阳、芜湖、漳州、九江、赣州、潍坊、烟台、临沂、洛阳、商丘、南阳、宜昌、襄阳、荆州、桂林、钦州、遵义、六盘水、红河、咸阳、天水、海东、喀什、伊犁、博尔塔拉。

经济增长第二梯队的节点城市（16个）：大同、呼伦贝尔、徐州、南通、连云港、温州、泉州、衡阳、株洲、东莞、佛山、柳州、绵阳、宜宾、曲靖、石嘴山。

经济增长第三梯队的节点城市（22个）：唐山、保定、秦皇岛、邯郸、临汾、包头、鄂尔多斯、锦州、丹东、吉林、牡丹江、大庆、无锡、金华、娄底、防城港、达州、南充、榆林、酒泉、海西、巴音郭楞。

（二）流通竞争力评价

鉴于数据采集因素，根据 2014 年数据，对 37 个国家级节点城市的人口数量（TotalPopu）、在岗职工平均工资（AverWage）与旅客运输量（PassVol）、货物运输量（CargVol）的关联判定，从人力资源角度，分析城市流通竞争力状况。①从描述统计量来看（见表 2-3），37 个国家级节点城市的旅客运输量和货物运输量存在较大的差异；②由表 2-4 可知，人口数量、在岗职工平均工资对旅客运输量、货物运输量存在显著正相关，并且，人口数量、在岗职工平均工资对货物运输量的影响程度超过对旅客运输量的影响；反过来，可认为具有人口数量优势和在岗职工平均工资越高的节点城市，其流通业越发达，流通竞争力也越强。因此选取人口数量、在岗职工平均工资两个判定因素均为全国前十的城市，综合可推断北京、上海、天津、广州等节点城市的流通竞争力较强（见表 2-5）。

表 2-3　37 个国家级节点城市人力资源与流通关联的描述性统计量

变量	均值	标准差	样本量
人口数量（TotalPopu）	717.3646	556.68511	37
在岗职工平均工资（AverWage）	62834.6486	12151.01176	37
旅客运输量（PassVol）	19938.6049	21983.83242	37
货物运输量（CargVol）	30167.6262	22593.39020	37

表 2-4　37 个国家级节点城市人力资源与流通的相关性

		TotalPopu	AverWage	PassVol	CargVol
TotalPopu	Pearson 相关性	1	0.184	0.491 **	0.679 **
AverWage	Pearson 相关性	0.184	1	0.327 *	0.393 *
PassVol	Pearson 相关性	0.491 **	0.327 *	1	0.585 **
CargVol	Pearson 相关性	0.679 **	0.393 *	0.585 **	1

注：** 表示在 0.01 水平（双侧）上显著相关；* 表示在 0.05 水平（双侧）上显著相关。

表 2-5 流通竞争力较强的国家级节点城市列表

排序	节点城市	判定要素	判定要素	节点城市	排序
		人口数量（万人）	在岗职工平均工资（元）		
1	重庆	3375.2	103400	北京	1
2	上海	1438.69	100623	上海	2
3	北京	1333.4	77286	南京	3
4	成都	1210.74	74246	广州	4
5	石家庄	1024.93	73839	天津	5
6	天津	1016.66	73492	深圳	6
	选取以上节点城市		72468	拉萨	7
7	哈尔滨	987.29	70823	杭州	8
8	郑州	937.8	70228	宁波	9
9	广州	842.42		选取以上节点城市	
10	武汉	827.31	66956	苏州	10
11	西安	815.29	63609	大连	11
12	青岛	780.64	63201	成都	12
13	长春	754.55	63062	厦门	13
14	沈阳	730.84	62323	济南	14
15	南宁	729.66	62097	青岛	15
16	杭州	715.76	61847	长沙	16
17	合肥	712.81	61617	乌鲁木齐	17
18	福州	674.94	60624	武汉	18
19	长沙	671.41	59648	合肥	19
20	苏州	661.08	59330	贵阳	20
21	南京	648.72	59080	银川	21
22	济南	621.61	58838	福州	22
23	大连	594.29	58153	昆明	23
24	宁波	583.78	57771	太原	24
25	昆明	550.5	56977	长春	25
26	南昌	517.73	56852	重庆	26
27	贵阳	382.91	56590	沈阳	27

排序	节点城市	判定要素	判定要素	节点城市	排序
		人口数量（万人）	在岗职工平均工资（元）		
28	兰州	374.67	54914	西宁	28
29	太原	369.74	54330	南宁	29
30	深圳	332.21	54098	西安	30
31	乌鲁木齐	266.91	54008	兰州	31
32	呼和浩特	237.88	51848	南昌	32
33	厦门	203.44	51554	哈尔滨	33
34	西宁	202.64	50653	海口	34
35	银川	196	50469	呼和浩特	35
36	海口	165.31	49756	郑州	36
37	拉萨	52.73	48272	石家庄	37

二、节点城市政策执行情况

依据第一章的"表1-11：节点城市流通基础建设投入情况（2015年）"，通过对已采集数据的节点城市（22个国家级节点城市+27个区域级节点城市）的考察，并根据对49个节点城市的基础设施建设的政策响应设计其反应图景（如"图1-6：代表节点城市基础设施建设对《规划》的政策响应情况示意图"所示），在基础设施建设投资方面，国家级高增长代表节点城市位于国家的边陲，流通范围可辐射到全国大部分地区；而负增长代表节点城市则集中于内陆区域，辐射区域有限。区域级则相反，高增长代表节点城市的流通辐射范围为内陆区域；而负增长代表节点城市反而位于国家的边陲，流通范围可辐射到全国大部分地区。研究认为，国家级外围节点城市与区域级内陆节点城市在基础设施建设方面对《全国流通节点城市布局规划（2015~2020年）》的政策响应敏感、及时；反之，国家级内陆节点城市与区域级外围节点城市对《全国流通节点城市布局规划（2015~2020年）》的政策响应不敏感、不及时。

总结：下一个阶段需继续观察所有节点城市实时数据情况，并有意向地加大国家级内陆区域的节点城市与区域级外围节点城市的流通基础建设投入，促进大流通网络基础设施的完善与发挥更大的流通能力与经济价值。

三、流通节点功能发挥情况及比较

(一) 节点城市集散中转功能分析

对流通节点城市的集散中转功能分析，鉴于数据采集等因素（这里集中考察国家级节点城市），主要从两个角度进行描述：一是通过货物周转（亿吨公里）和旅客周转量（亿人公里）的标准差、偏度、峰度进行分析；二是通过对 37 个国家级节点城市的两两关联数量和程度来考察。

一方面，由附表 4 相关数据计算得出表 2-6，数据显示，货物周转量和旅客周转量的标准差相对较大，表明节点城市间的差异较大；其偏度呈现右偏态，表明少数节点城市数值较大，产生影响；其峰度为 5.83、7.19，超过正态分布的峰度，呈现尖峰状态，表明出现极端值影响了整体。进一步观察附表 4 的相关数值（数据缺失城市不在研究范围），综合认为：首先，大连、广州作为城市集散中转功能最强，拉升了整体的水平；其次，天津、南京、宁波、武汉、深圳的集散中转功能也较强；而银川、兰州、呼和浩特扮演着极端值，影响了整体水平，可认为它们的集散中转功能并没有发挥作用。

表 2-6 国家级节点城市流通业相关指标的描述性统计 (2015 年)

	样本量	极小值	极大值	均值	标准差	偏度		峰度	
	统计量	统计量	统计量	统计量	统计量	统计量	标准误	统计量	标准误
社会消费品零售总额（亿元）	37	205.80	42624.66	4352.18	7185.54	4.630	0.388	23.69	0.76
进出口总值（亿美元）	37	6.63	8162.32	830.69	1587.28	3.358	0.388	12.86	0.76
交通运输、仓储和邮政业固定资产投资额（亿元）	22	51.96	1595.26	448.09	361.43	1.636	0.491	3.60	0.95
交通运输、仓储和邮政业增加值（亿元）	10	122.18	1265.68	603.48	422.50	0.384	0.687	-1.60	1.33
货物运输总量（亿吨）	29	0.04	10.46	3.44	2.75	1.400	0.434	1.36	0.85
旅客运输总量（亿人）	28	0.07	10.60	2.31	2.53	1.983	0.441	3.64	0.86
货物周转量（亿吨公里）	24	20.54	8993.26	1580.68	2370.84	2.478	0.472	5.83	0.92
旅客周转量（亿人公里）	22	14.54	2668.30	467.21	629.99	2.624	0.491	7.19	0.95
有效的样本量（列表状态）	5								

另一方面，通过对 37 个国家级节点城市的货物运输总量与旅客运输总量（数据期间为 2005~2014 年）的相关性分析，通过两两关联数量和程度来考察，结果如附表 5 所示，可认为：石家庄、沈阳、大连、苏州、杭州、郑州、武汉、长沙、昆明、西安等城市在两两关联数量和程度方面发挥较好，也可认为这些城市的集散中转功能发挥较好；而北京、太原、海口、贵阳等甚至出现负面作用。

进一步地，针对国家级节点城市，通过 $\dfrac{旅客周转量}{旅客运输总量}$ 和 $\dfrac{货物周转量}{货物运输总量}$ 的比值（2015 年数据）来反映节点城市单位运输量带来的周转情况，从而判断城市集散中转功能，结果如表 2-7 所示：发挥集散中转功能较好的节点城市有银川、南京、海口、广州、济南、深圳、厦门、西宁、武汉、北京、宁波、天津等。

表 2-7 国家级节点城市流通周转效率排序

排序	节点城市	$\dfrac{旅客周转量}{旅客运输总量}$	$\dfrac{货物周转量}{货物运输总量}$	节点城市	排序
1	银川	963.86	986.60	南京	1
2	海口	725.99	895.74	广州	2
3	济南	619.16	693.25	深圳	3
4	厦门	426.47	688.58	济南	4
5	西宁	410.73	626.55	海口	5
6	武汉	399.41	612.43	武汉	6
7	南京	253.72	555.94	厦门	7
8	广州	251.73	532.12	银川	8
9	北京	249.64	514.92	宁波	9
10	天津	225.06	436.05	天津	10
11	呼和浩特	212.26	370.96	西宁	11
12	哈尔滨	212.20	368.41	哈尔滨	12
13	郑州	149.52	346.45	长春	13
14	昆明	125.00	222.85	郑州	14
15	西安	120.50	218.58	北京	15
16	兰州	100.98	173.79	呼和浩特	16
17	长春	67.67	156.03	苏州	17
18	苏州	34.53	138.88	西安	18
	沈阳		107.72	兰州	19
	上海		107.39	昆明	20
	杭州			沈阳	

排序	节点城市	旅客周转量 / 旅客运输总量	货物周转量 / 货物运输总量	节点城市	排序
	宁波			上海	
	合肥			杭州	
	福州			合肥	
	南昌			福州	
	南宁			南昌	
	重庆			南宁	
	贵阳			重庆	
	石家庄			贵阳	
	太原			石家庄	
	大连			太原	
	青岛			大连	
	长沙			青岛	
	深圳			长沙	
	成都			成都	
	拉萨			拉萨	
	乌鲁木齐			乌鲁木齐	

注：空缺位置为数据缺失。

综上所述，首先，武汉可认为是发挥物流集散中转功能最好、最全面的；其次，大连、广州、天津、南京、宁波、深圳、石家庄、沈阳、苏州、杭州、郑州、长沙、昆明、西安、济南、厦门、西宁等城市发挥集散中转功能相对较好，而银川、兰州、呼和浩特、北京、太原、海口、贵阳等城市在发挥物流集散中转功能方面并不是很好。

（二）节点城市生产服务功能分析

舟山：2016 年 4 月 27 日，《国务院关于同意设立舟山江海联运服务中心的批复》（国函〔2016〕72 号），设立舟山江海联运服务中心，是贯彻落实党中央、国务院有关决策部署的重要举措，有利于加强资源整合，促进江海联运发展，提高长江黄金水道运输效率，增强国家战略物资安全保障能力，对于实施长江经济带发展战略，加强与21 世纪海上丝绸之路的衔接互动，推动海洋强国建设具有重要意义。以宁波—舟山港为依托，以改革创新为动力，加快发展江海联运，完善铁路内河等集疏运体系，增强现代航运物流服务功能，提升大宗商品储备加工交易能力，打造国际一流的江海联运综合枢纽港、航运服务基地和国家大宗商品储运加工交易基地，创建我国港口一体化改革发展示范区。[①]

厦门：打造"千亿物流产业链"。入围国家现代物流创新发展试点城市，产业迎来诸多重大发展机遇，未来五年将结合"一带一路"倡议、自贸试验区、欧亚物流大通道、厦台物流合作等方面全力推动。按照规划，到2020年，预计物流产业总收入达2000亿元，物流业增加值达到570亿元。由龙头企业带动、重大项目带动，助力城市物流产业稳步发展。比如，厦门宏仁医药现代物流园，聚焦医药物流；普洛斯（翔安）物流园，提供物流仓储配套，带动一批关联企业扎根；厦门电商谷包含"互联网+"物流；厦门泰鹭福冷链、万翔现代物流中心、太古海投冷链物流中心瞄准冷链物流；厦门远海全自动化集装箱码头改造示范工程将带动绿色、高效的港口物流发展；等等。[②]

拉萨：拉萨市生产资料物流中心。中心划分为钢材物流园区建设和拉萨市物流集散中心建设，以拉萨为基地打造阿里、那曲、昌都、林芝、山南、日喀则六地市的生产资料物流中心，形成以铁路运输为主、公路运输为辅，并以拉萨为项目中心辐射全区的综合性、科技型的现代化物流园区。这将大大降低物流产品的运输成本，极大提高物流产品贸易供应能力、流转速度和仓储能力，从而改善西藏自治区当前物流交易市场混乱的状况，建立良好的物流市场秩序。项目也将对带动地方第三产业的发展，增加地方财政收入，解决地方就业等问题具有十分积极的现实意义。据了解，该物流中心的建立将新增就业岗位200余个，间接带动就业近1000人，服务周边企业近万家，降低物流成本30%左右，这将有利于整合社会上闲散的物流资源，提高物流设备设施利用率，使得自营物流向社会化、专业化方向发展。[③]

（三）节点城市消费促进功能分析

1. 节点城市整体情况

总体上，节点城市的流通能力在促进消费方面是具有显著作用的。从表2-8可知，对37个国家级节点城市2014~2005年旅客运输量、货物运输量和社会消费品零售总额的相关性做分析，结果表明旅客运输量和货物运输量越多越促进社会消费品零售业务，

---

① 国务院，《国务院关于同意设立舟山江海联运服务中心的批复》（国函〔2016〕72号），发布时间2016-04-27，http://www.gov.cn/zhengce/content/2016-04/27/content_5068405.htm，访问时间2016-11-18。

② 中国物流信息中心/厦门网—厦门日报，访问网址http://www.clic.org.cn/zhwldfwl/276688.jhtml，发布时间2016-11-21，访问时间2016-11-21。

③ 中国物流信息中心/中国西藏新闻网，访问网址http://www.clic.org.cn/zhwldfwl/276545.jhtml，发布时间2016-11-17，访问时间2016-11-21。

并且货物运输量在促进消费上，比旅客运输量来得更加明显。

表 2-8　国家级节点城市流通与消费的相关性

	旅客运输量	货物运输量	社会消费品零售总额
旅客运输量	1	0.416**	0.495**
货物运输量	0.416**	1	0.706**
社会消费品零售总额	0.495**	0.706**	1

注：①** 表示在 0.01 水平（双侧）上显著相关；②由于数据采集因素，仅选取国家级节点城市的旅客运输量和货物运输量代表流通能力。

进一步地，对社会消费品零售总额与旅客运输量、货物运输量做简单的线性回归，模型拟合效果较好（拟合优度 R^2 为 0.743），变量间回归系数通过检验，因此可以通过模型进一步解释节点城市的消费促进作用。如表 2-9 的非标准化系数所示，每增加 1 个单位（万人）的旅客运输量，会提升 0.013 个单位（亿元）的社会消费品零售总额，即增加 1 万人旅客运输量，可提升 130 万元的社会消费品零售总额；同样地，每增加 1 个单位（万吨）货物运输量，会提升 0.053 个单位（亿元）的社会消费品零售总额，即增加 1 万吨货物运输量，可提升 530 万元的社会消费品零售总额。

表 2-9　国家级节点城市流通与消费的回归模型

模型		非标准化系数		标准系数	t	Sig.
		B	标准误差	试用版		
1	（常量）	250.063	103.308		2.421	0.016
	旅客运输量	0.013	0.002	0.254	6.276	0.000
	货物运输量	0.053	0.004	0.604	14.960	0.000

注：因变量：社会消费品零售总额。

2. 单个节点城市情况

这里对 2015 年节点城市 $\dfrac{社会消费品零售总额}{旅客运输量}$ 和 $\dfrac{社会消费品零售总额}{货物运输量}$ 进行考察。数据可参见附表 4、附表 6。结果如表 2-10、表 2-11 所示。国家级节点城市的流通业促进消费的功能发挥得较好的有天津、银川、呼和浩特、北京、济南、哈尔滨、南京、苏州、长春、南宁、福州、沈阳、深圳等城市；区域级节点城市消费促进功能发挥较好的有唐山、温州、包头、牡丹江、鄂尔多斯、吉林、佛山、保定、东莞、烟台、柳州、南通、泉州、洛阳、潍坊、天水、无锡、南阳等城市。

表 2-10 国家级节点城市消费与流通比值排序

排序	节点城市	社会消费品零售总额 旅客运输量	社会消费品零售总额 货物运输量	节点城市	排序
1	天津	21527.61	12373.83	银川	1
2	呼和浩特	19759.12	8012.15	天津	2
3	银川	7193.22	6474.31	北京	3
4	济南	3187.20	3857.39	哈尔滨	4
5	南京	2886.90	3302.09	苏州	5
6	长春	2801.51	2339.13	长春	6
7	南宁	2748.74	2158.42	济南	7
8	福州	2740.57	1814.58	沈阳	8
9	北京	2663.71	1543.95	深圳	9
10	哈尔滨	2571.59	1540.33	南京	10
11	南昌	2424.01	1339.31	郑州	11
12	宁波	2358.87	1201.50	南昌	12
13	昆明	2103.73	1058.56	武汉	13
14	上海	2057.22	976.40	兰州	14
15	沈阳	1885.05	795.63	宁波	15
16	兰州	1858.31	790.14	广州	16
17	武汉	1848.64	735.60	呼和浩特	17
18	西宁	1776.69	735.50	西安	18
19	郑州	1761.87	725.94	昆明	19
20	合肥	1495.65	669.83	合肥	20
21	厦门	1343.01	669.48	西宁	21
22	西安	1265.94	614.15	重庆	22
23	苏州	1140.41	527.02	海口	23
24	重庆	900.48	492.20	南宁	24
25	海口	841.14	449.99	福州	25
26	广州	748.39	435.98	厦门	26
27	杭州	341.13	419.56	上海	27

续表

排序	节点城市	社会消费品零售总额 旅客运输量	社会消费品零售总额 货物运输量	节点城市	排序
28	贵阳	158.71	329.25	贵阳	28
	石家庄		277.31	杭州	29
	太原			石家庄	
	大连			太原	
	青岛			大连	
	长沙			青岛	
	深圳			长沙	
	成都			成都	
	拉萨			拉萨	
	乌鲁木齐			乌鲁木齐	

注：空缺位置为数据缺失。

表 2-11　区域级节点城市消费与流通比值排序

排序	节点城市	社会消费品零售总额 旅客运输量	社会消费品零售总额 货物运输量	节点城市	排序
1	唐山	35052.46	1995.81	温州	1
2	包头	14376.13	1752.71	牡丹江	2
3	鄂尔多斯	6057.80	1696.64	吉林	3
4	佛山	4989.16	1622.90	保定	4
5	东莞	4309.40	1263.89	烟台	5
6	柳州	3933.79	1081.59	南通	6
7	烟台	3620.88	1020.58	泉州	7
8	吉林	3286.29	917.20	洛阳	8
9	潍坊	3207.75	904.90	天水	9
10	无锡	2712.01	897.34	南阳	10
11	泉州	2562.07	875.96	潍坊	11
12	南通	2332.84	834.58	宜宾	12

排序	节点城市	社会消费品零售总额 旅客运输量	社会消费品零售总额 货物运输量	节点城市	排序
13	秦皇岛	2182.27	793.21	无锡	13
14	呼伦贝尔	2099.54	767.90	佛山	14
15	漳州	2044.71	753.39	东莞	15
16	钦州	1852.78	751.96	桂林	16
17	徐州	1773.27	623.46	丹东	17
18	邯郸	1741.13	621.59	漳州	18
19	保定	1734.83	609.10	柳州	19
20	芜湖	1704.74	553.03	喀什	20
21	牡丹江	1625.00	551.88	酒泉	21
22	连云港	1483.41	536.01	徐州	22
23	温州	1255.58	528.74	商丘	23
24	洛阳	1244.26	527.70	咸阳	24
25	南阳	1242.32	401.69	娄底	25
26	榆林	1057.09	399.01	九江	26
27	宜宾	994.13	396.24	芜湖	27
28	锦州	964.03	395.23	包头	28
29	防城港	935.46	383.27	赣州	29
30	天水	924.01	336.37	伊犁	30
31	丹东	918.18	332.01	邯郸	31
32	桂林	874.37	329.29	株洲	32
33	巴音郭楞	863.85	323.08	锦州	33
34	赣州	829.66	299.93	呼伦贝尔	34
35	商丘	812.45	299.32	红河	35
36	石嘴山	780.98	291.09	海东	36
37	舟山	755.49	276.90	连云港	37
38	红河	741.50	275.62	钦州	38
39	咸阳	711.09	267.12	博尔塔拉	39

续表

排序	节点城市	社会消费品零售总额 旅客运输量	社会消费品零售总额 货物运输量	节点城市	排序
40	娄底	632.94	249.56	巴音郭楞	40
41	博尔塔拉	604.65	249.50	唐山	41
42	株洲	599.79	222.36	石嘴山	42
43	九江	530.79	189.69	秦皇岛	43
44	阜阳	519.00	166.21	舟山	44
45	伊犁	498.22	159.19	遵义	45
46	喀什	257.46	144.49	鄂尔多斯	46
47	酒泉	218.02	122.67	阜阳	47
48	遵义	66.73	113.52	防城港	48
49	海东	43.74	109.20	榆林	49
	大同			大同	
	临汾			临汾	
	延边			延边	
	大庆			大庆	
	金华			金华	
	临沂			临沂	
	宜昌			宜昌	
	襄阳			襄阳	
	荆州			荆州	
	衡阳			衡阳	
	绵阳			绵阳	
	达州			达州	
	南充			南充	
	六盘水			六盘水	
	曲靖			曲靖	
	海西			海西	
	日喀则			日喀则	

注：空缺位置为数据缺失。

（四） 节点城市外贸服务功能分析

1. 节点城市整体情况

总体来说，节点城市的流通能力在服务外贸方面是具有显著作用的。从表 2-12 可知，对 37 个国家级节点城市 2005～2014 年旅客运输量、货物运输量和货物进出口总额的相关性做分析，结果表明旅客运输量和货物运输量越多越促进外贸业务，并且旅客运输量在促进消费上，比货物运输量来得更加明显。这里的旅客、货物的服务功能与对国内消费的促进作用刚好相反。

表 2-12　国家级节点城市流通与外贸的相关性

	旅客运输量	货物运输量	货物进出口总额
旅客运输量	1	0.416**	0.471**
货物运输量	0.416**	1	0.423**
货物进出口总额	0.471**	0.423**	1

注：① ** 表示在 0.01 水平（双侧）上显著相关；②由于数据采集因素，仅选取国家级节点城市的旅客运输量和货物运输量代表流通能力。

进一步地，对货物进出口总额与旅客运输量、货物运输量做简单的线性回归，模型拟合效果可行（拟合优度 R^2 为 0.536），变量间回归系数通过检验，因此可以通过模型进一步解释节点城市的外贸服务作用。如表 2-13 的标准系数所示，每增加 1 个单位（万人）的旅客运输量，会提升 0.359 个单位（百万美元）的社会消费品零售总额，即增加 1 万人旅客运输量，可提升 35.9 万美元的货物进出口总额；同样地，每增加 1 个单位（万吨）的货物运输量，会提升 0.280 个单位（百万美元）的货物进出口总额，即每增加 1 万吨的货物运输量，可提升 28 万美元的货物进出口总额。

表 2-13　国家级节点城市流通与外贸的回归模型

模型		非标准化系数		标准系数	t	Sig.
		B	标准误差	试用版		
1	（常量）	-10341.733	7944.254		-1.302	0.194
	旅客运输量	1.118	0.159	0.359	7.030	0.000
	货物运输量	1.477	0.270	0.280	5.477	0.000

注：因变量：货物进出口总额。

2. 单个节点城市情况

这里对 2015 年节点城市 $\dfrac{\text{进出口总值}}{\text{旅客运输量}}$ 和 $\dfrac{\text{进出口总值}}{\text{货物运输量}}$ 进行考察。数据可参考附表 4、附表 6。结果如表 2-14、表 2-15 所示。国家级节点城市的流通业服务外贸的功能发挥得较好的有上海、苏州、宁波、深圳、厦门、北京、天津、银川、南京、郑州、杭州、呼和浩特等城市；区域级节点城市服务外贸功能发挥较好的有东莞、博尔塔拉、唐山、烟台、佛山、无锡、防城港、牡丹江、温州、钦州、南通、泉州等城市。

表 2-14　国家级节点城市消费与外贸比值排序

排序	节点城市	$\dfrac{\text{进出口总值}}{\text{旅客运输量}}$	$\dfrac{\text{进出口总值}}{\text{货物运输量}}$	节点城市	排序
1	上海	4388.34	2278.73	苏州	1
2	宁波	1363.66	1359.36	深圳	2
3	厦门	957.37	1109.69	北京	3
4	苏州	786.98	894.99	上海	4
5	天津	577.51	846.37	银川	5
6	银川	492.02	459.95	宁波	6
7	北京	456.56	310.79	厦门	7
8	南京	335.03	231.83	郑州	8
9	郑州	304.97	226.41	杭州	9
10	呼和浩特	302.19	214.94	天津	10
11	杭州	278.52	178.76	南京	11
12	福州	260.51	135.83	长春	12
13	南昌	167.11	133.34	广州	13
14	长春	162.67	82.83	南昌	14
15	合肥	139.30	71.20	重庆	15
16	广州	126.29	65.79	沈阳	16
17	昆明	126.16	62.39	合肥	17
18	西安	105.16	61.10	西安	18
19	重庆	104.40	58.24	武汉	19
20	武汉	101.71	57.66	济南	20
21	南宁	90.02	54.30	哈尔滨	21
22	济南	85.14	43.54	昆明	22

排序	节点城市	进出口总值 旅客运输量	进出口总值 货物运输量	节点城市	排序
23	兰州	81.59	42.87	兰州	23
24	西宁	70.46	42.77	福州	24
25	沈阳	68.35	38.43	海口	25
26	海口	61.34	28.33	贵阳	26
27	哈尔滨	36.20	26.55	西宁	27
28	贵阳	13.66	16.12	南宁	28
	石家庄		11.25	呼和浩特	29
	太原			石家庄	
	大连			太原	
	青岛			大连	
	长沙			青岛	
	深圳			长沙	
	成都			成都	
	拉萨			拉萨	
	乌鲁木齐			乌鲁木齐	

注：空缺位置为数据缺失。

表 2-15　区域级节点城市消费与外贸比值排序

排序	节点城市	进出口总值 旅客运输量	进出口总值 货物运输量	节点城市	排序
1	东莞	3353.46	654.52	博尔塔拉	1
2	唐山	2280.33	586.27	东莞	2
3	博尔塔拉	1481.55	232.96	烟台	3
4	佛山	1219.97	190.72	无锡	4
5	防城港	796.39	187.77	佛山	5
6	烟台	667.39	170.80	牡丹江	6
7	无锡	652.07	145.36	温州	7
8	钦州	323.72	143.55	南通	8
9	南通	309.61	112.46	泉州	9

续表

排序	节点城市	进出口总值 旅客运输量	进出口总值 货物运输量	节点城市	排序
10	泉州	282.33	96.64	防城港	10
11	潍坊	266.62	74.74	漳州	11
12	漳州	245.84	72.81	潍坊	12
13	舟山	212.03	60.56	伊犁	13
14	包头	174.55	48.16	钦州	14
15	秦皇岛	159.14	47.85	保定	15
16	芜湖	158.58	46.65	舟山	16
17	牡丹江	158.35	41.34	九江	17
18	连云港	143.66	37.96	喀什	18
19	呼伦贝尔	114.96	36.86	芜湖	19
20	柳州	92.92	32.84	丹东	20
21	温州	91.45	26.82	连云港	21
22	伊犁	89.70	23.66	酒泉	22
23	鄂尔多斯	64.96	22.59	赣州	23
24	九江	55.00	16.42	呼伦贝尔	24
25	保定	51.15	16.23	唐山	25
26	赣州	48.89	14.39	柳州	26
27	丹东	48.36	13.83	秦皇岛	27
28	锦州	39.19	13.70	吉林	28
29	邯郸	38.06	13.20	天水	29
30	红河	29.16	13.14	锦州	30
31	吉林	26.53	12.10	南阳	31
32	株洲	17.79	11.77	红河	32
33	喀什	17.67	11.75	宜宾	33
34	南阳	16.76	11.15	洛阳	34
35	巴音郭楞	16.48	9.76	株洲	35
36	洛阳	15.12	9.20	桂林	36
37	娄底	14.27	9.06	娄底	37
38	宜宾	14.00	7.26	邯郸	38

续表

排序	节点城市	进出口总值 旅客运输量	进出口总值 货物运输量	节点城市	排序
39	天水	13.48	4.80	包头	39
40	阜阳	11.54	4.76	巴音郭楞	40
41	徐州	10.74	4.03	咸阳	41
42	桂林	10.70	3.69	遵义	42
43	酒泉	9.35	3.25	徐州	43
44	咸阳	5.44	2.73	阜阳	44
45	商丘	3.66	2.38	商丘	45
46	遵义	1.55	1.55	鄂尔多斯	46
	榆林			榆林	
	海东			海东	
	石嘴山			石嘴山	
	大同			大同	
	临汾			临汾	
	延边			延边	
	大庆			大庆	
	金华			金华	
	临沂			临沂	
	宜昌			宜昌	
	襄阳			襄阳	
	荆州			荆州	
	衡阳			衡阳	
	绵阳			绵阳	
	达州			达州	
	南充			南充	
	六盘水			六盘水	
	曲靖			曲靖	
	海西			海西	
	日喀则			日喀则	

注：空缺位置为数据缺失。

（五）节点城市应急保障功能分析

各地方均相应出台有关流通应急保障机制等。如，京津冀在推进生态环境联防联控方面，正式签署《京津冀区域环保率先突破合作框架协议》，明确以大气、水、土壤污染防治为重点，联防联控，共同改善区域生态环境治理。深化京津冀及周边地区大气污染防治协作，与河北合作加大引滦水源保护力度，积极参与京津风沙源治理、三北防护林建设等生态保护工程。[①] 再如，江苏省支持第三方检测机构为农产品企业提供专业化服务，建立政府部门监督检测和第三方检测相结合的农产品检验检测制度。建设覆盖农产品生产、流通、消费全过程追溯体系，实现"来源可追，去向可查，责任可究"。构建全省农产品追溯网络，提升农产品质量安全保障水平。鼓励农产品市场通过绿色市场、有机产品、良好农业规范等认证，提高农产品质量安全水平。加强农产品市场信用体系建设，推动农产品生产经营者建立信用记录，积极接入国家统一的信用信息平台，形成违法违规行为"黑名单"。建立健全重要农产品储备制度，依托农产品批发市场加强重要农产品商业储备，完善农产品跨区域应急调运、调剂机制。[②] 商务部、国家开发银行共同推进全国农产品流通骨干网建设项目。项目重点围绕"一带一路"倡议、长江经济带发展、京津冀协同发展等国家战略部署，依据各地经济社会发展情况、交通区位、人口规模、农产品流通基础等因素，在全国农产品生产、集散和消费集中区域，支持全国性农产品流通骨干市场和企业强化基础设施，密切产销衔接，完善服务功能，形成以全国骨干农产品批发市场为节点，连接东西、贯穿南北、辐射内外的全国农产品流通骨干网，在扶贫攻坚、民生保障、服务"三农"发展等方面发挥骨干支撑作用。以"三纵三横"全国农产品流通骨干网络中的八大骨干市场集群和100个左右全国骨干农产品批发市场为支持重点，围绕农产品仓储物流设施建设、公益性农产品市场体系建设、农产品冷链物流体系建设等。[③]

---

① 天津日报/新华网，《京津冀签署区域环境保护合作协议》，发布时间 2015-12-03，访问网址 http://news.xinhuanet.com/local/2015-12/03/c_128494094.htm，访问时间 2016-11-18。

② 访问网址 http://boc.huaian.gov.cn/tzgg/5e38cfb85389105b0153a745dc3f5014.html，访问时间 2016-11-21。

③ 访问网址 http://finance.sina.com.cn/roll/2016-10-17/doc-ifxwviax9979329.shtml，访问时间 2016-11-21。

第三章　骨干流通大通道发展分析

《全国流通节点城市布局规划（2015~2020年）》（以下简称《规划》）中确定了"3纵5横"的骨干流通大通道，分别是纵向的东线沿海流通大通道、中线京港澳流通大通道、西线呼昆流通大通道，以及横向的西北北部流通大通道、陇海兰新沿线流通大通道、长江沿线流通大通道、沪昆沿线流通大通道和珠江西江流通大通道，覆盖了我国主要经济区域。建设流通大通道的目的是要促进不同地区经济的协同发展，推动商品与要素的自由流动，全面提升流通效率。本章就将围绕这些沿线地区在全国产业布局与流通运行中的角色和作用，对这8条流通大通道的运行和发展状况进行具体分析。

一、东线沿海流通大通道

根据《规划》提出的内容，东线沿海流通大通道"以深圳经济特区、上海浦东新区、天津滨海新区等经济特区和国家级新区为引擎"，沿线经过了东北、京津冀、山东半岛、长三角、海峡西岸、珠三角等我国人口和生产力布局最密集、产业最集中的地区。这一流通大通道的作用定位于"促进商品和要素自由流动，提高现代服务业发展水平，形成联结东西、贯穿南北，辐射全国、面向亚太的流通产业发展战略空间，提升我国流通产业国际竞争力"。

（一）东线沿海大通道沿线经济角色与产业布局

东线沿海流通大通道沿线分布着诸多重要的采掘业、制造业生产集聚地，几乎涵盖了从工业生产资料到日用消费品的主要行业门类。本章采用计算"区位熵"的方法，对流通大通道沿线省份中的重点行业部门进行筛选。区位熵的原理在于将一个地区的产业结构与全国平均水平进行比较。一个地区中特定产业的区位熵越高，表明相应产业在当地的聚集度越高。区位熵高的产业通常是地区内的优势产业，同时反映当地对经济的总体贡献。

表3-1分别对东北、京津冀、山东半岛、长三角、海峡西岸以及珠三角涉及省份

（含自治区、直辖市，下同）的重点工业行业进行了梳理。东北是我国传统的采掘业、制造业基地，在食品、木材、机器设备、汽车、石油等产业领域发挥着重要作用。京津冀地区是我国重要的高端制造业集聚地，主要以医药、信息产品、金属冶炼加工、交通运输工具等为代表。山东半岛的工业布局以纺织、化工为主。长三角的信息产品、汽车、化工、日用品以及纺织品制造业在国民经济中也占据重要地位。海峡西岸的工业分布以纺织和日用品制造为主。珠三角的重点工业行业则包括纺织服装、日用品以及电子信息产品制造等。

表 3-1　东线沿海流通大通道沿线省份重点工业行业

省份	涉及地区	重点工业行业
辽宁	东北	农副食品加工业，石油加工、炼焦和核燃料加工业，通用设备制造业，金属制品、机械和设备修理业
吉林		农副食品加工业，木材加工和木、竹、藤、棕、草制品业，医药制造业，汽车制造业
黑龙江		采掘业，农副食品加工业，食品制造业，酒、饮料和精制茶制造业，木材加工和木、竹、藤、棕、草制品业，石油加工、炼焦和核燃料加工业，电力、燃气和水的生产和供应业
北京	京津冀	医药制造业，汽车制造业，计算机、通信和其他电子设备制造业，仪器仪表制造业，金属制品、机械和设备修理业，电力、燃气和水的生产和供应业
天津		采掘业，食品制造业，黑色金属冶炼和压延加工业，铁路、船舶、航空航天和其他运输设备制造业，废弃资源综合利用业
河北		采掘业，皮革、毛皮、羽毛及其制品和制鞋业，黑色金属冶炼和压延加工业，金属制品业
山东	山东半岛	纺织业，化学原料和化学制品制造业，橡胶和塑料制品业
江苏	长三角	化学纤维制造业，铁路、船舶、航空航天和其他运输设备制造业，电气机械和器材设备制造业，计算机、通信和其他电子设备制造业，仪器仪表制造业
上海		烟草制品业，通用设备制造业，汽车制造业，计算机、通信和其他电子设备制造业，金属制品、机械和设备修理业
安徽		印刷和记录媒介复制业，电气机械和器材设备制造业，废弃资源综合利用业
浙江	长三角 海峡西岸	纺织业，纺织服装、服饰业，皮革、毛皮、羽毛及其制品和制鞋业，家具制造业，化学纤维制造业，橡胶和塑料制品业，通用设备制造业，其他制造业，废弃资源综合利用业
福建	海峡西岸	食品制造业，纺织业，纺织服装、服饰业，皮革、毛皮、羽毛及其制品和制鞋业，木材加工和木、竹、藤、棕、草制品业，造纸和纸制品业，文教、工美、体育和娱乐用品制造业，化学纤维制造业，其他制造业，金属制品、机械和设备修理业
江西		纺织服装、服饰业，印刷和记录媒介复制业，医药制造业，非金属矿物制品业，有色金属冶炼和压延加工业

省份	涉及地区	重点工业行业
广东	珠三角	纺织服装、服饰业，皮革、毛皮、羽毛及其制品和制鞋业，家具制造业，印刷和记录媒介复制业，文教、工美、体育和娱乐用品制造业，电气机械和器材设备制造业，计算机、通信和其他电子设备制造业，废弃资源综合利用业

注：以省份相应产业 2013 年、2014 年的销售产值区位熵均大于 1.5 为标准筛选。

数据来源：据《中国工业经济年鉴》（2014 年、2015 年）数据计算。

从产业结构上看，东线沿海流通大通道沿线省份大多具有第二、第三产业在 GDP 中占比较高的特点，如表 3-2 所示。其中北京较为特殊，第三产业占比达到了 75% 以上；黑龙江是沿线第一产业占比较高的省份，农产品流通对当地经济的意义较为突出；辽宁、吉林、天津、河北、安徽、福建、江西的第二产业比重在 50% 以上，工业品流通对于当地经济活动的支撑作用较为重要。商贸流通领域的经济活动主要归属于第三产业。从表 3-2 还可以看出，东线沿海大通道沿线大多数省市的批零贸易增加值在当地 GDP 中的占比均达到了 10% 以上；而在河北、辽宁、福建等省份中，交通运输、仓储及邮政业等物流行业的占比相对较高，经济角色较为突出。

表 3-2　东线沿海流通大通道沿线省份的产业经济结构

单位：%

年份	第一产业		第二产业		第三产业		批发零售业		交通运输、仓储和邮政业	
	2013	2014	2013	2014	2013	2014	2013	2014	2013	2014
辽宁	8.14	7.98	51.31	50.25	40.54	41.77	8.87	9.27	5.13	5.20
吉林	11.24	11.04	52.67	52.79	36.08	36.17	7.75	7.68	3.82	3.75
黑龙江	17.12	17.36	40.45	36.87	42.44	45.77	9.84	10.54	4.16	4.54
北京	0.81	0.75	21.68	21.31	77.52	77.95	11.82	11.30	4.40	4.44
天津	1.29	1.27	50.38	49.16	48.33	49.57	12.56	12.40	4.67	4.58
河北	11.89	11.72	51.97	51.03	36.14	37.25	7.56	7.66	8.24	8.15
山东	8.27	8.07	49.69	48.44	42.04	43.48	12.49	13.17	3.74	3.91
江苏	5.81	5.58	48.68	47.40	45.52	47.01	10.25	10.08	4.06	3.98
上海	0.57	0.53	36.24	34.66	63.18	64.82	16.19	15.48	4.29	4.43
浙江	4.66	4.42	47.80	47.73	47.54	47.85	12.15	12.23	3.78	3.80
安徽	11.79	11.47	54.03	53.13	34.18	35.39	7.15	7.20	3.80	3.76
福建	8.57	8.38	51.81	52.03	39.62	39.60	8.18	8.15	5.38	5.49

	第一产业		第二产业		第三产业		批发零售业		交通运输、仓储和邮政业	
年份	2013	2014	2013	2014	2013	2014	2013	2014	2013	2014
江西	11.02	10.71	53.52	52.49	35.45	36.80	7.18	7.09	4.71	4.52
广东	4.77	4.67	46.41	46.34	48.83	48.99	11.72	11.47	3.92	4.04

注：产业经济结构以省份相应产业增加值占GDP的比重衡量。

数据来源：据国家统计局网站"分省年度数据"查询结果计算。

由此可见，东线沿海流通大通道串联的地区具有经济规模大、制造业发达等主要特点，在我国整体经济运行中具有极其重要的地位。并且，作为制造业生产的集聚地，大量原材料、制成品在这些地区流入、流出，当地对商品流通的派生需求同样巨大，流通产业的支撑作用尤为突出。

（二）东线沿海大通道沿线流通业发展运行状况

东线沿海大通道的流通职能发挥对于我国整体经济运行具有重要意义。下面我们从运输业就业人口、基础设施建设水平、运输工具拥有量、货运及周转量等方面分析沿线地区的运输业发展情况，如表3-3所示。

表3-3 东线沿海流通大通道沿线省份的运输业发展状况

	每万人中运输业从业人数（人）		每万人铁路营运里程（公里）		每万人公路里程（公里）		每万人高速公路里程（公里）	
年份	2013	2014	2013	2014	2013	2014	2013	2014
辽宁	77.79	77.74	1.1617	1.1615	25.28	26.28	0.9112	0.9565
吉林	50.33	47.46	1.5994	1.6352	34.24	34.88	0.8361	0.8358
黑龙江	60.12	58.83	1.5645	1.5654	41.77	42.39	1.0691	1.0697
北京	235.07	237.63	0.6147	0.6041	10.26	10.13	0.4255	0.4647
天津	78.56	76.76	0.6793	0.6592	10.67	10.61	0.7473	0.7251
河北	31.48	33.20	0.8591	0.8532	23.80	24.27	0.7637	0.7990
山东	44.23	43.42	0.4418	0.5108	25.97	26.51	0.5137	0.5210
江苏	50.61	52.80	0.3275	0.3392	19.66	19.79	0.5542	0.5653
上海	177.55	183.10	0.2070	0.2061	5.22	5.32	0.3313	0.3298
安徽	29.63	29.17	0.5804	0.5754	28.82	28.67	0.5804	0.6247
浙江	44.79	47.51	0.3638	0.4176	20.99	21.13	0.6912	0.7081

	每万人中运输业从业人数（人）		每万人铁路营运里程（公里）		每万人公路里程（公里）		每万人高速公路里程（公里）	
年份	2013	2014	2013	2014	2013	2014	2013	2014
福建	54.35	53.80	0.7154	0.7357	26.36	26.59	1.0334	1.0772
江西	40.74	39.41	0.6855	0.8146	33.64	34.24	0.9509	0.9908
广东	59.43	62.72	0.3288	0.3730	19.06	19.78	0.5355	0.5875

	每万人公路营运载货汽车拥有量（辆）		每万人拥有公路营运载货汽车吨位数（吨）		每万元货运量（吨）		每万元货运周转量（亿吨公里）	
年份	2013	2014	2013	2014	2013	2014	2013	2014
辽宁	88.09	94.33	410.99	447.09	1.3004	1.2447	0.0531	0.0486
吉林	108.56	112.92	587.17	678.07	3.1320	3.1636	0.2145	0.2291
黑龙江	179.30	186.84	1568.98	1631.82	6.9616	7.1359	0.4104	0.4311
北京	175.01	181.12	1060.02	1153.46	7.6017	7.7599	0.4399	0.4274
天津	114.54	125.25	757.10	819.39	3.4347	3.5000	0.1289	0.1234
河北	119.37	124.29	879.32	891.27	4.2265	4.0037	0.1335	0.1204
山东	90.52	88.62	805.00	894.11	3.8640	3.8179	0.6569	0.7906
江苏	91.67	93.79	729.68	771.73	3.0421	3.0136	0.1661	0.1601
上海	87.76	87.42	497.44	514.89	4.9972	4.8353	0.2371	0.2375
安徽	109.65	113.37	783.97	853.92	20.6139	20.8309	0.6415	0.6475
浙江	67.89	72.91	436.52	509.47	4.4207	4.6457	0.1802	0.1987
福建	85.34	84.68	719.89	742.71	9.3803	9.6648	0.2526	0.2436
江西	113.57	104.99	976.15	1008.78	4.7818	4.4502	0.1484	0.1389
广东	88.49	74.54	475.70	469.28	5.5864	5.0655	0.1477	0.2183

注：运输业从业人数比例以常住人口为基数计算。

数据来源：据国家统计局网站"分省年度数据"查询结果计算。

可以看到，北京、上海的运输业从业人数占比明显高于其他省份，反映出北京、上海作为重要的全国性大都市在商品货物运输活动中扮演了重要的角色。从基础设施建设上看，辽宁、吉林、黑龙江这东北三省的人均铁路营运里程和人均高速公路里程均位居全国前列，对当地大宗货物运输形成支撑。同时，福建、江西两省的人均高速公路里程都达到了1公里/万人左右的较高水平。以每万人公路营运载货汽车拥有量衡量，黑龙江、京津冀以及安徽、江西等省份或地区具有较高的交通运输工具保有量水平；以每万人拥有公路营运载货汽车吨位数衡量还可发现，黑龙江、山东、江西载货汽车具有较大的运输吨位①。

就当地经济活动中运输业的重要性而言，考虑各地经济规模之间的差异，采用相对指标来进行比较。以每万元 GDP 货运量衡量，可以看到安徽明显高于其他省市，其次是黑龙江、北京和福建。以沿线涉及主要城市层面的数据分析，黑龙江的佳木斯，安徽的安庆、宣城等大部分地级市，河北的邯郸、沧州以及浙江舟山等地级市的每万元 GDP 货运量较高（见附表 7）。从每万元 GDP 货运周转量来看，山东、安徽居于东线沿海流通大通道沿线各地区的前列，当地在商品货物远距离的跨地区中转及贸易过程中发挥了关键作用。

批发业和零售业是商品流通的实际承担部门，通过"买全国、卖全国"的商流来实现地区间商品流动。其中，批发环节居于上游，侧重于大批量的商品流转，发挥着连接产销、吞吐缓冲等诸多流通职能；零售环节居于下游，主要面向最终消费者，同时具有向上游传递需求信息的职能。

表 3-4 计算了东线沿海大通道沿线省份批发业从业人数、零售业从业人数、购销规模以及商品交易市场等相关指标，可以由此对其发展状况加以分析。不难发现，北京、上海两个全国性大城市中，批发业、零售业从业人数占常住人口比重明显高于其他地区，与前述运输业从业人数的特征一致。这说明，批发与零售贸易带来的商流在当地经济活动中同样具有重要意义，体现出中心城市的商业集聚效应。从单位 GDP 批发业购销总额来看，北京、上海、天津三个直辖市位居东线沿海流通大通道沿线地区的前列，其次是浙江、福建、广东、江苏等沿海省份。并且，在每万元 GDP 批发业进出口总额排序上，北京、天津、上海和上述沿海省份也有类似特点，这是当地商贸流通业辐射全国、面向海外的具体表现。零售业方面，从单位 GDP 零售业购销总额来看，北京明显高于其他地区，其次是上海、浙江、山东等省份。这些地区本身具有较大的消费需求，同时分布着很多大型零售企业的总部或地区购销中心，能够产生较为突出的商流拉动效应。以沿线地区主要地级市的数据计算，除了北京、上海、天津以外，批零贸易规模较大的城市也主要集中在长三角和珠三角地区，如南京、无锡、常州、杭州、宁波、广州、深圳、珠海等城市，它们的全市限额以上批零商品销售总额与 GDP 的比值都超过了 1（见附表 7）。此外，商品交易市场也是我国目前常见的货物集散贸易场所。从统计数据上看，浙江的人均交易市场规模明显高于其他地区；同时，江苏、浙江、上海三地在单位 GDP 批发市场交易额上也都位居前列。可见，商品交易市场对于支撑长三角地区的商品制造和周转具有重要意义。

---

① 以"每万人拥有公路营运载货汽车吨位数"除以"每万人公路营运载货汽车拥有量"的结果进行比较。

表3-4 东线沿海流通大通道沿线省份的批发零售业发展状况

	每万人中批发业从业人数（人）		每万人中零售业从业人数（人）		单位GDP批发业购销总额（元）		每万元GDP批发业进出口总额（元）	
年份	2013	2014	2013	2014	2013	2014	2013	2014
辽宁	29.62	29.76	54.84	55.53	0.8938	0.8942	313.74	273.98
吉林	11.42	11.71	32.65	32.74	0.3086	0.2720	86.38	46.15
黑龙江	12.68	12.41	26.49	26.16	0.5480	0.4884	756.08	697.50
北京	177.31	191.32	165.29	165.50	4.8514	4.6521	5289.58	5451.78
天津	73.62	76.17	73.31	69.17	3.5450	3.6987	1279.32	1425.64
河北	17.30	17.03	30.92	32.73	0.5668	0.5559	56.11	66.52
山东	42.44	42.79	62.51	61.72	0.7506	0.7151	407.37	355.26
江苏	57.43	52.74	74.33	72.23	1.1644	1.0284	744.76	636.27
上海	186.53	188.77	135.98	153.20	4.4824	5.3622	5184.31	4868.02
安徽	18.68	19.84	38.67	41.61	0.5835	0.5539	218.42	164.37
浙江	64.02	68.53	61.76	65.65	1.6267	1.7603	1695.78	1804.89
福建	42.47	45.82	57.55	62.22	1.1217	1.1779	1246.18	1170.99
江西	12.20	18.11	22.64	25.14	0.2596	0.2724	54.89	63.63
广东	66.20	67.17	57.87	60.83	1.6321	1.5764	1552.87	1324.10

	单位GDP零售业购销总额（元）		人均社会消费品零售总额（万元）		每万人拥有亿元以上商品交易市场摊位数（个）		单位GDP亿元以上商品交易市场交易额（元）	
年份	2013	2014	2013	2014	2013	2014	2013	2014
北京	0.7786	0.7422	4.1948	4.4786	53.86	50.26	0.1693	0.1589
天津	0.2899	0.2959	3.0370	3.1237	29.49	27.58	0.1903	0.1139
河北	0.1990	0.1890	1.4342	1.6008	41.41	41.33	0.1714	0.1765
辽宁	0.2554	0.2457	2.4103	2.7003	40.58	40.21	0.1633	0.1379
吉林	0.2126	0.2017	1.9725	2.2096	18.34	18.44	0.0506	0.0513
黑龙江	0.1947	0.1864	1.6300	1.8302	16.52	14.42	0.0765	0.0734
上海	0.4645	0.4334	3.5433	3.8349	30.31	28.55	0.4341	0.3783
江苏	0.2969	0.2973	2.6298	2.9470	44.33	44.46	0.2777	0.2625
浙江	0.3258	0.3213	2.9048	3.2381	84.33	84.63	0.3931	0.3865
安徽	0.3043	0.2935	1.1683	1.3081	18.56	19.02	0.1510	0.1294
福建	0.2949	0.2787	2.1927	2.4558	15.22	14.75	0.0784	0.0721
江西	0.1695	0.1584	1.0385	1.1653	15.23	15.64	0.1168	0.1122
山东	0.3170	0.3114	2.2906	2.5653	40.14	40.43	0.1637	0.1626
广东	0.2970	0.2819	2.3914	2.6549	20.20	19.37	0.0867	0.0834

注：批发业、零售业从业人数比例以常住人口为基数计算。

数据来源：据国家统计局网站"分省年度数据"查询结果计算。

总体来看，东线沿海流通大通道沿线省份中流通业均较为发达。但也必须看到，北京、上海、天津以及长三角、珠三角地区的批零贸易发展状况要略好于江西、河北、安徽以及东北三省。结合交通运输业的相关指标来看，其原因并不完全在于基础设施，而与当地本身的经济结构和发展状况有着密切联系。东部沿海是我国经济相对发达的地区，在东线沿海流通大通道的建设过程中，不仅要降低地区间商品及要素资源的流动成本，提升市场的开放度和统一性；同时，也要注重地区间产业布局与经济结构的优化，发挥东部地区内部和东部地区对其他地区的带动效应，形成优势互补、协同并进的发展局面。

（三）东线沿海大通道建设进展与主要措施

在《规划》发布以后，东线沿海流通大通道沿线地区采取了诸多发展商贸流通业的重要举措，对于优化职能、提升效率起到了积极作用。其中，物流设施"硬件"方面的建设和运营管理"软件"方面的改善是主要特点。

在东北地区，大连依托国际航运中心建设融入"一带一路"倡议，积极打造通往俄罗斯、中亚和欧洲国际物流通道起点。围绕东北三省大型装备制造产业基础，大连港将大件转运作为特色服务，为矿山设备、变压器、内燃机车的出口提供了有力支撑。在哈尔滨，传化集团投资的公路港于2016年5月全面开工，有望成为东北地区首个大型公共物流枢纽平台。盘锦则开通了前往宁波、上海、乍浦、潍坊、泉州、福州等港口的多条南向集装箱航线，并投入建设东北快递（电商）物流产业园，为快递企业提供面向东北的中转仓、分拣中心等物流设施。铁路方面，哈尔滨铁路局、沈阳铁路局也积极开展业务创新，一方面为大型集团客户提供"总对总"的第三方物流打包服务，另一方面开发整列、整车、快运班列、集装箱、特种货物、零担货物、高铁快递等多种国内、国际运输服务，在促进当地物流格局优化和支持出口贸易方面发挥了应有的作用。

京津冀拥有海岸线近700公里，所辖天津、秦皇岛、唐山、黄骅是四大天然不冻海港，海运条件便利；同时，铁路、公路、港口、航空、管道等多种运输方式组成的立体交通网络四通八达，具有良好的物流区位优势。当前，地区内的物流与商贸市场一体化建设与实现协同发展是主要任务。在三地政府商务部门的共同推进下，京津冀在北京非首都商务功能疏解、地区间规划衔接与统筹、商贸物流信息共享、农产品产销衔接以及电子商务发展、区域整体开放、市场监督管理等多项合作方面达成了共识，并逐步付诸实施。同时，国际贸易促进委员会、物流协会等组织也积极对接，为三省市间的业界交流与合作搭建平台。

山东省也在物流业转型升级方面采取了诸多举措。当地在2015年开始推进全省交通物流公共信息"云平台"建设，依托信息化技术整合物流资源；同时，发布了《山东省物流业转型升级实施方案（2015~2020年)》，将重点规划建设和推进有所分工的五大物流区域等内容作为政策导向。结合当地在全国农产品流通方面的重要角色，山东在低温储备能力位居全国前列的基础上，依托智慧物流配送体系建设，进一步将构筑农产品冷链物流体系作为重点，减少农产品流通损失和成本。

长三角具有较好的流通业发展基础，近年来也更加注重先进技术手段的运用和一体化协同效率的实现。当地许多制造行业具有"一县一品"的产业集群特点，加上电商的发展，带来了许多较为分散的货物贸易和物流需求。为此，上海铁路局依托长三角铁路环线列车为客户提供灵活便捷的城际间零散货物运输服务，其范围覆盖苏、浙、沪、皖200个行政区县，并在此基础上建立起联系京津冀、珠三角以及内陆地区的运输线路。浙江依托电子商务大省的市场优势，定期举办"世界电商大会"、"世界移动互联网大会"，并以此为平台，提升中国企业在电子商务新经济时代的创新能力和品牌议价能力。在江苏，临近上海自贸区的通州湾于2015年获批建设"江海联动"开发示范区，有望发挥区域优势，强化沿海沿江地区与丝绸之路经济带、海上丝绸之路的衔接互动。

海峡西岸的福建因为受自然地理因素限制，陆上交通物流设施建设在较长时期内相对滞后；但近年来，当地十分注重交通网络建设，对经济增长产生了重要推动作用。目前，打造21世纪海上丝绸之路战略枢纽和两岸直接往来的综合枢纽已经成为福建的重要目标。2016年，福建省还出台了《福建省"互联网+流通"行动计划实施方案》，为促进流通信息化、标准化、集约化发展，加快流通现代化进程提供政策引导。以此为方向，厦门港集装箱智慧物流平台在10月正式上线，推动了港口物流生态系统运作效率和服务水平的整体提升。

珠三角同样注重流通产业的提升。广州市通过设立现代物流发展专项资金，引导当地物流项目向高、精、尖方向发展。珠海港集团与广州港集团签订了战略合作框架协议，共同建设华南地区的物流中心，支撑广东参与国家"一带一路"倡议。惠州在当地进出口额快速增长的背景下，积极参与建设粤、苏、皖、赣四省物流大通道，并致力于优化口岸通关环境，为融入"一带一路"建设提供基础。

我们还注意到，当前9个国务院流通体制试点城市中，上海、南京、广州、厦门、青岛、义乌这6个城市都集中在东线沿海流通大通道沿线。根据要求，上海的试验内容侧重于构建区域一体化大市场，南京侧重于推动线上线下融合发展，广州主要围绕传统商贸业转型升级，厦门的重点在于构建开放创新的内贸流通发展机制，青岛主要试点法治化营商环境建设，义乌以促进内外贸一体化发展为主要试验内容。这些地区的改革试点已经取得了一定成效，对当地流通业发展水平的提升产生了积极作用，同时也有待总结经验并推广。

二、中线京港澳流通大通道

《规划》中提出，中线京港澳流通大通道是"依托京港澳高速、京广高铁、京广铁路等综合交通运输通道"，其作用在于"串联京津冀城市群、中原城市群、长江中游地区、珠三角地区，联系香港和澳门地区"，涉及的流通节点城市包括北京、石家庄、郑州、武汉、长沙、广州、深圳等，功能定位在于促进农产品和工业品跨区域流动，形成贯穿南北、衔接东西、辐射全国的重要流通大通道。下面将结合沿线地区经济结构及流通产业运行情况对中线京港澳大通道的建设发展进行分析。

（一）中线京港澳大通道沿线经济角色与产业布局

京港澳大通道沿线地区在我国的农业、制造业生产中具有重要地位。表3-5根据区位熵计算结果对这些省份的重点工业行业进行了梳理，表3-6列示了国民经济整体的产业结构。可以看出，除了前述东线沿海流通大通道已经涉及的省市以外，中原城市群所在的河南省在工业方面以食品、日用品以及非金属、有色金属加工制造为主，地处长江中游的湖北、湖南则在食品、烟酒饮料、汽车、日用品及专用设备制造等产业方面较为突出。同时还可发现，河南、湖北、湖南三省中，第一产业增加值占GDP的比重都达到了10%以上，高于沿海主要发达省份，反映这些地区也是我国重要的农业生产基地。批发零售、运输仓储等流通产业部门增加值占GDP的比重并不高。

表3-5　中线京港澳大通道沿线省份重点工业行业

省份	涉及地区	重点工业行业
北京、天津、河北	京津冀	见表3-1
河南	中原	食品制造业，皮革、毛皮、羽毛及其制品和制鞋业，非金属矿制品业，有色金属冶炼和压延加工业
湖北	长江中游	农副食品加工业，酒、饮料和精制茶制造业，烟草制品业，汽车制造业
湖南		烟草制品业，木材加工和木、竹、藤、棕、草制品业，印刷和记录媒介复制业，有色金属冶炼和压延加工业，专用设备制造业，其他制造业
江西		见表3-1
广东	珠三角	见表3-1

注：以省份相应产业2013年、2014年的销售产值区位熵均大于1.5为标准筛选。

数据来源：据《中国工业经济年鉴》（2014年、2015年）数据计算。

表 3-6　中线京港澳大通道沿线省份的产业经济结构

单位：%

	第一产业		第二产业		第三产业		批发零售业		交通运输、仓储和邮政业	
年份	2013	2014	2013	2014	2013	2014	2013	2014	2013	2014
河南	12.34	11.91	52.01	50.99	35.65	37.10	6.44	6.52	4.58	4.80
湖北	12.22	11.60	47.54	46.94	40.23	41.45	7.96	7.83	4.35	4.32
湖南	12.15	11.65	46.93	46.17	40.93	42.19	8.25	8.18	4.76	4.65

注：计算方式同表 3-2。京津冀、江西及广东的数据见表 3-2。

数据来源：同表 3-2。

总体来看，中线京港澳大通道两端的经济结构以高端制造和服务业为主，经济发展水平较高；中间串联起的沿线地区以农业和加工制造业为主，服务业的提升空间较大。中线京港澳大通道在实现地区间商品流通以及促进经济要素流动方面的作用十分关键，是推动沿线省市间优势互补的重要基础。

（二）中线京港澳大通道沿线流通业发展运行状况

再来看中线京港澳大通道沿线的流通业发展运行情况。如表 3-7 所示，中部的河南以及长江中游的湖北、湖南两省运输业从业人口略低于东部沿海主要发达省份，而当地的每万人铁路营运里程、每万人公路里程等基础设施条件指标处于中等偏上水平。从公路营运载货汽车拥有量有关指标的分析来看，这三个省份多运营中小吨位汽车，其适应的运输活动也以近距离为主。湖南省的每万元 GDP 货运量和每万元货运周转量高于其他两省，以地级市数据计算，长沙最高，邵阳、郴州、娄底等次之；地处中原的许昌、焦作和平顶山也相对较高，见附表 7。

表 3-7　中线京港澳大通道沿线省份的运输业发展状况

	每万人中运输业从业人数（人）		每万人铁路营运里程（公里）		每万人公路里程（公里）		每万人高速公路里程（公里）	
年份	2013	2014	2013	2014	2013	2014	2013	2014
河南	41.04	40.26	0.5511	0.5206	26.48	26.54	0.6253	0.6268
湖北	47.30	45.94	0.7050	0.6725	40.73	39.13	0.8769	0.7415
湖南	30.49	30.04	0.6828	0.5978	35.07	35.18	0.8164	0.7622

续表

年份	每万人公路营运载货汽车拥有量（辆）		每万人拥有公路营运载货汽车吨位数（吨）		每万人GDP货运量（吨）		每万人GDP货运周转量（亿吨公里）	
	2013	2014	2013	2014	2013	2014	2013	2014
河南	125.68	116.49	906.18	778.20	5.7473	5.7414	0.2118	0.2255
湖北	74.23	73.77	444.23	402.43	5.5064	5.2840	0.2010	0.1917
湖南	59.61	62.43	333.26	330.34	7.5101	7.4948	0.1531	0.1556

注：计算方式同表3-3。京津冀、江西及广东的数据见表3-3。

数据来源：同表3-3。

京广铁路是中线京港澳大通道的重要运行线路，表3-8所示的是通道沿线地区间的国家铁路货物交流状况。可以看到，在全国铁路货运量总体下降的趋势下，京津冀内部的货物运输量不减反增。广东、湖南、湖北等相对临近地区间的铁路货运量降幅较小，而下降较为明显的是京津冀发往南方省份的货运量。除了铁路运输本身被公路、航空等其他运输方式替代的因素之外，地区之间货物运输需求的变化也是产生上述结果的必然原因。

表3-8　中线京港澳大通道沿线省份的国家铁路货物交流状况

发送＼到达	全国合计	北京	天津	河北	江西	河南	湖北	湖南	广东
北京	2086	51	27	876	3	11	12	4	3
天津	12367	166	5125	2590	0	10	8	2	0
河北	66357	450	2304	9109	3	119	50	14	3
江西	7806	2	1	85	2447	404	159	196	250
河南	13288	19	12	398	9	3240	155	20	34
湖北	9311	18	10	222	101	1516	1642	110	61
湖南	8978	7	7	170	469	543	247	2278	1149
广东	5853	3	1	58	149	350	224	741	2014
全国合计	306259	1102	8863	17576	4817	10587	4273	4507	7768

左侧纵向标注：2014年货物交流量（万吨）

	到达 发送	全国 合计	北京	天津	河北	江西	河南	湖北	湖南	广东
2013年 货物 交流量 （万吨）	北京	2599	41	51	1081	7	15	16	6	5
	天津	11084	127	4303	2510	1	22	12	3	1
	河北	66625	410	2281	9405	9	214	70	23	5
	江西	8714	4	2	155	2548	504	227	370	309
	河南	14239	34	95	401	24	3663	228	47	63
	湖北	9592	18	15	233	106	1523	1857	118	82
	湖南	9433	11	8	203	567	588	319	2380	1199
	广东	6189	3	1	100	150	471	278	748	1922
	全国合计	321392	1078	8345	19349	5073	11610	5214	4942	8234
2014年 增长率 （%）	北京	-19.74	24.39	-47.06	-18.96	-57.14	-26.67	-25.00	-33.33	-40.00
	天津	11.58	30.71	19.10	3.19	-100.00	-54.55	-33.33	-33.33	-100.0
	河北	-0.40	9.76	1.01	-3.15	-66.67	-44.39	-28.57	-39.13	-40.00
	江西	-10.42	-50.00	-50.00	-45.16	-3.96	-19.84	-29.96	-47.03	-19.09
	河南	-6.68	-44.12	-87.37	-0.75	-62.50	-11.55	-32.02	-57.45	-46.03
	湖北	-2.93	0.00	-33.33	-4.72	-4.72	-0.46	-11.58	-6.78	-25.61
	湖南	-4.82	-36.36	-12.50	-16.26	-17.28	-7.65	-22.57	-4.29	-4.17
	广东	-5.43	0.00	0.00	-42.00	-0.67	-25.69	-19.42	-0.94	4.79
	全国合计	-4.71	2.23	6.21	-9.16	-5.05	-8.81	-18.05	-8.80	-5.66

资料来源：据《中国交通年鉴》（2014年、2015年）数据整理并计算。

批发零售业运行发展情况方面（见表3-9），湖北在批发零售业从业人数、单位GDP批零销售额与批发进出口额，以及人均社会消费品零售总额等指标上的计算结果高于河南、湖南两省，但仍低于东部沿海主要发达省份；湖南的商品交易市场上发展规模在中部省份中位于前列。

表 3-9 中线京港澳大通道沿线省份的批发零售业发展状况

	每万人中批发业从业人数（人）		每万人中零售业从业人数（人）		单位 GDP 批发业购销总额（元）		每万元 GDP 批发业进出口总额（元）	
年份	2013	2014	2013	2014	2013	2014	2013	2014
河南	20.8962	17.9865	40.2590	36.7620	0.4149	0.3857	60.7357	87.3839
湖北	35.9319	35.1071	60.8281	63.3064	0.7656	0.8203	166.8053	104.7523
湖南	16.1576	18.9392	36.9633	36.0659	0.3400	0.3418	40.2777	59.5410
	单位 GDP 零售业购销总额（元）		人均社会消费品零售总额（万元）		每万人拥有亿元以上商品交易市场摊位数（个）		单位 GDP 亿元以上商品交易市场交易额（元）	
年份	2013	2014	2013	2014	2013	2014	2013	2014
河南	0.2295	0.2111	1.4842	1.3202	15.2764	13.4396	0.0898	0.0847
湖北	0.3943	0.3841	2.1405	1.9031	13.2997	14.3933	0.0765	0.0750
湖南	0.2671	0.2538	1.5917	1.4212	27.5072	27.7624	0.1180	0.1287

注：计算方式同表 3-4。京津冀、江西及广东的数据见表 3-4。

数据来源：同表 3-4。

总体来看，中线京港澳大通道距离长，沿线北方、中部、南方各地区间的经济发展水平与经济结构变化跨度较大。反映在流通产业上，一方面各地的运输业和批发零售业发展存在差距，另一方面货物运输交流主要体现在近距离地区之间。可见，中线京港澳大通道串联地区在发挥协同优势方面还有较大的提升空间。依托流通大通道，改善这些地区间的商品流通状况，促进货物商品、原材料等经济要素的跨地区流动，能够在推动上述大通道沿线地区经济结构优化的过程中产生更为积极的意义。

（三）中线京港澳大通道建设进展与主要措施

《规划》发布以后，中线京港澳流通大通道沿线地区采取了诸多措施来发展商贸流通业。除京津冀、江西、珠三角的有关情况在前文已有述及之外，还包括以下方面：

地处中原的河南在发展商贸物流业方面具有区位优势。郑州大力发展航空港经济综合实验区项目，为许昌、平顶山、漯河等周边城市发展进出口贸易提供支撑。2016年初，商丘保税物流中心获批成立，有助于当地发展国际物流，继而承接沿海产业转移，推动加工贸易转型升级。信阳利用当地多条铁路、公路交汇的有利条件，将茶叶等农产品物流与电商物流相结合，在加速本地产品"向外走"的过程中推动传统产业改造升级。

2015 年，湖北省继开行"汉新欧"国际铁路货运班列，建立由武汉通往欧洲的货运通道以后，又提出打造"两纵两横"四条物流运输大通道，即京广物流大通道、二广物流大通道、沿江物流大通道和福银物流大通道，以此支撑国家长江经济带、"一带一路"、长江中游城市群等发展倡议。湖南省发布了《现代物流业发展三年行动计划（2015~2017年）》，从政策支持、融资渠道方面加大力度，建设发展节点城市、重点园区、重点项目和重点企业。

同时还注意到，长江中游与珠江三角洲之间的商品流通通道正不断优化。2015年以来，作为京港澳高速复线的"岳临高速"开工建设。该线路从岳阳出发，途经长沙、湘潭、衡阳，到达郴州临武，能够有效分流京港澳高速部分负荷，提升运输效率。2016年，由广州港出发，途经郴州、衡阳，到达湖南长沙的"南沙港/黄埔港—霞凝"集装箱海铁联运班列成功开行，有助于广东及港澳地区对内陆腹地的货源形成有效辐射。

三、西线呼昆流通大通道

西线呼昆大通道是《规划》提出的位于西部的第三条纵向流通大通道，它"以西部的呼和浩特、西安、成都、重庆、昆明为支点，以沿线的重庆两江新区等国家级新区为牵引"，其功能定位在于"促进西部地区流通基础设施建设，向东联系京津冀、长三角、珠三角地区，向南辐射南亚、东南亚，形成联系东西、纵贯南北的流通大通道"。这部分将结合沿线地区经济结构及流通产业运行情况，对西线呼昆大通道的建设发展进行分析。

（一）西线呼昆大通道沿线经济角色与产业布局

西线呼昆大通道主要经过内蒙古、陕西、四川、重庆、云南等西部省份，表3-10、表3-11分别是其重点工业行业和产业经济结构。可以看到，第一产业、采掘业在这些省份的经济中占比较高，同时高端装备制造业在其中也有分布。食品、日用品以及茶叶、烟酒饮料等也是西部地区出产的重要商品。以地级市数据计算，内蒙古的乌海，四川的攀枝花，陕西的延安、榆林、铜川、宝鸡等城市中第二产业的比重较高，见附表7。批发零售业和交通运输业在内蒙古、云南两省中的占比高于沿线其他省份，在全国也属于中等偏上水平；而在四川，流通产业增加值在GDP中的占比相对较低。

表3-10 西线呼昆大通道沿线地区重点工业行业

省份	重点工业行业
内蒙古	采掘业，食品制造业，有色金属冶炼和压延加工业，电力、燃气和水的生产和供应业
陕西	采掘业，石油加工、炼焦和核燃料加工业，有色金属冶炼和压延加工业，铁路、船舶、航空航天和其他运输设备制造业

省份	重点工业行业
四川	酒、饮料和精制茶制造业，家具制造业
重庆	汽车制造业，铁路、船舶、航空航天和其他运输设备制造业，计算机、通信和其他电子设备制造业，其他制造业
云南	烟草制品业，有色金属冶炼和压延加工业，电力、燃气和水的生产和供应业

注：同表 3-1。

数据来源：同表 3-1。

表 3-11　西线呼昆大通道沿线省份的产业经济结构

单位：%

年份	第一产业		第二产业		第三产业		批发零售业		交通运输、仓储和邮政业	
	2013	2014	2013	2014	2013	2014	2013	2014	2013	2014
内蒙古	9.31	9.16	53.82	51.32	36.87	39.52	9.15	9.89	7.70	7.39
陕西	9.02	8.85	55.00	54.14	35.99	37.01	7.96	7.99	3.77	3.82
四川	12.76	12.37	51.05	48.93	36.19	38.70	5.58	5.56	2.85	3.74
重庆	7.84	7.44	45.47	45.78	46.69	46.78	8.74	8.62	5.16	4.95
云南	15.73	15.53	41.74	41.22	42.53	43.25	9.82	9.73	2.31	2.25

注：计算方式同表 3-2。

数据来源：同表 3-2。

总体来看，西部地区的产业布局更为分散，地区间商品产出差异大，由此带来的物流需求结构将较为复杂，涵盖普通货物运输和专业运输，涉及农产品物流、危险品物流和大型设备物流等各种情形，进而在不同运输方式、运输工具的选择上有所体现。

（二）西线呼昆大通道沿线流通业发展运行状况

中线京港澳大通道沿线的运输业发展情况如表 3-12 所示。可以看出，这些地区之间呈现并不均衡的表现。内蒙古、重庆两省份的运输业从业人数占比明显高于沿线的其他省份；受自然地理等因素限制，重庆、四川、云南等西南省份的铁路设施条件明显不如内蒙古、陕西两个北方省份，在公路设施上也存在一定的差距。从运输工具方面看，内蒙古的货车拥有量和吨位数最多，且车辆平均吨位高于其他沿线地区。就货运量和周转量与 GDP 的关系而言，四川、云南两个西南省份的表现明显弱于内蒙古和陕西两个北方省份。以地级市数据计算，内蒙古乌海、四川攀枝花等工业城市的每万元 GDP 货运量明显较高，见附表7。

表 3-12 西线呼昆大通道沿线省份的运输业发展状况

	每万人中运输业从业人数（人）		每万人铁路营运里程（公里）		每万人公路里程（公里）		每万人高速公路里程（公里）	
年份	2013	2014	2013	2014	2013	2014	2013	2014
内蒙古	73.64	75.04	4.0719	4.0833	68.74	67.05	1.6766	1.6413
陕西	64.30	53.62	1.1921	1.1690	44.26	43.89	1.1921	1.1690
重庆	79.92	76.39	0.6018	0.5724	42.59	41.35	0.8024	0.7744
四川	41.05	38.54	0.4914	0.4317	38.05	37.23	0.6757	0.6168
云南	32.14	31.45	0.6152	0.5547	48.88	47.56	0.7000	0.6827
	每万人公路营运载货汽车拥有量（辆）		每万人拥有公路营运载货汽车吨位数（吨）		每万元 GDP 货运量（吨）		每万元 GDP 货运周转量（亿吨公里）	
年份	2013	2014	2013	2014	2013	2014	2013	2014
内蒙古	158.48	160.01	1234.74	1280.91	10.7972	9.7151	0.2516	0.2638
陕西	102.78	93.84	633.79	604.55	8.8758	8.7365	0.1991	0.1975
重庆	90.37	86.26	538.79	468.41	6.8274	6.8246	0.1819	0.1798
四川	70.76	68.41	373.89	330.28	5.5730	6.3564	0.0864	0.0852
云南	125.01	117.64	519.52	467.51	8.4703	8.8173	0.1128	0.1151

注：计算方式同表 3-3。

数据来源：同表 3-3。

在批发零售业发展情况方面，重庆在每万人中批发业从业人数、每万人中零售业从业人数、单位 GDP 批发业购销总额、单位 GDP 零售业购销总额等指标上的计算结果高于沿线其他省份，而在位于边境的云南省，每万元 GDP 批发业进出口总额达到了400 元以上，处于西部省份的前列。人均社会消费品零售总额方面，内蒙古、重庆两省份较高；以地级市数据计算，内蒙古的呼和浩特、包头，云南的昆明，四川的成都，陕西的西安等大型城市和省会城市明显高于其他城市（见附表7），表明当地的消费市场更为活跃。在商品交易市场方面，重庆的发展情况明显好于沿线其他省份。

表 3-13　西线呼昆大通道沿线省份的批发零售业发展状况

	每万人中批发业从业人数（人）		每万人中零售业从业人数（人）		单位 GDP 批发业购销总额（元）		每万元 GDP 批发业进出口总额（元）	
年份	2013	2014	2013	2014	2013	2014	2013	2014
内蒙古	14.7605	15.3054	40.6068	41.2766	0.2906	0.3287	94.43	116.81
陕西	22.3338	20.6060	54.1224	51.1878	0.6118	0.6427	221.48	190.49
重庆	42.5981	40.3512	67.6316	63.0973	0.8772	1.0449	298.19	222.95
四川	19.5924	17.8347	40.0641	37.5714	0.5731	0.4808	247.82	76.54
云南	17.3388	17.3092	30.7181	28.7100	0.9317	0.9012	555.77	428.74

	单位 GDP 零售业购销总额（元）		人均社会消费品零售总额（万元）		每万人拥有亿元以上商品交易市场摊位数（个）		单位 GDP 亿元以上商品交易市场交易额（元）	
年份	2013	2014	2013	2014	2013	2014	2013	2014
内蒙古	0.1688	0.1679	2.2585	2.0473	15.3333	14.0685	0.0326	0.0410
陕西	0.3021	0.2735	1.5679	1.3935	9.0376	7.6815	0.0253	0.0238
重庆	0.4005	0.3832	1.9093	1.7023	34.0140	30.8047	0.2388	0.2587
四川	0.3552	0.3177	1.5225	1.3570	17.7205	16.0308	0.0948	0.0815
云南	0.2888	0.3055	0.9828	0.8774	12.5556	13.2262	0.0566	0.0634

注：计算方式同表 3-4。

数据来源：同表 3-4。

总体来看，西线呼昆大通道贯穿诸多西部省份，沿线西北、西南各地区间的经济结构和发展重心有着较大的差别。并且，西部地区的交通物流设施建设还会受到山脉等自然地形因素的影响。西线流通大通道要实现其功能定位，还应从商流创造等机制层面入手，加强沿线大型城市与周边城市之间的联系互动，将形成城市群作为消除孤岛效应、发展地区间经济往来的基础，进而使商品流通成为促进大通道沿线及辐射地区经济结构优化的动力。

（三）西线呼昆大通道建设进展与主要措施

《规划》发布以来，西线呼昆大通道沿线地区采取了以下促进物流、商流发展的主要措施。呼和浩特在 2015 年初制定《关于促进物流业发展的实施意见》以后，着力推进口岸与转口物流、大宗商品与制造业物流以及城市配送物流等的发展。同时，积极建设城发恼包物流产业园、沙良物流园区等物流产业集聚地，提升了支撑地方经济社会发展的能力。陕西也发布了《物流业发展中长期规划（2015~2020 年）》，致力于建立和完善现代物流服务体系，提升物流业发展水平。2016年8月发布的"一带一路"倡议2016年行动计划显示，陕西将以西安为中心，加快建设"米"字形高铁网和西安新筑铁路综合物流中心，同时增强等级公路连通能力。

重庆是中西部地区唯一的直辖市，区位优势突出，但公路运输相对落后，成为当地物流发展的短板。2016年，重庆首个大型公路物流平台"传化公路港项目"启动，一旦建成运营，将对打造公路物流立体生态圈、提升综合物流解决能力产生积极的推动作用。同时，重庆还加快铁路运输线路建设。继2015年实现高铁"零的突破"以后，当地"十三五"规划还提出了续建、开工与建成铁路的具体目标，从而提升重庆的铁路枢纽地位和对外通道能力。

成都在2015年编制完成了《现代物流业2025规划纲要》，旨在优化全区域的物流集中发展规划布局。目前，当地正大力推进"四园区"建设，包括依托成都双流国际机场的成都国际航空物流园区、依托成都铁路集装箱中心站的成都国际集装箱物流园区以及依托成都铁路枢纽散货站的成都青白江铁路散货物流园区和成都新津铁路散货物流园区；第二个城市机场"成都天府国际机场"也已经正式开工建设。这些措施使成都的物流设施服务不断提升，区域物流辐射能力得以逐步增强。

昆明在2016年发布了《"十三五"现代物流业发展规划》，将构建综合交通网络、完善货运枢纽场站和陆路口岸；依托铁路、公路、航空等重要交通节点，加快构建"七大物流集中发展区、九个城市（城际）物流配送中心和十六条物流通道"的"7916"空间布局。

四、西北北部流通大通道

西北北部大通道作为五条横向流通大通道之一，是要"发挥天津滨海新区龙头带动作用，以北京、呼和浩特、石家庄、太原、银川、乌鲁木齐为支点，经哈萨克斯坦、俄罗斯、白俄罗斯到达欧洲"，其功能定位在于"促进环渤海地区和西部地区流通产业联动发展，发挥欧亚大陆桥功能，辐射中亚、西亚和东北亚地区"。下面将对西北北部大通道沿线的产业特点、流通运行以及发展情况进行分析。

（一）西北北部大通道沿线经济角色与产业布局

西北北部大通道沿线经过天津、北京、内蒙古、河北、陕西、宁夏、新疆等北方省份，表3-14、表3-15分别是其重点工业行业和产业经济结构。不难发现，沿线东部的北京、天津两地以高端制造和服务业为主，而沿线的中西部省份中采掘业和重化工业较为发达。以地级市数据计算，除其他流通大通道已经涉及的城市以外，山西的太原、新疆的乌鲁木齐第三产业占比较高，沿线省份的其余主要城市多以第二产业为主，见附表7。在通道东段的北京、天津，批发零售业和交通运输业增加值占GDP比重较高，而在中西段的省份中占比较低。

表 3-14　西北北部大通道沿线地区重点工业行业

省份	重点工业行业
天津	见表3-1
北京	见表3-1
内蒙古	见表3-9
河北	见表3-1
山西	采掘业，石油加工、炼焦和核燃料加工业，黑色金属冶炼和压延加工业，电力、燃气和水的生产和供应业
宁夏	采掘业，食品制造业，石油加工、炼焦和核燃料加工业，有色金属冶炼和压延加工业，电力、燃气和水的生产和供应业
新疆	采掘业，石油加工、炼焦和核燃料加工业，化学纤维制造业，电力、燃气和水的生产和供应业

注：同表3-1。

数据来源：同表3-1。

表 3-15　西北北部大通道沿线省份的产业经济结构

单位：%

	第一产业		第二产业		第三产业		批发零售业		交通运输、仓储和邮政业	
年份	2013	2014	2013	2014	2013	2014	2013	2014	2013	2014
山西	5.85	6.18	52.21	49.32	41.94	44.50	7.67	7.76	6.18	6.25
宁夏	8.18	7.88	48.87	48.74	42.95	43.38	5.19	5.05	7.70	7.23
新疆	16.99	16.59	42.34	42.58	40.67	40.83	6.62	5.94	4.58	5.18

注：计算方式同表3-2。北京、天津、河北的数据见表3-2，内蒙古的数据见表3-10。

数据来源：同表3-2。

总体来看，西北北部大通道沿线中西段以资源型省份为主，东段为经济发达的大型城市，产业结构特征存在着较大的差异，具有互补性。其中的商流、物流活动应当支撑起东西部之间生产资料和消费品的横向大流通，并由此向沿线区域以外进一步拓展延伸。

（二）西北北部大通道沿线流通业发展运行状况

在西北北部大通道沿线的运输业发展方面（见表3-16），沿线西段的新疆在每万人中运输业从业人数、每万人铁路营运里程、每万人公路里程方面的指标计算结果较高，宁夏和中段的山西次之，但都低于前文所述的内蒙古，高于东段的北京、天津。宁夏的每万人公路营运载货汽车拥有量较大，并且从数据上看，西段省份拥有的公路营运载货汽车吨位数相对较大，适应于大批量货物的运输。西段省份的每万元 GDP 货运量高于全国平均水平，而货运周转量与全国平均水平相接近，表明货物实际周转并不以远距离为主。以地级市数据计算，山西的大同、朔州、忻州以及宁夏的吴忠、固原在单位 GDP 货运量指标上的计算结果明显较高，见附表 7。

表 3-16　西北北部大通道沿线省份的运输业发展状况

	每万人中运输业从业人数（人）		每万人铁路营运里程（公里）		每万人公路里程（公里）		每万人高速公路里程（公里）	
年份	2013	2014	2013	2014	2013	2014	2013	2014
山西	59.19	56.62	1.3706	1.0468	38.49	38.40	1.3706	1.3774
宁夏	52.07	53.61	1.9637	1.9878	47.28	43.73	1.9637	1.9878
新疆	68.09	69.62	2.3934	2.0760	76.37	75.18	1.8712	1.1926
	每万人公路营运载货汽车拥有量（辆）		每万人拥有公路营运载货汽车吨位数（吨）		每万元 GDP 货运量（吨）		每万元 GDP 货运周转量（亿吨公里）	
年份	2013	2014	2013	2014	2013	2014	2013	2014
山西	141.53	134.68	1369.47	1283.05	12.9231	12.3207	0.2908	0.2836
宁夏	196.68	207.49	1555.68	1631.64	15.0096	15.8731	0.3041	0.3387
新疆	203.09	198.45	1463.50	1416.75	7.7822	7.9239	0.2028	0.2128

注：计算方式同表 3-3。北京、天津、河北的数据见表 3-3，内蒙古的数据见表 3-12。

数据来源：同表 3-3。

　　在批发零售业发展情况方面（见表 3-17），西北北部大通道沿线西段省份的每万人中批发业、零售业从业人数均低于全国平均水平。从购销额规模来看，山西、新疆两省的单位 GDP 批发业购销总额接近全国平均水平。其中，新疆拥有较长边境线，是"一带一路"倡议中开展对外贸易的重要角色，当地的每万元 GDP 批发业进出口总额高于全国大部分内地省份。新疆、宁夏等沿线西段省份的单位 GDP 零售业购销总额、人均社会消费品零售总额低于全国平均水平，表明当地的消费市场仍有较大发展空间。以地级市数据计算，山西太原、新疆乌鲁木齐两大省会城市相对较高（见附表 7）。在商品交易市场方面，宁夏、新疆在摊位数和交易额两项指标方面与全国平均水平相当，反映该种交易形式在当地商品流通中发挥了较为重要的作用。

表 3-17 西北北部大通道沿线省份的批发零售业发展状况

	每万人中批发业从业人数（人）		每万人中零售业从业人数（人）		单位 GDP 批发业购销总额（元）		每万元 GDP 批发业进出口总额（元）	
年份	2013	2014	2013	2014	2013	2014	2013	2014
山西	26.87	29.08	43.72	45.19	1.4795	1.5241	100.93	317.48
宁夏	16.77	16.46	44.28	43.23	0.6011	0.5675	25.07	43.84
新疆	27.43	26.71	25.68	23.69	1.3217	1.6146	1307.17	2386.12

	单位 GDP 零售业购销总额（元）		人均社会消费品零售总额（万元）		每万人拥有亿元以上商品交易市场摊位数（个）		单位 GDP 亿元以上商品交易市场交易额（元）	
年份	2013	2014	2013	2014	2013	2014	2013	2014
山西	0.3085	0.3161	1.5674	1.4158	8.21	9.42	0.0479	0.0466
宁夏	0.2316	0.2366	1.1136	1.0222	36.29	34.36	0.1142	0.1101
新疆	0.1873	0.1821	1.0603	0.9627	33.41	28.87	0.1661	0.1649

注：计算方式同表 3-4。北京、天津、河北的数据见表 3-4，内蒙古的数据见表 3-13。

数据来源：同表 3-4。

总体来看，西北北部大通道东西跨度长，涉及地区经济发展并不均衡，大通道在沟通沿线地区间商品流通方面的作用十分重要，对于中国北方经济的发展具有积极意义。但是，由于目前自发形成的商流活动较少，其构建过程需要克服诸多现实困难。

（三）西北北部大通道建设进展与主要措施

《规划》发布以后，西北北部大通道沿线省份在发展商贸流通业方面采取了诸多措施，除了前文已经涉及的以外，主要还包括以下内容：

新疆在建设"一带一路"、推进向西开放过程中具有突出的区位优势。根据《新疆商贸物流业发展规划（2015~2020 年）》，当地将建设以乌鲁木齐为国际性商贸物流中心，喀什、伊宁、库尔勒、博尔塔拉和哈密为五大支点，库尔勒、哈密为区域性商贸物流中心的商贸物流节点体系。在改善贸易及物流条件，推进对外开放方面，乌鲁木齐铁路局搭建了"东联西出"大通道，依托自治区东联沿海内地和西出中亚及欧洲的区域优势、创新运输组织方式，打造集装箱特需班列、新疆东联集装箱快运班列、中欧班列、中亚班列和疆内环疆集装箱快运班列等品牌化运输产品。同时，当地正在加快推进乌鲁木齐国际陆港建设，并与德国杜伊斯堡港、波兰 PCC 多式联运有限公司等展开合作。2016 年，乌鲁木齐多式联运海关监管中心开工建设，有望成为向西进出口货运集散中心及公、铁、空配套联运的物流基地。

在宁夏，占地 1509 亩的交通物流园区于 2015 年正式运营。园区位于银川城市主路出口，紧邻京藏高速及 109 国道，处于银川市商贸物流带内，有望成为辐射宁夏及陕西、甘肃、内蒙古毗邻地区重要的物流枢纽。同时，宁夏的铁路运输迎来发展契机。《兰州铁路局现代物流发展规划》提出要在宁夏构建以银川物流枢纽为骨干，以中卫、石嘴山 2 个区域性物流中心，固原、吴忠 2 个地区性物流中心为支撑的沿黄经济区。2016 年底，中阿物流园（平罗铁路综合货场）开工；中亚国际货运班列（石嘴山—哈萨克斯坦）开行，为当地推进内陆开放经济发展注入了新的活力。

山西在 2015 年制定了《物流业发展中长期规划（2015~2020 年）》，提出通过区域性专业市场、大型物流园区、物流公共信息平台等项目建设来推动现代物流业实现规模效益和服务能力的跨越式发展。2016 年，当地还出台了《关于推进内贸流通现代化建设法治化营商环境的实施意见》，提出要构建区域一体化流通网络，以物流大通道为主要依托，利用多式联运等现代物流手段，切实降低贸易流通成本。山西是产煤大省，中国（太原）煤炭交易中心通过建设电商平台，与江苏、湖北、山东等地的交收库企业开展合作。同时，山西还着力打造"山西品牌丝路行"活动，在匈牙利、吉尔吉斯斯坦、俄罗斯、意大利等地开展展览展示活动，促进产品出口，提升对外开放水平。

五、陇海兰新沿线流通大通道

根据《规划》，陇海兰新沿线流通大通道"通过陇海、兰新线等运输通道，串联乌鲁木齐、西宁、兰州、西安、郑州、连云港等流通节点城市，向西出阿拉山口、霍尔果斯，连接中亚，经莫斯科到达欧洲；以喀什为支点向西，通过中亚、西亚，经伊斯坦布尔到达欧洲。"其定位在于，"依托国际铁路运输通道，提升郑州、西安、兰州、西宁、乌鲁木齐等节点城市流通服务功能，向西北联系中亚、西亚和欧洲，向南辐射我国云贵地区，带动我国西部地区开发开放。"可见，陇海兰新沿线流通大通道将以铁路运输为重点，发挥现代丝绸之路的功能。下面将考察其沿线地区的产业布局及流通业发展情况。

（一）陇海兰新大通道沿线经济角色与产业布局

陇海兰新大通道沿线经过江苏、河南、陕西、甘肃、青海、新疆等省份，其重点工业行业和产业经济结构如表 3-18、表 3-19 所示。可以看到，沿线地区的经济结构差异较大，青海、陕西两省的第二产业占比较高，而第一产业是河南、甘肃、新疆的主要产业，江苏的第三产业比重明显高于沿线其他省份。从具体的工业行业来看，沿线西段省份主要以采掘业和冶炼加工业为主，东段则以装备制造和高端制造业为主。以地级市数据计算，除其他流通大通道已经涉及的城市以外，甘肃的嘉峪关、金昌、庆阳的第二产业占比较高，见附表 7。

表 3-18 陇海兰新大通道沿线地区重点工业行业

省份	重点工业行业
新疆	见表 3-13
青海	采掘业，有色金属冶炼和压延加工业，电力、燃气和水的生产和供应业
甘肃	采掘业，烟草制品业，石油加工、炼焦和核燃料加工业，黑色金属冶炼和压延加工业，有色金属冶炼和压延加工业，其他制造业，金属制品、机械和设备修理业，电力、燃气和水的生产和供应业
陕西	见表 3-10
河南	见表 3-5
江苏	见表 3-1

注：同表 3-1。

数据来源：同表 3-1。

表 3-19 陇海兰新大通道沿线省份的产业经济结构

单位:%

	第一产业		第二产业		第三产业		批发零售业		交通运输、仓储和邮政业	
年份	2013	2014	2013	2014	2013	2014	2013	2014	2013	2014
甘肃	13.34	13.18	43.37	42.80	43.29	44.02	6.96	7.19	4.22	4.11
青海	9.65	9.37	54.25	53.59	36.10	37.04	6.55	6.54	3.50	3.55

注：计算方式同表 3-2。新疆、陕西、河南和江苏的数据分别见表 3-15、表 3-11、表 3-6 和表 3-2。

数据来源：同表 3-2。

总体来看，陇海兰新大通道作为另一条横跨东西的横向通路，其沿线省份的产业布局同样存在明显的差异。大通道一方面能够发挥沟通国内外市场，尤其是促进向西开放的作用，另一方面也能够在连通国内地区、优化产业布局上产生推动效应。

（二）陇海兰新大通道沿线流通业发展运行状况

陇海兰新大通道沿线的运输业发展情况如表 3-20 所示。除了沿线西段的新疆以外，青海的每万人中运输业从业人数、每万人铁路营运里程、每万人公路里程等指标计算结果也相对较高，青海的每万人公路营运载货汽车拥有量较大。西段省份中甘肃的每万元 GDP 货运量也高于全国平均水平，体现出河西走廊在东西部之间货物运输中的重要作用。以地级市数据计算，甘肃的嘉峪关、白银两市在每万元 GDP 货运量指标上的计算结果明显较高，见附表 7。

表 3-20 陇海兰新大通道沿线省份的运输业发展状况

	每万人中运输业从业人数（人）		每万人铁路营运里程（公里）		每万人公路里程（公里）		每万人高速公路里程（公里）	
年份	2013	2014	2013	2014	2013	2014	2013	2014
甘肃	40.95	40.67	1.3122	1.0070	53.30	51.74	1.2736	1.1619
青海	62.30	73.71	3.6021	3.2872	124.70	121.28	2.9160	2.0761
	每万人公路营运载货汽车拥有量（辆）		每万人拥有公路营运载货汽车吨位数（吨）		每万元 GDP 货运量（吨）		每万元 GDP 货运周转量（亿吨公里）	
年份	2013	2014	2013	2014	2013	2014	2013	2014
甘肃	113.74	101.67	568.02	519.95	8.3723	8.1291	0.3679	0.3731
青海	156.95	144.81	945.42	754.40	6.3552	6.3014	0.2201	0.2130

注：计算方式同表 3-3。新疆、陕西、河南和江苏的数据分别见表 3-16、表 3-12、表 3-7 和表 3-3。

数据来源：同表 3-3。

　　表 3-21 所示的是陇海兰新大通道沿线省份的铁路和公路货运情况。可以看出，陕西的每万元 GDP 铁路货运量明显高于沿线其他省份，而甘肃的单位 GDP 铁路货运周转量较大。甘肃、陕西、新疆等沿线省份的公路运输也较为发达。表 3-22 所示的是沿线省份之间的铁路货运交流情况。可以看出，货运量有所增加的主要是江苏与陕西之间，江苏、新疆发往河南，以及甘肃、青海和新疆之间，更远距离的东西省份间货运量大多呈下降趋势。

表 3-21 陇海兰新大通道沿线省份铁路、公路货运及周转情况

	每万元 GDP 铁路货运量（吨）		每万元 GDP 公路货运量（吨）		单位 GDP 铁路货运周转量（万吨公里）		单位 GDP 公路货运周转量（万吨公里）	
年份	2013	2014	2013	2014	2013	2014	2013	2014
江苏	0.0980	0.1198	1.7584	1.7356	0.0054	0.0064	0.0304	0.0300
河南	0.3369	0.4016	5.1428	5.0337	0.0562	0.0669	0.1380	0.1394
陕西	2.1189	2.2071	6.7464	6.5142	0.0906	0.0935	0.1084	0.1040
甘肃	0.9431	1.0079	7.4276	7.1196	0.2227	0.2450	0.1452	0.1281
青海	1.5664	1.7832	4.7887	4.5183	0.1183	0.1174	0.1017	0.0955
新疆	0.7991	0.8631	6.9832	7.0608	0.0910	0.1028	0.1119	0.1100

数据来源：据国家统计局网站"分省年度数据"查询结果计算。

表 3-22　陇海兰新大通道沿线省份的国家铁路货物交流状况

	到达 发送	全国 合计	江苏	河南	陕西	甘肃	青海	新疆
2013 年 货物 交流量 （万吨）	江苏	8618	1158	576	381	171	197	389
	河南	13288	1736	3240	946	315	152	305
	陕西	5285	517	80	2257	491	48	194
	甘肃	7663	141	350	93	2876	266	1548
	青海	2450	196	155	46	354	1113	75
	新疆	4803	234	287	50	161	7	2119
	全国合计	306259	6090	10587	11622	6440	3605	7359
2014 年 货物 交流量 （万吨）	江苏	9336	1092	409	626	208	186	391
	河南	14239	1725	3663	964	322	152	392
	陕西	5740	441	114	2273	591	50	232
	甘肃	8012	240	346	205	2577	311	1678
	青海	2817	231	173	73	274	1425	65
	新疆	5109	260	218	76	302	36	2137
	全国合计	321392	6806	11610	11001	6377	3783	7259
2014 年 增长率 （%）	江苏	-7.69	6.04	40.83	-39.14	-17.79	5.91	-0.51
	河南	-6.68	0.64	-11.55	-1.87	-2.17	0.00	-22.19
	陕西	-7.93	17.23	-29.82	-0.70	-16.92	-4.00	-16.38
	甘肃	-4.36	-41.25	1.16	-54.63	11.60	-14.47	-7.75
	青海	-13.03	-15.15	-10.40	-36.99	29.20	-21.89	15.38
	新疆	-5.99	-10.00	31.65	-34.21	-46.69	-80.56	-0.84
	全国合计	-4.71	-10.52	-8.81	5.64	0.99	-4.71	1.38

数据来源：据《中国交通年鉴》（2014 年、2015 年）数据整理并计算。

　　在沿线省份的批发零售业发展方面（见表 3-23），西段省份甘肃、青海的批发、零售业从业人数占比均较低，且购销额相对规模较小；两省人均社会消费品零售总额较低，反映当地消费市场规模有限；以人均摊位数和交易额衡量的商品交易市场规模也较小。以地级市数据计算，兰州、西宁两个省会城市的人均社会消费品零售总额较高，见附表 7。

表3-23 陇海兰新大通道沿线省份的批发零售业发展状况

	每万人中批发业从业人数（人）		每万人中零售业从业人数（人）		单位GDP批发业购销总额（元）		每万元GDP批发业进出口总额（元）	
年份	2013	2014	2013	2014	2013	2014	2013	2014
甘肃	11.96	11.60	25.86	23.98	0.9639	0.8481	50.32	19.4292
青海	19.85	19.87	24.97	24.20	0.9113	1.0771	49.06	
	单位GDP零售业购销总额（元）		人均社会消费品零售总额（万元）		每万人拥有亿元以上商品交易市场摊位数（个）		单位GDP亿元以上商品交易市场交易额（元）	
年份	2013	2014	2013	2014	2013	2014	2013	2014
甘肃	0.2531	0.2415	1.0298	0.9174	11.7823	12.6088	0.0677	0.0777
青海	0.1459	0.1353	1.0648	0.9509	8.0978	8.7578	0.0119	0.0115

注：计算方式同表3-4。新疆、陕西、河南和江苏的数据分别见表3-17、表3-13、表3-22和表3-4。

数据来源：同表3-4。

可以看出，陇海兰新大通道沿线东段的批零商贸流通业相对西段更为发达，并且东西间存在一定的差距。继而，在建设大通道的过程中，将通路本身的职能发挥与通路沿线的商贸流通业综合提升相结合，是促进商流、物流共同发展的必要条件。

（三）陇海兰新大通道建设进展与主要措施

《规划》发布以来，除前述已经涉及的内容外，陇海兰新大通道沿线地区还采取了以下促进物流、商流发展的主要措施。江苏连云港同时拥有陆上国际班列和海上远洋航线，具有发展多式联运的区位优势。当地的"中哈物流基地"正在打造"前港后站、一体运作"的海铁联运模式，提升对内、对外的辐射力。陕西与中亚各国的贸易往来也日渐密切。当地拥有能够直达中亚的国际货运班列"长安号"，并与哈萨克斯坦国家铁路公司下属的"哈铁快运"达成协议，共建国际联运过境通道及货物配送基地。

甘肃先后成立了驻白俄罗斯、伊朗、吉尔吉斯斯坦等5个商务代表处，并与"一带一路"国家积极建立国际友好省州和友好城市关系，以此促进对外商务联系的建立。同时，甘肃还依托自身优势，与中亚国家在医药、教育等方面开展合作。在物流方面，当地立体化的国际交通网络正在逐渐形成。武威至阿拉木图的"天马号"、兰州至汉堡的"兰州号"等国际货运班列已密集开行；兰州、敦煌机场相继获批为国际航空口岸，国际航线不断开通。此外，武威保税物流中心和兰州新区综合保税区相继获批，成为有力的支撑。

在青海，西宁正在打造朝阳、北川、多巴三大物流园区，为生活消费品、工业生产资料和农副产品提供交易、运输、仓储、配送、转运及其他配套服务。2016年，青海曹家堡保税物流中心通过验收，结束了青藏高原地区没有海关保税物流监管场所的时代，对于促进当地对外开放具有突出意义。

六、长江沿线流通大通道

《规划》中提出的长江沿线流通大通道"以上海为龙头，以南京、杭州、宁波、苏州、合肥、武汉、重庆等为支点，串联起江苏、浙江、安徽、江西、湖北、湖南、四川、贵州、云南九省沿江节点城市"，其功能定位在于"依托长江经济带综合立体交通走廊，建设长江沿线流通大通道，发挥承东启西、通江达海的区位优势，带动长江经济带和东中西部联动发展"。不难发现，长江沿线流通大通道是要围绕长江城市带，发挥交通优势和经济优势，推动沿线地区流通活动的发展。下面将考察其沿线地区的产业布局及流通业发展情况。

（一）长江大通道沿线经济角色与产业布局

长江沿线地区的产业活动十分丰富，如表3-24所示。下游的长三角地区是纺织业、设备制造和高端制造业发达的地区，中上游也拥有装备制造业、汽车制造业等重要工业基地，同时还是农副产品和资源性产品加工业的聚集地。

表3-24　长江大通道沿线地区重点工业行业

省份	重点工业行业
上海、江苏、浙江、安徽、江西	见表3-1
贵州	农副食品加工业，木材加工和木、竹、藤、棕、草制品业，黑色金属冶炼和压延加工业，汽车制造业，废弃资源综合利用业
湖北、湖南	见表3-5
四川、重庆、云南	见表3-10

注：同表3-1。

数据来源：同表3-1。

从产业结构来看，西段贵州、云南等省份的第一产业占比相对较高，中段、东段省份则拥有较高的第二产业占比，长三角地区还体现出服务业相对发达的特点，如表3-25所示。

表 3-25　长江大通道沿线省份的产业经济结构

单位：%

	第一产业		第二产业		第三产业		批发零售业		交通运输、仓储和邮政业	
年份	2013	2014	2013	2014	2013	2014	2013	2014	2013	2014
贵州	12.35	13.82	40.51	41.63	47.14	44.55	7.20	6.74	9.55	8.94

注：计算方式同表 3-2。上海、江苏、浙江、安徽、江西的数据见表 3-2，湖北、湖南的数据见表 3-6，四川、重庆、云南的数据见表 3-11。

数据来源：同表 3-2。

（二）长江大通道沿线流通业发展运行状况

在运输业发展方面（见表 3-26），上海、重庆的运输业从业人数明显较高，而安徽、湖南、云南、贵州等中上游省份略低；就基础设施建设而言，江西、湖北、湖南、贵州的每万人铁路营运里程较长，贵州、云南、江西等省份的每万人公路里程或高速公路里程较长。运输工具方面，中下游的上海、安徽、江苏、江西等省份的每万人公路营运载货汽车吨位数较高，且平均吨位较大，表明这些地区公路运输业较为发达。在运输业与 GDP 关系方面，安徽的每万元 GDP 货运量明显高于长江沿线其他省份，而上海、安徽的每万元 GDP 货运周转量较高。

表 3-26　长江大通道沿线省份的运输业发展状况

	每万人中运输业从业人数（人）		每万人铁路营运里程（公里）		每万人公路里程（公里）		每万人高速公路里程（公里）	
年份	2013	2014	2013	2014	2013	2014	2013	2014
贵州	27.78	27.88	0.6842	0.5997	51.05	49.29	1.1403	0.9423

	每万人公路营运载货汽车拥有量（辆）		每万人拥有公路营运载货汽车吨位数（吨）		每万元 GDP 货运量（吨）		每万元 GDP 货运周转量（亿吨公里）	
年份	2013	2014	2013	2014	2013	2014	2013	2014
贵州	71.49	65.05	297.98	259.66	9.2455	8.9903	0.1556	0.1601

注：计算方式同表 3-3。上海、江苏、浙江、安徽、江西的数据见表 3-3，湖北、湖南的数据参见表 3-7，四川、重庆、云南的数据见表 3-12。

数据来源：同表 3-3。

　　长江水道是长江沿线大通道建设的重要依托。表 3-27 所示的是长江大通道沿线省份公路、水路货运及周转情况。可以看出，在下游长三角地区的上海、江苏、浙江，每万元 GDP 水路货运量与公路货运量更为接近，而中上游省份明显更加依赖于公路运输；同时，长三角地区的每万元 GDP 水路货运周转量也明显高于公路货运周转量，其次为重庆，而位于上游贵州、云南的每万元 GDP 公路货运周转量明显较高。

表 3-27　长江大通道沿线省份公路、水路货运及周转情况

	每万元 GDP 公路货运量（吨）		每万元 GDP 水路货运量（吨）		每万元 GDP 公路货运周转量（亿吨公里）		每万元 GDP 水路货运周转量（亿吨公里）	
年份	2013	2014	2013	2014	2013	2014	2013	2014
上海	1.8181	2.0110	1.9766	1.8208	0.0128	0.0162	0.7773	0.6401
江苏	1.7584	1.7356	1.1573	1.1867	0.0304	0.0300	0.1242	0.1298
浙江	2.9141	2.8389	1.8131	2.0304	0.0353	0.0350	0.1966	0.1949
安徽	15.1195	14.7969	5.2083	5.2155	0.3546	0.3403	0.2541	0.2555
江西	8.7678	8.4162	0.5830	0.6021	0.1956	0.1963	0.0137	0.0138
湖北	4.2470	4.0717	1.0882	0.9846	0.0855	0.0825	0.0846	0.0723
湖南	6.3842	6.3468	0.9501	0.9381	0.0954	0.0946	0.0263	0.0224
重庆	5.6936	5.6200	0.9898	1.0110	0.0559	0.0544	0.1144	0.1111
四川	4.9807	5.7475	0.2930	0.2690	0.0529	0.0482	0.0054	0.0060
贵州	8.4194	8.0501	0.1444	0.1412	0.0838	0.0755	0.0033	0.0032
云南	8.0503	8.3395	0.0437	0.0429	0.0782	0.0779	0.0010	0.0010

数据来源：据国家统计局网站"分省年度数据"查询结果计算。

　　表 3-28 所示的是长江大通道沿线主要港口的货物吞吐量情况。可以看出，长江沿线各港口间的发展状况并不均衡，增长潜力也不尽相同。吞吐量位居前列的港口主要集中于长三角地区的上海、江苏两省市，且这些港口的外贸吞吐量占比较高。其次为重庆、湖南、安徽、江西等省份。从增速上看，江西九江、江苏扬州明显高于其他港口，其次为安徽的铜陵、芜湖，湖北黄石、宜昌等港口；外贸货物吞吐量方面，安徽马鞍山、江苏扬州的增速较快。

表3-28 长江大通道沿线主要港口货物吞吐量情况

港口	2014年货物吞吐量（万吨）		2013年货物吞吐量（万吨）		2014年增速（%）	
	合计	其中：外贸	合计	其中：外贸	合计	其中：外贸
上海	66954	38232	68273	37706	-1.93	1.40
苏州	47792	12302	45435	10949	5.19	12.36
南通	21599	4814	20494	4538	5.39	6.08
南京	21001	1974	20201	2204	3.96	-10.44
泰州	15822	1630	15425	1280	2.57	27.34
镇江	14061	2313	14098	2653	-0.26	-12.82
重庆	14665	507	13676	448	7.23	13.17
江阴	12462	1333	12590	1477	-1.02	-9.75
岳阳	12021	240	10873	218	10.56	10.09
芜湖	10847	224	9313	190	16.47	17.89
武汉	8150	706	7701	587	5.83	20.27
马鞍山	8101	98	7489	63	8.17	55.56
扬州	7866	636	6189	404	27.10	57.43
九江	8036	202	6030	187	33.27	8.02
铜陵	7045	41	5905	32	19.31	28.13
池州	4279	25	3914	21	9.33	19.05
常州	3314	557	3067	534	8.05	4.31
安庆	3137	23	3006	22	4.36	4.55
黄石	2454	441	2098	324	16.97	36.11
荆州	804	42	722	43	11.36	-2.33
宜昌	639	60	554	50	15.34	20.00

数据来源：据《中国交通年鉴》（2014年、2015年）数据整理并计算。

在批发零售业运行发展状况方面（见表3-29），上海的批发业、零售业从业人数明显高于其他沿线省份，其次是下游的江苏、浙江和中上游的重庆；单位GDP批发业购销总额也体现出类似的特点。批发业进出口总额与GDP的关系方面，长三角地区的上海、浙江、江苏居于沿线省份前列，其次是地处上游的重庆、四川、贵州和云南，中游省份相对较低。单位GDP零售业购销总额以及人均社会消费品零售总额体现的结果则反映出下游长三角地区以及湖北、重庆的消费市场较为活跃；这些地区的商品交易市场也相对发达。

表3-29　长江大通道沿线省份的批发零售业发展状况

	每万人中批发业从业人数（人）		每万人中零售业从业人数（人）		单位GDP批发业购销总额（元）		每万元GDP批发业进出口总额（元）	
年份	2013	2014	2013	2014	2013	2014	2013	2014
贵州	16.53	14.69	22.36	19.27	0.5173	0.5281	231.05	357.00

	单位GDP零售业购销总额（元）		人均社会消费品零售总额（万元）		每万人拥有亿元以上商品交易市场摊位数（个）		单位GDP亿元以上商品交易市场交易额（元）	
年份	2013	2014	2013	2014	2013	2014	2013	2014
贵州	0.2740	0.2615	0.8372	0.7428	10.4721	7.3161	0.0746	0.0580

注：计算方式同表3-4。上海、江苏、浙江、安徽、江西的数据见表3-3，湖北、湖南的数据见表3-9，四川、重庆、云南的数据见表3-13。

数据来源：同表3-4。

总体来看，长江大通道沿线地区经济总体发展水平较好，但地区间差距仍然存在；依托长江黄金水道推进区域物流经济一体化发展，是实现互惠共赢的有效举措。接下来应当继续促进港口资源整合与升级，完善港口功能，发展铁水联运、江海联运，使长江真正成为应对结构性过剩、推动内陆与沿海经济整体协调的重要依托。

（三）长江大通道建设进展与主要措施

在《规划》发布以后，长江流通大通道沿线地区采取了诸多发展商贸流通业的重要举措，除前述已经涉及的内容外，还包括以下方面：

长三角地区着力推进多式联运。长江南京12.5米深水航道工程在2015年初通南京，实现长江口航道与南京以下深水航道无缝对接。同时，南京还开通了至中亚、欧洲及新疆等国际、国内集装箱班列，近年来水铁联运量成倍增长。宁波—舟山港则在全力推进舟山江海联运服务中心建设，打造集装箱转运基地和大宗散货集散中心。

在长江中游，鄂湘赣三省共同签署了《长江中游城市群道路运输联席会议备忘录》，推进区域运输物流一体化，提升长江中游城市群运输物流发展水平。湖北黄石出台了《关于加快现代物流及航运服务业发展的意见》，致力于打造长江中游区域性物流中心、多式联运示范城市。

在中上游，四川宜宾开通了直航南京的集装箱快班，构建了由西部至长三角地区的水上快速物流通道。成都与武汉、泸州成功签订《港口物流战略合作框架协议》，联合打造成都—泸州铁水联运通道、成都—泸州公水联运通道和泸州—武汉内外贸集装箱班轮航线，培育江海直达货源市场。南充现代物流园和南充传化公路港在 2015 年底开业运营，标志着川东北城市物流中心进入快速发展阶段。攀枝花与泸州签订了《港口物流发展战略合作框架协议》，共同建设公路水路、铁路水路多式联运物流通道。

长江沿线物流的信息化整合水平也在不断提升。2015 年，长江航务管理局建设、管理的"长江航运物流公共信息平台"正式投入运行。该平台致力于实现政府、企业、市场三个层面数据资源的开放、联通和共享，有助于发挥物流活动协同效应，提升航运效率和企业效益。

七、沪昆沿线流通大通道

提出的沪昆沿线流通大通道是"依托沪昆高铁、沪昆铁路、沪昆高速公路组成的综合运输体系"，其功能定位是"经缅甸联系南亚和孟加拉湾，串联长三角地区、长株潭地区、黔中地区、滇中地区，加强长三角沿海发达地区与中部内陆地区、西南沿边地区流通产业联动发展"，目标在于"形成横贯东中西部地区，联系南亚的流通大通道"。这部分将对沪昆沿线大通道涉及地区的产业特点、流通运行以及发展情况进行分析。

（一）沪昆大通道沿线经济角色与产业布局

沪昆大通道沿线涉及上海、浙江、江西、湖南、贵州、云南等省市。前已述及，上海、浙江两地的电子信息、汽车、化工以及日用品、纺织品制造业较为发达，并且服务业占 GDP 比重较高（见表 3-1、表 3-2）。江西、湖南的重点产业以纺织业、日用品制造业、非金属与有色金属加工业等为主（见表 3-1、表 3-5）。而贵州、云南两省中第一产业占 GDP 比重相对较高（见表 3-11、表 3-25）。总体来看，沪昆大通道作为东西向的流通通路，沿线地区的经济特征同样体现出我国沿海与内陆经济发展不平衡、产业结构差距较大的特点。

（二）沪昆大通道沿线流通业发展运行状况

前文已经涉及沪昆大通道沿线省份的运输业及批发零售业发展状况，这里不再赘述。沪昆大通道依托沪昆高铁、沪昆铁路、沪昆高速公路，表 3-30 是沿线地区的铁路、公路货运及周转情况。可以看出，贵州的每万元 GDP 铁路货运量与货运周转量均明显高于其他地区。横向比较而言，江西、贵州、云南三省的每万元 GDP 铁路货运量、公路货运量较大，而地处长三角的上海、浙江较低。这表明，公路、铁路等基础设施建设对于大通道中段、西段省份的整体经济发展具有更为突出的意义。

表3-30 沪昆大通道沿线省份铁路、公路货运及周转情况

	每万元GDP铁路货运量（吨）		每万元GDP公路货运量（吨）		每万元GDP铁路货运周转量（亿吨公里）		每万元GDP公路货运周转量（亿吨公里）	
年份	2013	2014	2013	2014	2013	2014	2013	2014
上海	0.0233	0.0322	1.8181	2.0110	0.0005	0.0007	0.0128	0.0162
浙江	0.1081	0.1280	2.9141	2.8389	0.0056	0.0072	0.0353	0.0350
江西	0.3140	0.3620	8.7678	8.4162	0.0343	0.0425	0.1956	0.1963
湖南	0.1758	0.2099	6.3842	6.3468	0.0314	0.0386	0.0954	0.0946
贵州	0.6817	0.7990	8.4194	8.0501	0.0684	0.0814	0.0838	0.0755
云南	0.3764	0.4349	8.0503	8.3395	0.0336	0.0362	0.0782	0.0779

数据来源：据国家统计局网站"分省年度数据"查询结果计算。

表3-31所示的是沪昆大通道沿线省份两两间的国家铁路货物交流情况。具体而言，云南、贵州两省发往其他省份的货运量有所增长；云南发往贵州的货运量较大，且上升明显。而长三角地区发往其他沿线省份的铁路货运量较小，且呈现下降趋势。可以看出，近距离或相邻省份间的货物交流比远距离跨地域的情形更为活跃。

表3-31 沪昆大通道沿线省份的国家铁路货物交流状况

发送＼到达	全国合计	上海	浙江	江西	湖南	贵州	云南
上海	1113	5	48	37	11	9	57
浙江	5154	13	2347	424	71	13	51
江西	7806	22	449	2447	196	61	59
湖南	8978	15	23	469	2278	57	100
贵州	6711	13	31	193	355	2314	330
云南	6234	28	50	61	71	744	959
全国合计	306259	522	3412	4817	4507	6307	4092

（表中第一列标题为"2013年货物交流量（万吨）"）

	到达 发送	全国 合计	上海	浙江	江西	湖南	贵州	云南
2014年 货物 交流量 （万吨）	上海	1334	5	59	45	15	13	71
	浙江	5690	21	2497	358	98	25	63
	江西	8714	36	776	2548	370	64	70
	湖南	9433	28	35	567	2380	120	94
	贵州	6374	22	37	188	314	1867	349
	云南	5815	33	42	60	71	527	1101
	全国合计	321392	694	3988	5073	4942	6458	4558
2014年 增长率 （%）	上海	-16.57	0.00	-18.64	-17.78	-26.67	-30.77	-19.72
	浙江	-9.42	-38.10	-6.01	18.44	-27.55	-48.00	-19.05
	江西	-10.42	-38.89	-42.14	-3.96	-47.03	-4.69	-15.71
	湖南	-4.82	-46.43	-34.29	-17.28	-4.29	-52.50	6.38
	贵州	5.29	-40.91	-16.22	2.66	13.06	23.94	-5.44
	云南	7.21	-15.15	19.05	1.67	0.00	41.18	-12.90
	全国合计	-4.71	-24.78	-14.44	-5.05	-8.80	-2.34	-10.22

数据来源：据《中国交通年鉴》（2014年、2015年）数据整理并计算。

（三）沪昆大通道建设进展与主要措施

除前述已经涉及的内容以外，沪昆大通道沿线省份在建设流通大通道、增进东西部之间经济往来、推进面向南亚开放等方面的做法主要包括以下方面：

云南积极推进对外开放。2015年，云南勐腊（磨憨）重点开发开放试验区经国务院批准设立，该试验区将在促进中老战略合作，联通我国与中南半岛各国等方面发挥平台和枢纽的作用。2016年，第4届"中国—南亚博览会"暨第24届"中国昆明进出口商品交易会"在昆明召开，会议以"促进中国与南亚东南亚全面合作与发展"为宗旨，为中国和南亚东南亚国家扩大与其他国家和地区经贸人文交流提供重要的桥梁。位于云南东部的文山州不仅与珠三角、长三角以及周边省份建立了多层次的交流合作关系，并与接壤的越南签订了合作协议。

贵州根据国家发改委2016年发布的《贵州内陆开放型经济试验区建设实施方案》要求，加快打造国际化开放平台和区域性物流枢纽。当地与长江经济带各地海关实现了通关一体化，并积极参与粤桂黔、黔湘滇高铁经济带合作试验区建设。同时，当地制定了《"十三五"商贸物流发展规划（2016~2020年）》，推进"一体两带五圈"建设，提升当地商贸物流业整体竞争力。

八、珠江西江流通大通道

根据《规划》，珠江西江流通大通道是要"依托珠江—西江黄金水道和南广铁路、贵广铁路、云桂铁路等组成的综合运输体系"，其功能在于"经越南辐射东盟和南亚，发挥直接连接东西部地区、面向港澳、连接东盟的区位优势"，目标在于"促进形成西南、中南地区新的经济支撑带，形成东西互动、优势互补、江海联动的流通大通道"。这部分将对珠江西江大通道沿线的产业特点、流通运行以及发展情况进行分析。

（一）珠江西江大通道沿线经济角色与产业布局

珠江西江大通道主要经过广东、广西、贵州、云南等华南、西南省份，表3-32、表3-33分别是其重点工业行业和产业经济结构。可以看出，珠三角所在的广东省拥有发达的纺织服装、日用品制造及电子产品制造业，且第三产业在GDP中的占比较高；广西、贵州、云南三省则以烟草、木材及农副产品加工、日用品制造为主，第一产业在GDP中的占比较高。

表3-32　珠江西江大通道沿线地区重点工业行业

省份	重点工业行业
广东	见表3-1
广西	农副食品加工业，木材加工和木、竹、藤、棕、草制品业，黑色金属冶炼和压延加工业，汽车制造业，废弃资源综合利用业
贵州	见表3-24
云南	见表3-10

注：同表3-1。

数据来源：同表3-1。

表3-33　珠江西江大通道沿线省份的产业经济结构

单位：%

年份	第一产业		第二产业		第三产业		批发零售业		交通运输、仓储和邮政业	
	2013	2014	2013	2014	2013	2014	2013	2014	2013	2014
广西	15.85	15.40	46.58	46.74	37.56	37.86	7.50	7.10	4.69	4.68

注：计算方式同表3-2。广东的数据见表3-2，贵州的数据见表3-25，云南的数据见表3-11。

数据来源：同表3-2。

总体来看，在珠江西江大通道沿线，广东省的经济发展相对于广西、贵州、云南而言更为发达，且对外开放程度更高。而广西、云南、贵州拥有较为丰富的自然地理资源，云南、广西还与南亚国家接壤。建设珠江西江横向流通大通道，有利于改善我国南方和西南地区的商流与物流状况，对于促进当地区域经济的整体提升具有重要意义。

（二）珠江西江大通道沿线流通业发展运行状况

珠江西江大通道沿线省份的运输业发展状况如表3-34所示。广东的运输业从业人数明显高于沿线其他省份。广西的每万人铁路营运里程数较长，而贵州的每万人公路里程和每万人高速公路里程更长。从运输工具拥有情况来看，云南省的每万人公路营运载货汽车拥有量最高；广东的每万人拥有公路营运载货汽车平均吨位数最大，其次为广西、贵州、云南。从运输业与GDP的关系来看，广西、贵州、云南三省的每万元GDP货运量高于广东，且处于全国平均水平之上；而广东和广西的每万元GDP货运周转量也高于全国平均水平。这些结果表明，西南地区经济中以公路运输为代表的运输活动发挥了重要作用。

表 3-34　珠江西江大通道沿线省份的运输业发展状况

	每万人中运输业从业人数（人）		每万人铁路营运里程（公里）		每万人公路里程（公里）		每万人高速公路里程（公里）	
年份	2013	2014	2013	2014	2013	2014	2013	2014
广西	37.68	37.90	0.9886	0.8476	24.17	23.61	0.7783	0.6993

	每万人公路营运载货汽车拥有量（辆）		每万人拥有公路营运载货汽车吨位数（吨）		每万元GDP货运量（吨）		每万元GDP货运周转量（亿吨公里）	
年份	2013	2014	2013	2014	2013	2014	2013	2014
广西	95.50	88.77	555.15	512.62	10.4016	10.4598	0.2609	0.2669

注：计算方式同表3-3。广东的数据见表3-3，贵州的数据见表3-26，云南的数据见表3-12。
数据来源：同表3-3。

珠江西江大通道依托珠江—西江黄金水道和南广铁路、贵广铁路、云桂铁路。表3-35所示的是沿线省份的铁路、水路货运及周转情况。可以看出，贵州的每万元GDP铁路货运量与货运周转量在珠江西江大通道沿线省份中也处于较高水平。横向来看，广西、贵州、云南三省的每万元GDP铁路货运量、水路货运量较大，而珠三角所在的广东省相对较小。此外，在广东、广西两省，水路货运量、货运周转量高于铁路运输。由此可见，依托水路、铁路发展交通运输业，对于云、黔、桂地区的经济发展具有重要的支撑作用。

表 3-35　珠江西江大通道沿线省份铁路、水路货运及周转情况

年份	每万元 GDP 铁路货运量（吨）		每万元 GDP 水路货运量（吨）		每万元 GDP 铁路货运周转量（亿吨公里）		每万元 GDP 水路货运周转量（亿吨公里）	
	2013	2014	2013	2014	2013	2014	2013	2014
广东	0.1347	0.1554	1.1388	1.2489	0.0041	0.0050	0.1682	0.0947
广西	0.4265	0.4786	1.4043	1.3530	0.0492	0.0560	0.0798	0.0823
贵州	0.6817	0.7990	0.1444	0.1412	0.0684	0.0814	0.0033	0.0032
云南	0.3764	0.4349	0.0437	0.0429	0.0336	0.0362	0.0010	0.0010

数据来源：据国家统计局网站"分省年度数据"查询结果计算。

表 3-36 所示的是珠江西江大通道沿线省份之间的国家铁路货物交流情况。前已述及，云、贵两省发往外地的货运量有所增长；同时，贵州、云南发往广西的货运量也有所上升。从广东与其他三省的货物交流情况看，广东发往广西、云南的货运量呈增长态势，而其他三省发往广东的货运量呈持平或下降趋势。从绝对量上看，外地发往云南的货运量在四省中最少，而广东发往外地的货运量较少，这与当地的经济生产水平有密切关系。由此可见，在粤、桂、黔、云四个地理位置接近且相邻的省份间，彼此经贸活动与商品往来的发展状况并不一致，其区域辐射力还有进一步提升的空间。

表 3-36　珠江西江大通道沿线省份的国家铁路货物交流状况

发送 ＼ 到达		合计	广东	广西	贵州	云南
2013 年货物交流量（万吨）	广东	5853	2014	327	326	374
	广西	7749	1955	2432	759	599
	贵州	6711	706	997	2314	330
	云南	6234	677	1301	744	959
	合计	306259	7768	6684	6307	4092

续表

	到达 发送	合计	广东	广西	贵州	云南
2014年 货物 交流量 （万吨）	广东	6189	1922	295	371	362
	广西	8264	1942	2444	1129	608
	贵州	6374	804	920	1867	349
	云南	5815	703	1153	527	1101
	合计	321392	8234	6916	6458	4558
2014年 增长率 （%）	广东	-5.43	4.79	10.85	-12.13	3.31
	广西	-6.23	0.67	-0.49	-32.77	-1.48
	贵州	5.29	-12.19	8.37	23.94	-5.44
	云南	7.21	-3.70	12.84	41.18	-12.90
	合计	-4.71	-5.66	-3.35	-2.34	-10.22

数据来源：据《中国交通年鉴》（2014年、2015年）数据整理并计算。

珠江西江大通道沿线省份的批发零售业发展状况如表3-36所示。广东省的批发、零售业从业人数明显高于其他沿线省份；单位GDP批发业购销总额与每万元GDP进出口总额也呈现出这一特点。单位GDP零售业购销总额方面，广西略低于其他三个省份。广东的人均社会消费品零售总额在沿线四省中最高，其次为广西、云南、贵州；商品交易市场的发展情况也与此类似。

表3-37　珠江西江大通道沿线省份的批发零售业发展状况

	每万人中批发业从业 人数（人）		每万人中零售业从业 人数（人）		单位GDP批发业 购销总额（元）		每万元GDP批发业 进出口总额（元）	
年份	2013	2014	2013	2014	2013	2014	2013	2014
广西	13.87	14.01	23.00	22.02	0.4703	0.5005	115.17	61.80

	单位GDP零售业 购销总额（元）		人均社会消费品 零售总额（万元）		每万人拥有亿元以上商品 交易市场摊位数（个）		单位GDP亿元以上商品 交易市场交易额（元）	
年份	2013	2014	2013	2014	2013	2014	2013	2014
广西	0.1571	0.1481	1.2143	1.0878	14.54	14.86	0.0733	0.0831

注：计算方式同表3-4。广东的数据见表3-4，贵州的数据见表3-29，云南的数据见表3-13。

数据来源：同表3-4。

　　总体来看，珠江西江大通道沿线四个省份中，广东的流通业发展状况总体上好于其他三省。在建设大通道的过程中，需要在优化基础设施建设的同时，建立不同经济发展水平地区间的辐射、带动机制，发挥沿线各省临海、沿边的综合优势，从而提升其总体竞争力。

（三）珠江西江大通道建设进展与主要措施

　　《规划》发布以后，珠江西江大通道沿线地区采取了诸多措施来发展商贸流通业。除广东、贵州、云南的情况前文已有述及之外，广西也在大力推进"商贸强桂"战略。当地编制了《商贸流通业"十三五"规划》，完成创新商贸流通发展模式，做大做强商贸流通企业，积极培育消费新热点以及全面扩大对外开放合作四大任务。同时，积极制定出台《广西商贸流通业跨越发展行动计划（2016~2018年）》，推动行业转型升级。在物流业方面，广西编制了《物流业发展"十三五"规划（2016~2020年）》，推进现代物流集聚区、港铁物流等多项工程，同时推进多式联运设施建设，发展与主要港口直接接驳的联程铁路班列和公路班车。广西省会南宁将利用地处南新经济走廊、珠江—西江经济带、粤桂黔高铁经济带等多区域叠加区的优越区位条件，打造区域性国际商贸核心。这些做法既有利于促进广西与珠三角地区、内地及西南地区的经济往来，也有利于扩大西南沿边地区的对外开放。

第四章　问题与对策建议

一、存在的问题

（一）流通基础设施建设不健全

2015 年以来，各地加快了流通基础设施建设力度，但总体上我国流通网络设施建设仍不健全，"大流通"的网络体系仍不完善。与日益增长的商贸流通需求相比，我国交通运输、仓储物流、金融电信等基础设施建设相对滞后，全国主要的大宗商品交易市场、重要商品物资储备中心、物流园区、多式联运中心、公路港、区域配送中心、快件分拨中心和其他物流场站设施建设仍然不足，商贸流通服务承载能力相对不高，整体上全国商品流通环节多、流通成本高、流通效率低等问题依然存在。在一些流通节点城市，商业配套设施缺乏，部分商业网点或因地价上涨导致租金过高而被改造。流通节点城市的生产、服务、消费、外贸、中转等功能仍不完善，物流成本过高，产品质量、安全和消费环境方面的不足等问题依然存在，制约了流通功能的充分发挥和流通效率的进一步提升。

在商品流通市场方面，当前我国大部分地区的城乡商品流通市场的基础设施、网络覆盖、产销衔接、市场规模、交易方式、管理水平等都比较落后，配套服务设施和综合服务能力不足，部分市场还处于大棚市场、室内市场等国内市场发展阶段，市场整体硬件配套及服务能力不足，绝大多数商品交易市场仍然以传统的"摊位制"和"三现"交易为主，商品交易市场转型升级较慢，商品市场功能单一，物流配送、产品追溯、电子商务、研发设计、展览展示等新的功能和配套设施建设滞后。部分城市因为交易安全、交通便利以及城市的整体规划，城市中的商品交易市场都面临着外迁的问题。部分地区由于国家"万村千乡市场工程"政策退出，农村市场建设面临困难。

（二）流通基础设施布局不均衡

当前，我国流通产业仍处于粗放发展阶段，流通网络设施布局不均衡，区域之间流通设施建设差距明显，东中西部地区流通网络节点密度差距较大。不同区域城镇化水平不一样，发展历史不一样，区域之间的流通网络密度存在差异，东部地区流通网络设施水平高于中西部地区，中西部地区、老少边穷地区的商业网点、物流节点、流通基础设施发展相对滞后，与之相比，东部地区有着更完善的流通网络、更高水平的基础设施和更具竞争力的流通主体，我国东部地区限额以上批发业企业数量占全国总量的70%以上，中西部地区仅占30%左右，且这一差距有扩大趋势，东部、中部、西部基础设施的互联互通有待加强。

（三）流通节点城市之间合作不足

国内相邻流通节点城市流通功能定位相似，流通设施缺乏共建共用，造成重复建设、资源浪费，缺乏跨地区、跨部门的协调合作机制。特别是受地方保护主义和传统观念制约，区域之间分割问题依然存在，区域之间、区域内部不同城市之间的流通设施也缺乏统筹协调，城市之间的机场、码头、仓储设施、会展平台、配送中心、物流园区等流通设施缺乏共建共享，造成盲目投资、重复建设、资源浪费等问题。

而且，流通节点城市在流通技术和标准等方面也没有统一，各种要素难以自由流动和配置，统一的区域流通市场难以形成。不仅如此，在商品流通市场上，地方保护主义的存在使得区域市场受阻，不同省内、同一省内，市县之间、市市之间、县县之间存在不同程度的商品贸易障碍。如何统筹规划流通设施的网络布局，强化区域资源的共享协调，推进跨区域的流通设施建设，促进区域内贸流通的均衡发展是推进流通产业发展的重要命题。

（四）农产品流通设施建设滞后

流通设施建设城乡差距较大，农村地区的流通设施、流通网络布局、流通效率、消费水平等方面滞后于城市。目前，商业网络、物流设施等大多集中在城市，农村地区流通设施建设短板明显，农产品流通问题严峻。整体上，农村地区流通现代化、信息化、专业化发展水平不高，电子商务、物流配送、冷链设施等现代流通方式发展缓慢，集散地和主销地的农产品流通专业批发市场、农产品综合加工配送设施、冷链物流体系、农村邮政物流设施、农产品产品追溯体系、农产品流通公共信息服务平台等公共性的农产品流通设施建设不足，制约了农产品流通的发展。

特别是一些流通节点城市在公益性农产品流通市场建设方面欠账较多，农产品公共物流配送中心、检验检测中心、消防安全监控中心、废弃物处理设施等公共性的流通基础设施建设发展滞后，缺乏具有公益性的全国性、区域性农产品产地、集散地、销地批发市场，流通节点城市中的公益性菜市场、平价菜店等公益性农产品零售网点不足，使其难以满足流通发展要求和居民消费需求，市场的应急保障能力也受到限制。近年来，虽然各级政府开始转变理念，加大内贸流通公益性建设投入，但相对来说仍难以支撑内贸流通"共享"的基本目标。当前我国社区商业网点面积仅占社区总建筑面积的 7%，但是发达国家这一比例在 15% 以上；农产品公益市场建设也相对滞后，缺乏一些大型的公益性批发市场为保障供应、稳定市场提供稳定器；物流冷链、冷库、农产品可追溯体系建设的滞后更是制约了商贸流通发展，使社会大众难以享受到优质的流通服务。流通领域基础设施公益性不足使当前农产品市场中出现了流通成本高、市场价格波动频繁、农产品质量安全问题，其满足消费需求、保障市场稳定、应急能力等功能有待进一步提升。

相对不断增长的农村消费需求，现有流通设施既难以满足农村居民基本生活需求，也使农村地区农产品难以顺畅流入市场，城乡分割流通局面依然存在，制约了流通产业健康发展。现时我国农产品流通成本一项就占据了农产品售价的 50%～60%，蔬菜、水果一类的农产品流通损耗高达 30% 之多。

（五）统一开放的流通市场不完善

虽然近年来，我国一直致力于建设国内统一开放的市场，但各地地方保护主义依然严重，行政垄断、地区封锁、行业垄断等依然不同程度地存在，区域之间市场受到人为阻断，省际市场分割问题依然存在，许多地方政府设置了各种关卡壁垒，滥用行政权力限制、排除竞争，设置行政壁垒、排斥外地产品进入本地市场的规定或者对外地产品增收一些额外费用，使全国统一市场受到行政阻隔，总体上全国市场壁垒仍然较高，全国统一市场建设仍面临较大问题，统一开放的流通市场体系有待进一步完善。

不仅如此，目前各地区市场的产品检验检测标准体系也不一致，企业跨区域连锁经营税收政策不统一，影响到企业跨地区经营；区域之间合作协调机制的缺乏，各类地域性政策的存在使得人才、资金等资源无法在区域之间自由流转。国内统一市场被人为切割，分销渠道也被行政划定的边界阻断，被切割得零零碎碎、难成体系，产供销辐射半径被大为压缩，商品很难无障碍高效流动，导致市场化、横向性、有实力的商业企业稀缺，严重弱化了市场应有的资源配置效能，"大市场，大流通"市场体系始终难以形成，增加了巨大的额外交易成本即体制性成本。所有这些因素都造成我国缺乏一个统一、开放、竞争、有序的市场环境，如何加强全国统一市场建设，降低流通成本仍然是内贸流通领域践行开放理念的基本要求。

（六）现代物流设施发展滞后

现代物流设施发展滞后，物流领域成本高、效率低等问题依然严峻。

一是物流基础设施建设滞后，融合衔接不畅。当前物流行业条块分割问题依然存在，各个活动环节分属商贸、铁路、公路、民航、水运等部门，物流资源分散在商业、物资、粮食、供销、外贸等系统，分散的管理体制，造成重复布点、重复投资、压低运价、争抢货源等问题，缺乏支持社会化配送的综合物流系统。

二是交通与物流融合发展不足，交通枢纽和物流园区布局不衔接等问题仍较为突出，重要港口、公路货运站、物流园区与铁路的连接不足，超大、特大城市出入城道路与高速公路衔接存在缺口，未能有效发挥交通基础设施网络优势。

三是物流业专业化、社会化水平不足，流通节点城市物流分拨中心、物流配送中心建设、末端共同配送点布局建设滞后，缺乏公共仓储、运输、货代、城际物流配送、邮政、快递服务、共同配送、第三方物流企业以及专业化、社会化的物流快递平台，物流配送的专业化、社会化水平不高，我国大部分企业仍使用传统自有物流模式，汽车空驶率高达37%。

四是节点城市物流配送网络不健全，存在物流"最后一公里"问题。城市物流配送涉及多个部门，缺乏统一的协调机制，对城市配送车辆限制较多，城市配送通行、停靠难、装卸难等问题较为突出，城市规划也大多没有考虑物流配送需求造成货物装卸、转运、倒载次数增加明显，"最后一公里"配送成本居高不下。

五是现代物流方式发展滞后，物流业现代化水平不高，各种运输方式之间无合理分工体系，各自装备标准不统一，物流器具标准不配套，集装箱多式联运、甩挂运输、陆海联运、共同配送、直达干线运输、高铁快件及电商快递班列运输和供应链物流发展滞后，标准化、信息化、规模化水平较低。

（七）流通设施信息化水平不高

当前，我国流通业的技术创新研发、投入和推广应用不够，流通领域互联网、物联网、移动通信等信息基础设施建设不足，云计算、大数据等现代信息技术刚开始应用，仍处于信息化应用的初级阶段。流通企业的技术应用和信息处理能力差距很大，信息化硬件装备不足；缺乏有效的信息资源共享、协调和整合的商贸物流公共信息服务平台，没有统一的信息采集和共享标准；智能物流配送体系有待加强，电子化运单、温湿度记录系统、物联网等技术推广不够，"互联网+城乡配送"有待进一步加强，智能冷链仓储技术、大数据等数据开发技术有待进一步加强，整体上流通自动化、智能化水平不高。

（八）流通新业态创新不够

虽然，近年来内贸流通业创新发展步伐加快，但与现时技术发展水平相比，与国外发达国家相比，与其他行业和整个社会发展水平相比，内贸流通业现代化进程仍处于初级阶段。大部分流通企业仍处于传统粗放式经营模式之中，依赖网点的扩张和价格竞争，缺乏商业模式和技术创新，企业盈利能力下滑，面临新的竞争困境。超市、品牌专卖店、专营店、家居中心、便利店等现代商业主力业态创新发展不足。连锁经营、物流配送、电子商务等仍然处于起始阶段，流通企业电子商务应用水平不高，电子商务衍生服务业不足，特别是中西部地区、东北等老工业基地和农村地区的电子商务应用更是不足，线上线下有待进一步融合创新，传统流通企业加速转型升级面临困难。

（九）流通组织化程度较低

与国际知名的流通企业巨头相比，我国内贸流通企业的发展水平差距依然很大，缺乏一批具有支撑力、创新力和带动力的国际性流通企业，国内流通产业集中度较低，集约化水平不高，大部分流通企业存在散、小、弱的情况，服务方式和手段比较原始和单一，市场竞争力弱，增值服务培育不足，与生产企业的价值链、供应链、产业链连接不够，综合性的服务能力不足，尚未形成规模效应，企业竞争力相对不高。特别是在农产品流通中，大多是零散的个体户，小商小贩是主体，缺乏专业大户、家庭农场、农民合作社、农业企业服务公司和农业产业化龙头企业等新型农业经营主体，流通组织化程度较低。

（十）流通标准化建设落后

建设全国流通网络体系，需要构建跨行业、跨地区运作系统，需要将不同的环节、不同的产业系统有效衔接起来，这依赖于一套统一的行业标准。现时我国流通标准化建设相对滞后，影响全国流通网络体系建设。一方面，不同物流运输装备标准化不够，不同的运输方式使用的运输装备标准不一样，影响相互之间的转运联运；另一方面，流通信息标准不一致，使得不同流通企业之间的运输信息、仓储信息、市场信息等难以共享对接。

二、政策建议

（一）优化制度环境

加快流通立法建设，完善流通基础设施建设、商品流通保障、流通秩序维护以及市场监管等法律制度保障，推动各地建立农产品批发市场、公益性流通设施建设运营等方面的法律规章制度，为流通网络体系建设奠定法律制度保障。破除地方封锁和行业垄断，清理滥用行政权力、市场支配地位和妨碍全国统一市场、公平竞争的法律法规，全面推动公平竞争审查制度，加大对反垄断的调查机制，为建立统一开放的全国市场环境提供保障。健全跨部门、跨区域、跨行业的协调合作机制以及执法协作机制，鼓励各地就流通发展建立跨区域合作的协商和共享机制。加强流通信用制度建设，完善商业信用信息采集、利用、查询、披露等体系，实施统一社会信用代码制度，推动各地建设流通企业信用信息系统，并纳入全国信用信息共享平台，为流通发展提供基础信用制度环境。

（二）提升行业发展能力

实施创新驱动战略。抓住新一轮科技革命的发展趋势，推进技术创新、业态模式创新、管理创新，为提高流通行业发展能力提供支撑。重点是加快互联网、大数据、云计算等新一代信息技术在流通领域的应用，推动企业建立资源计划系统（ERP）和供应链管理系统（SCM），推动电子标签、大数据分析等技术和设备硬件设施的改造，提升流通领域的信息化、智能化水平；加快商业模式创新，推进电子商务等新业态的发展，加强与制造、交通、金融等行业的融合，进一步延伸产业链；鼓励流通企业开展跨行业、跨区域的资源整合和经营，培育一批综合型的市场主体，提升区域辐射能力，扩展流通网络渠道的影响力。

加强流通标准体系建设。推动完善流通领域内各个国家标准、行业标准、团体标准、地方标准和企业标准之间的相互配套，促进标准之间的有效衔接。重点加快商贸物流、电子商务、农产品流通等关键领域的标准制定，为建立统一的流通网络体系提供支撑。建立政府支持引导、社会中介组织推动、骨干企业示范应用的内贸流通标准实施应用机制。不断完善流通标准实施监督和评价制度，加强标准在认证认可、检验检测、市场准入、执法监督等行政管理中的使用，为促进全国统一的流通标准体系建设提供保障。

完善全国大流通网络建设规划。重点研究编制全国性流通设施建设和布局规划，推动各地根据自身情况制定本区域的流通建设规划，将流通建设规划与城乡规划、土地规划、交通规划等协调衔接，以落实全国大流通网络建设发展规划。

加快国家流通公共信息平台建设。推动全国商贸流通信息资源的共享和协同平台建设，打造集商贸流通的运行监测、安全监管、数据共享等多功能的大平台，为商贸物流企业提供支撑服务，也进一步提升政府对流通业的运行监测和公共服务能力。

（三）改善配套支持条件

加大对流通基础设施的资金支持。加强对流通基础设施建设的财政和专项建设资金投入力度，特别是加大对中西部和农村落后地区的流通设施建设的投资倾斜力度；创新投融资体制，鼓励社会资本设立流通基础设施投资基金；推广 PPP 模式，引导社会资金进入公益性、公共性流通基础设施的建设和运营，形成长效的建设投入机制；鼓励银行机构加大对流通基础设施项目的信贷支持力度，创新流通企业信贷产品，特别是将其纳入银行开发性金融支持范围之内；鼓励流通企业利用投资基金、动产质押、发现债券等多种融资方式拓宽融资方式，降低企业融资成本。

加大对流通基础设施建设的土地保障，在用地指标方面对流通基础设施给予保障。在土地利用总体规划、城市总体规划、综合交通规划、商业网点规划中充分考虑流通基础设施建设的用地需求，在土地利用年度计划安排中流通基础设施项目的用地，优先保障国家重要商品储备库、农贸市场、商贸中心、物流中心、物流园区、再生资源回收等公益性流通设施的用地需求；鼓励各类市场主体利用存量房产、土地资源建设流通基础设施，在不改变用地主体、规划条件的前提下，可在5年内保持土地原用途、权利类型不变。

加大对流通基础设施的税收支持。全面落实"营改增"改革，消除重复征税，扩大交通运输等流通企业的进项税抵扣范围，推进消费税改革，降低流通企业成本；推进跨地区经营汇总纳税企业所得税征收管理改革，鼓励企业跨区域经营；加快推进流通企业用水、用电与工业同价；对大型重点的流通基础设施建设，给予特殊的税费减免等支持。

（四）深化体制机制改革

加快政府职能转变，持续推进简政放权、放管结合、优化服务的体制机制改革，破除制约流通发展的体制机制障碍。重点是加强流通管理体制改革，突破行业界限，构建大流通管理机制，加强对内贸领域的整合和优化，加强不同部门、不同领域之间的综合协调和互认机制，统筹推进全国流通基础设施建设；加快简政放权，建立商贸流通的权力清单和负面清单，下放流通领域的行政审批，强化事后监管，推行"五证合一、一照一码"制度，实施电子营业执照，完善市场准入制度；建立流通基础设施项目建设的绿色审核通道，为其提供项目建设便利；加强对流通领域的收费管理的规范，清理整治一批收费项目；持续推进"互联网+政务服务"，推广电子发票在流通领域的应用，提高公共服务能力；积极推动流通领域的混合所有制改革，充分发挥市场在资源配置中的主体作用，增强流通企业发展活力。

子报告

子报告一 区域流通协调发展分析

《全国流通节点城市布局规划（2015～2020年）》根据国家区域发展总体战略及"一带一路"、京津冀协同发展和长江经济带等战略部署，结合国家新型城镇化规划、全国主体功能区规划等，确定2015～2020年"3纵5横"全国骨干流通大通道体系，明确划分国家级、区域级和地区级流通节点城市，并提出完善流通大通道基础设施、建设公益性流通设施、提升流通节点城市信息化水平、建设商贸物流园区、完善城市共同配送网络、发展国家电子商务示范基地、提升沿边节点城市口岸功能、促进城市商业适度集聚发展、强化流通领域标准实施和推广9项重点任务。

在2015～2016年，各地区积极响应，并开展区域合作和流通协同发展。现将2015～2016年京津冀、长三角、泛珠三角等多经济区域在流通领域协同发展的实践总结如下。

一、区域流通协调发展措施

（一）京津冀

京津冀地区是我国经济发展最具潜力的区域之一，也是交通物流网络最为密集的区域之一。《全国流通节点城市布局规划》"3纵5横"八条骨干流通中有三条大通道都承启于京津冀地区。

在经济全球化和区域经济一体化的大趋势下，缩小地区经济发展差距，促进区域经济协调发展，提高整体竞争力，是我国当前和今后一段时期的重要战略任务之一。京津冀都市圈作为我国沿海三大城市群之一，在我国的经济发展中占据重要地位。2014年2月26日，中共中央总书记、国家主席、中央军委主席习近平在北京主持召开座谈会，专题听取京津冀协同发展工作汇报时，强调了实现京津冀协同发展的重要性。通过区域协同发展，可以进一步整合区域内资源、优化结构、聚集能量，形成更大的综合优势，取得更大的整体效果。

从内贸流通的角度来看，高效成熟的流通体系不仅是区域经济发展的"助推器"，

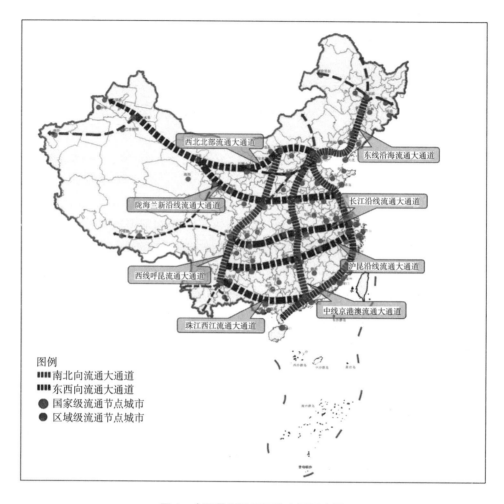

图1 全国骨干流通网络布局示意图

更是引导区域协调发展的有效手段和先行条件。因此，在京津冀协同发展的过程中，京津冀地区流通体系的顺利发展，也将成为京津冀协同发展的基础。

2015~2016年，京津冀地区在区域流通协调发展方面做了很多工作。同时，为贯彻落实党中央、国务院《京津冀协同发展规划纲要》精神，京津冀三地商务部门经过研究协商，在商贸物流信息共享、农产品市场产销衔接、电子商务等多项工作方面达成共识并开展实践，取得了积极成效。

1. 资源共享

（1）推动北京非首都商务功能疏解。以区域物流、商品批发、服务外包、一般生产为重点，积极开展北京外迁项目、企业和津冀对接。组织北京动物园服装批发市场、大红门服装市场等区域性商品市场转移商户与津冀商品交易市场的对接活动。

（2）推进商贸物流信息共享及领域合作。整合三地资源，在"物流京津冀"等一系列公共信息服务平台加快建设的前提下，京津冀之间的城市物流信息已经实现互联互通；在三地商务部门的共同推动下，京津冀物流标准化联盟成立，极大地推动了三地标准化托盘应用及第三方循环共用网络建设。

（3）提升会展业发展水平和服务功能。建立京津冀会展业协调工作机制，加强沟通联系，开展合作交流。多次成功举办京交会、津洽会、廊洽会，建立组团参展机制。坚持信息资源共享，建立三地会展信息资源共享平台。

2. 市场整合

推动开发区、综合保税区协同发展：建立三地开发区协同发展联席会议机制，联合开展专题调研，并编制了《京津冀开发区发展报告（2014~2015年）》，举办京津冀开发区协同创新发展论坛。建立三地综合保税区协同发展工作机制，探索综合保税区合作模式，推动三地保税区协调联动，实现优惠政策共享。

（1）促进农产品市场产销衔接和保供互助。积极推进环京津冀鲜活农产品1小时物流圈建设，按照"一核两层五通道多中心"的布局，集中规划物流产业发展区域。支持举办如"农产品展览会暨安全优质农产品与京津冀市场对接会"等区域性农产品展会，在组织产销企业参展上开展合作；支持农产品流通龙头企业拓展区域市场，帮助做好对接服务；支持开展与农产品生产基地的对接；签订"冬储菜应急供给合作协议"。

（2）加强电子商务发展方面的相互合作。支持本地商贸及生活服务业企业与知名电子商务平台企业对接，支持跨境电子商务线下体验、保税展示区域布局；探索建立三地电子商务协会沟通交流机制，并于2016年举办了首届京津冀O2O电子商务暨跨境商品博览会。

（3）充分发挥重大开放举措区域服务作用。发挥中国（天津）自由贸易试验区、北京市服务业扩大开放综合试点的示范引领作用，积极将成熟的制度创新举措在区域内复制推广。推进区域通关便利化，在"三互"大通关建设方面，京津冀已经推行了通行一体化改革并取得了明显成效。

3. 环境保障

（1）加强商务方面规划衔接和政策统筹。互通规划信息，协调区域性项目布局。2015~2016年，京津冀协同发展出台多项政策，在商贸物流、公共服务、城际铁路交通等多方面推进协调合作。与此同时，三地目前已基本编制完成《京津冀商贸物流发展规划》。

（2）加强市场监管互助保持市场秩序稳定。推动打破地区封锁和行业垄断工作，加强三地间的信息交流，及时协调解决企业反映的问题；建立和完善投诉举报优先处理机制和结果通报制度，推进跨区域执法互助；加强打击侵犯知识产权和制售假冒伪劣商品工作的协作，完成打击伪劣车用燃油等专项整治行动任务，探索长效机制建设。

（3）建立多层次对接机制形成工作合力。建立整体工作对接机制，三地轮流主办、每年召开一次联席会；建立分项工作对接机制，按照廊坊"行动方案"明确的合作重点，三地分别形成分项工作小组，加强对口合作；建立由北京市商务委对外经济合作处、天津市商务委研究室、河北省商务厅市场体系建设处为三地牵头处室的京津冀市场一体化建设工作信息联络、沟通机制，加强整体工作进展情况的沟通。

（二）长三角

长江三角洲城市群（以下简称长三角）位于长江入海之前的冲积平原，是中国经济最具活力、开放程度最高、创新能力最强、吸纳外来人口最多的区域之一。长三角位于"一带一路"与长江经济带的重要交汇地带，在国家现代化建设大局和全方位开放格局中具有举足轻重的战略地位。

根据国务院批准的《长江三角洲城市群发展规划》，长三角城市群共包括上海市、江苏省、浙江省、安徽省四地共26市。长三角经济腹地广阔，拥有现代化的江海港口群和机场群，高速公路网比较健全，公铁交通干线密度全国领先，立体综合交通网络基本形成。在8条全国骨干流通大通道体系中，长三角位于东线沿海流通大通道、长江沿线流通大通道、沪昆沿线流通大通道等多条骨干通道的枢纽位置。

2014年底，在商务部指导下，长三角区域市场一体化合作机制正式建立，共同推动区域规则体系共建、创新模式共推、市场监管共治、流通设施互联、市场信息互通、信用体系互认的"三共三互"工程。2015年以来，苏、浙、皖、赣、沪四省一市商务部门围绕《推进长三角区域市场一体化发展合作协议》内容和《2015年推进长三角区域市场一体化工作要点》部署，在物流标准化、农产品流通、商品市场转型升级和"双打"四个领域，以项目化形式启动协作取得积极成效，加快构建统一开放、竞争有序的区域现代市场体系。2016年，苏、浙、皖、赣、沪四省一市进一步扩大专题合作领域，聚焦物流标准化、农产品流通、商品市场转型升级、"双打"、生活必需品市场应急保障供应、电子口岸合作等专题进行了深化合作，并取得显著成效。

1. 推进物流标准化，构建信息资源共享平台

在物流标准化和资源共享方面，长三角地区在上海和江西的牵头下，以国家物流标准化试点为契机，以"一块板、一个筐、一个平台"为载体，积极推进以标准化托盘社会化循环共用为重点的物流标准化，并搭建了服务于物流标准化的公共信息服务平台，着力降低社会物流成本。

（1）推进跨区域的物流标准共享互认。上海、南京等9城市牵头成立全国城市标准化创新联盟，在物流设施设备等领域拟定4项标准，由9城市共同制定和实施。南京与芜湖发起成立了南京都市圈物流标准化联盟，集合区域力量共同推进标准化托盘及包装器具、运输器具的循环利用。在2016年长三角物流联动发展大会上，上海市物

流创新联盟与中欧托盘协会签署了战略合作协议，并发起建立了长江经济带标准化托盘循环共用联盟。

（2）探索推广托盘循环共用和带筐冷链运输等创新模式。在推广标准托盘及其循环共用方面，支持路凯、集保等标准化物流设备服务商在长三角地区上海、南京、杭州、合肥、苏州、太仓等城市建立了一批公共托盘营运中心，开展标准化托盘租赁、维修、保养等专业化服务。同时支持中外运等第三方物流企业带托运输，提高一贯化物流作业效率。支持1号店、京东商城等商贸龙头企业推动标准化托盘在快消品领域的社会化循环共用。快消品领域试点企业实施带托运输，供应链效率提升35%，装卸效率提升2~3倍，人工成本降低15%，商品破损率降低50%。

在农副产品运输方面，积极推动实施农产品物流包装标准化并探索全程带筐冷链运输模式。如厨易时代依托江苏地区的基地进行农产品种植，采用25辆新能源城市配送物流车开展生鲜蔬菜配送，并用保温箱加冰板保证蔬菜恒定保鲜温度不变，直接送到终端自动售菜机。清美统一了长三角豆制品行业周转筐管理使用规范标准。在原料的采购运输、生产制造、仓储配送、门店运营的各环节中采用标准化托盘和周转筐。城市超市建立了从田头到门店周转箱"三次不倒筐"的服务规范。

（3）搭建服务于物流标准化的公共信息服务平台。推动长三角地区中小微物流企业提升标准化服务水平，通过统一数据交换标准，促进物流产业链上下游企业之间信息协调，提高资源整合能力，降低供应链成本。新跃物流"物流汇"平台执行5项国家标准和5项行业规范，制定一系列供应链管理技术、服务和信用标准，服务长三角地区6500余家会员，在义乌建立了"小微物流企业供应链管理平台"，并沿"一带一路"沿线城市建设14个物流产业园。陆交中心"56135"平台研发了20个物流标准化系列软件，为中小微企业提供标准化的系统管理平台，平台会员数已达18万家，其中40%为长三角地区的会员企业。

2. 加强农产品产销对接，提升农产品供应链效率和安全性

农产品产销对接是长三角地区在流通领域的又一次尝试。在浙江和上海的牵头下，长三角地区尝试了搭建农产品产销合作平台，建立从源头到终端的农产品物流体系，完善农产品安全保障体系，从农产品流通服务上保障民生。

（1）建立区域农产品流通联动发展机制。2015年，苏、浙、皖、沪三省一市商务部门签订了《长三角地区农产品流通战略合作协议》，在农产品市场规划衔接、重大项目建设、投融资、品牌培育、产销及管理制度衔接等10个方面达成了重要协议。2015年10月，上海浦东新区发起建立了长江经济带9城市农产品流通联动发展机制，推动形成高效畅通、全程冷链、安全规范的区域农产品流通体系。

（2）搭建长三角农产品产销合作平台。多次举办长三角农商、农超对接会，通过现场展示、品牌推介和采购洽谈活动，促进长三角地区优质农产品的产销合作和高效

流通。如 2016 年 5 月的"浙江 26 县农商农企对接大会暨全省农产品电商大会"，9 月的"第四届长三角地区农超对接洽谈会"以及 11 月的"浙江农业博览会"，这些会展为多地优质农产品展示展销搭建了平台，方便了产销双方长期联系。

（3）构建农产品安全追溯体系。浙江 500 家城区农贸市场建成食品安全快速检测室，并免费向公众开放。全面推进农批市场、农贸（菜）市场、农产品流通龙头企业、加工配送企业和电商企业建设检验检测系统及食品安全追溯系统。杭州、宁波已实现肉类蔬菜流通追溯全市全覆盖，宁波还扩大了追溯品种，并将追溯环节延伸到生产、加工基地。上海出台了《上海市食品安全信息追溯管理办法》，公布 2015 年版食品安全信息追溯管理品种目录，并建立了全市统一的食品安全信息追溯平台，汇集食品追溯码链条信息，通过平台实现了食品来源可追溯、去向可查证、责任可追究。试点推进大米、猪肉、牛羊肉、蔬果、豆制品、食用油、乳品等预包装食品和食用农产品二维码标识标签追溯新技术应用，辐射带动长三角区域食品安全整体水平。

3. 加快商品市场转型升级，提高市场资源配置能力

由江苏牵头，推广商品市场转型升级创新模式，并着力解决"互联网+"形势下商品市场与要素、服务市场有机融合带来的体制机制问题。

（1）以平台经济、总部经济模式推动商品市场转型升级。江苏出台《关于加快互联网平台经济发展的指导意见》，划拨专项资金支持 5 家重点市场转型升级试点，并认定 8 家转型升级示范市场。加强对长三角商品交易市场转型升级模式的分析研究，促进苏浙两省市场转型升级经验交流。上海先后出台《关于上海加快推动平台经济发展的指导意见》和《上海市鼓励企业设立服务全国面向世界的贸易型总部若干意见》，重点培育 100 余家平台型企业，集聚近百家高能级贸易型总部企业。在汽车、钢铁、化工、有色金属、机电设备、纺织面料、物流资源、生活服务等领域，涌现了一批辐射长三角及全国市场的功能性平台。

（2）完善适应商品市场转型升级的政府管理和政策体系。在推进机制上，江苏、上海等均在省市层面建立了推进平台经济发展工作机制。在平台搭建上，江苏两次召开商品交易市场、物流企业、电商企业对接会，召开转型升级工作推进会，为市场转型升级搭建交流合作平台。在政策支持上，江苏在财政税收、土地利用、投融资、人力资源等方面对平台经济发展给予重点支持，如支持符合条件的平台企业认定为高新技术企业，减按 15% 的税率征收企业所得税。在规则制度上，上海率先探索建设对接国际的大宗商品交易规则制度，引入社会化市场准入机制，建立"第三方清算"与"第三方仓单公示"协同监管治理体系，发布自贸试验区大宗商品现货市场交易管理规定和规则。

4. 大力打击侵权假冒，构建跨区域跨部门社会共治格局

由安徽牵头，针对信息化时代市场跨区域、跨行业融合发展的趋势，建立长三角

地区打击侵权假冒长效机制，加强专项行动联动，充分发挥信用机制在市场治理中的关键作用，构建新型流通治理模式。

（1）建立长三角地区打击侵权假冒长效机制。发布《长三角四省一市打击侵权假冒行政处罚信息公开工作方案》和《长三角四省一市打击侵权假冒专项行动联动机制》，推进跨区域和跨部门事中事后监管协作的制度落地。针对互联网领域的侵权假冒多发态势，探索建立"科技+制度+保护+诚信"的互联网领域打击侵权假冒治理模式，加强科技手段的应用和互联网企业内部管控制度建设，强化权利人企业合法权益保护工作，引导行业诚信自律。上海自贸试验区积极推进知识产权保护新模式，成立专利、商标、版权"三合一"的行政管理和执法机构。检察院、法院成立专门的知识产权案件审理部门。2016年，四省一市针对当前侵权假冒线上线下融合、跨区域、链条化的情况，以"长三角云剑"为契机，探索开展"双打"等其他专项行动，全面治理长三角侵权假冒行为。

（2）依托公共信用信息服务平台强化信用监管。加快"信用长三角"建设，共同加快公共信用信息共享服务平台建设，与国家信息中心签署合作备忘录，推进信用信息交换共享和开发利用，并开展信用联动奖惩机制建设试点。将打击侵权假冒工作列为社会诚信体系建设的突破口和重要抓手，依托公共信用信息服务平台，实现了打击侵权假冒信息对接，并通过第三方评估、发布指数等做法，加大信用监管力度。

（3）聚焦重点领域联动开展专项整治。2015年，开展了中国制造海外形象维护"清风"行动、车用汽柴油专项整治、农村和城乡接合部专项整治、旅游纪念品市场专项整治等工作。开展中心城区小商品市场的综合整治，引导小商品市场转型发展，优化创新创业环境。

（三）泛珠三角

珠江三角洲地区位于广东省中南部，珠江流域下游，毗邻港澳，与东南亚地区隔海相望，海陆交通便利，被称为中国的"南大门"。珠江三角洲原包括广州、深圳、佛山、东莞、中山、珠海、江门、肇庆、惠州9个城市。2003年7月，国内正式提出"泛珠三角"的计划，这一计划由广东省倡导，并得到了其他地区的热烈响应。

泛珠三角区域以广东省依托，涵盖珠江流域地域相邻、经贸关系密切的福建、江西、广西、海南、湖南、四川、云南、贵州和广东9省，以及香港、澳门2个特别行政区，简称"9+2"。这些地区直接或间接地与珠江流域的经济流向和文化有关，且在资源、产业、市场等方面有较强的互补性。因此长期以来，泛珠三角区域内的经济交往源远流长，各具特色，相得益彰。

对于大流通网络建设而言，泛珠三角地区地处南方，是珠江西江、沪昆沿线、长江沿线、东线沿海、中线京港澳以及西线呼昆六大流通大通道的重要组成部分。因此，加强泛珠三角区域流通合作，对于推动我国骨干流通网络建设、促进流通产业发展具有重大意义。

2015 年，福建、广东、四川、贵州等"泛珠"内地 9 省（区）签署《泛珠三角现代物流发展合作协议》，以构建这一区域统一、规范、开放、高效的现代物流体系，打造中国南部物流大通道，提升区域经济竞争力。根据该协议，9 省（区）政府在共同清理、废止涉及贸易封锁和地方保护的制度和规定，简化和规范行政审批、消除地区贸易中的障碍和封锁、共同建立解决地区贸易障碍的协调机制、开展现代物流标准化建设、构建鲜活农产品"绿色通道"等多方面启动协作，并取得积极成效。

1. 提升流通基础设施建设水平

（1）推广物流标准化。根据《泛珠三角现代物流发展合作协议》，制定并推广国际和国家通用标准、信息技术标准、强制性安全环保标准，形成协同统一的现代物流标准化体系。2015 年，泛珠三角区域举办标准化技术机构院（所）长会议，深入研究国务院深化标准化改革方案。作为泛珠三角的中心，广东省以托盘标准化及其循环共用为切入点，通过试点城市间和试点企业间的互联互动、资源共享，提升了物流标准化服务企业跨区域服务能力。

（2）加大交通网络建设。在交通网络基础设施建设方面，泛珠三角地区进一步加大了区域内公路、铁路、水运、航空、管道和城市道路等设施建设力度，构筑以综合交通体系为主的物流运输平台。2015 年 10 月，泛珠三角区域举办了第十届道路运输合作发展联席会，会议就道路客运行业改革发展、省际长途客运接驳点共享和发展思路、"互联网+道路运输"、实现省际道路运输管理数据开放和数据实时共享进行了深入探讨，并签订了《泛珠三角区域道路运输合作发展战略协议》；同时，广东省以广州为中心，规划"四面八方、四通八达、面向全国、连接东南亚"的铁路网络。2016 年，广州市发改委已研究起草了《广州综合交通枢纽总体规划（2016~2030 年）》，规划 8 条战略通道以分别实现对京津冀、长三角、长江中游、大西南，甚至国门之外的东南亚的联络辐射作用。

2. 整合市场资源

（1）启动通关一体化改革。为顺应国家发展战略布局，2015 年，福州、厦门、南宁、海口等泛珠地区海关纳入广东地区海关区域通关一体化改革范围，泛珠四省十一海关如一关，企业进出口便利将大大提高。通关一体化改革，不仅进一步密切泛珠四省省际间合作，加强了四省海关跨区域监管统一、协同配合，促进了市场要素的流动，还有力地推动了 21 世纪海上丝绸之路国家和地区的经贸关系深入发展。

（2）福建、广东自由贸易试验区挂牌启动建设。2015 年 4 月，国务院正式印发福建、广东自由贸易试验区总体方案。福建自贸区立足于深化两岸经济合作，并辐射带动周边发展。广东自贸区立足于推动内地与港澳深度合作，通过促进加工贸易转型升级、打造区域发展综合服务区等，带动泛珠区域和内陆地区产业转型升级。泛珠区域内的两大自贸区将辐射周边省区，带动泛珠区域合作向更高层次发展。

（3）闽粤经济合作区启动建设。2015年8月，福建、广东两省政府共同批复同意实施《闽粤经济合作区发展规划》。闽粤经济合作区位于广东潮州饶平、福建漳州诏安两县交界区域，将依托区位、地缘和政策三大优势叠加，打造粤东闽南经济高地，促进闽粤在跨省经济合作和社会协调发展方面开展积极探索和先行先试，进一步支撑东南沿海地区实现率先突破。根据规划，闽粤经济合作区有序开展了多项交通基础设施项目，并推出金融同城结算、通信一体化等政策，为实现两地资源对接和共享、打通市场提供支撑力。

3. 加强监管，保障市场体系

（1）琼粤桂三地海关创新监管。2015年3月18日，海口海关、湛江海关、南宁海关三地海关深化合作协调，在落实北部湾地区《合作备忘录》的基础上，拟共同探索四种新模式：一是推动环北部湾港口建立集装箱驳船"新"航线；二是推动企业相互延伸现有各港航线贯通，打造运输"新"航线；三是开展同一船舶、同一港口可装可卸监管"新"模式；四是推出"水运中转"外贸集装箱货物监管"新"模式，不断提升与当地口岸部门和港口企业的合作水平。

（2）开展泛珠三角区域质量合作。2015年7月，广东省知识产权局组织召开"2015年泛珠三角区域9省（区）专利信息服务工作座谈会"，会议围绕泛珠三角区域9省（区）专利信息合作需求和方式展开了讨论。2015年9月，广东质量年会暨泛珠三角区域质量合作会议在广州召开，泛珠三角联合重庆共10省（区）质监局负责人共同发布了广东省高端装备制造产业标准体系规划与路线图，并签署了《深化泛珠三角区域质量合作共同宣言》，着力构建质量理论研究、战略区域合作、标准体系建设3个共同推进机制。

（四）西北五省

西北地区包括黄土高原西部、渭河平原、河西走廊、青藏高原北部、内蒙古高原西部、柴达木盆地和新疆大部的广大区域，从中国行政区划来看，西北地区主要包括陕西省、甘肃省、青海省、宁夏回族自治区、新疆维吾尔自治区5个省（区）。

西北五省地域辽阔，有丰富的自然资源、矿产资源、能源资源、土地资源和宝贵的旅游资源。作为丝绸之路经济带的重要组成部分，西北五省对于发展与沿线国家地区的经济合作伙伴关系有着重大意义。但是客观而言，西北地区较为偏远，交通不够便利，地区经济发展水平严重受限。

推进旨在降低区域内贸易和投资成本的物流、贸易和投资便利化，是全球性的大趋势，也是发展区域经济合作的关键。随着"一带一路"的推进，西北五省也积极在内贸流通领域寻求区域合作。

2015 年 4 月，西北五省（区）内贸流通体制改革座谈会召开。会议对商务部正在起草的关于推进国内贸易流通体制改革、建设法制化营商环境的改革文件进行深入讨论，将顶层设计与基层探索相结合，总结各地经验，完善文件起草工作，推进流通体制改革、对外开放、电子商务以及法制化营商环境等重点领域的改革。

1. 设立综合保税区，打通国内国外市场

2015 年 8 月，兰州新区综合保税区通过由国家海关总署等 10 部委联合组成的验收组验收。同年 12 月，兰州新区综合保税区正式封关运营，成为甘肃及西北五省新型产业发展的平台，同时兰州新区综合保税区也是甘肃及西北五省发展"外向型"经济，实施"走出去"战略，构建向西开放重要战略平台的突破口。通过综合保税区的国际贸易和保税物流功能，一方面可以连接国内国外市场及资源，另一方面也吸引了一大批加工制造、仓储物流企业入驻，在加速流通体系建设的同时为本地居民提供了更多的机会。

2. 依托电子商务平台，推动流通业发展

"一带一路"框架和"互联网+"政策为西北地区经济发展带来了巨大机遇。随着互联网的发展，西北地区对电子商务也越来越重视。在西北五省中，陕西省的电子商务走在了前列。2015 年，陕西省与阿里巴巴、京东和苏宁三大电商签订战略合作协议，极大地推动了以电子商务平台、互联网金融服务、现代物流体系、云计算和大数据、跨境贸易平台为核心内容的未来经济基础设施建设。在农村电子商务方面，依托电子商务的发展，陕西省的特色农产品更好地实现了"走出去"，2015 年 1~8 月，陕西省电子商务交易额达到 2165 亿元，同比增长 61.71%。

在甘肃省，兰州新区的建设也极大地推动了电子商务的发展。在 2015 年中国兰州投资贸易洽谈会（以下简称兰洽会）上，兰州新区与多家境外企业联盟签订了《兰州新区综合保税区电子商务平台合作协议》、《穆斯林跨境电商合作框架协议书》等多项合作协议，推动了甘肃省跨国跨境电商 O2O 平台及线下时尚生活展销中心的建设。

3. 共同建立认证执法监管区域联运工作机制，实现阳光行政

2015 年，甘肃、陕西、宁夏、青海、新疆出入境检验检疫局共同建立了认证执法监管区域联动工作机制，并首次开展区域联合检查。2016 年，为了全面实现电子化"双随机"建组及抽样选取方式，提升"双随机"检查工作水平，甘肃出入境检验检疫局编写了认证执法监管"双随机"建组抽样电脑程序，满足了企业、监管人员"双随机"抽选。2016 年 7 月，西北五省区联合开展了出入境检验检疫局质量管理体系认证专项监督检查"双随机"抽样。"双随机、一公开"监管模式用制度限制了监管部门的自由裁量权，有利于增强企业守法自觉性，有利于督促执法人员，实现阳光行政。

（五）东北地区

东北地区是中国的一个地理大区，同时也是第二阶梯的经济大区。从狭义上来说，东北地区包括辽宁、吉林、黑龙江三省构成的区域。但是由于地理位置等因素，东北地区往往也包括蒙东地区，即广义的东北地区包括黑龙江省、吉林省、辽宁省及内蒙古自治区东部等地区。

东北地区具有重要的战略地位。随着"振兴东北老工业基地"规划的实施，东北地区加快了发展步伐。在构建全国骨干流通网络中，东北地区也占据了重要地位。随着东线沿海流通大通道的建设，东北地区也在通过区域协作努力提升流通节点功能，并带动东北老工业基地的振兴。

1. 通关一体化，降低流通成本

为降低流通成本，推进通关一体化的进程，2015 年 5 月，东北地区海关区域通关一体化改革正式启动，大连、沈阳、长春、哈尔滨、呼和浩特、满洲里 6 个海关整合为东北地区海关区域通关一体化改革板块，与京津冀、长江经济带、广东地区和"丝绸之路"经济带海关构成"3+2"的全国区域通关一体化格局。依托"一中心、四平台"的区域通关一体化作业架构，东北 4 省区 4 万余家外贸企业享受到"四省（区）如一家"、"六关如一关"的通关便利，降低通关成本三成左右。

2. 加强东北东部亚地区合作

东北东部 14 市地理相连、物流相同，因此在加强区域合作诸多方面有广泛共识。2005 年，由丹东市牵头，东北东部地区开始亚地区合作。2015 年，第七届东北东部地区区域合作圆桌会议召开，会议就"加强区域合作，打造新常态下多业并举、多点支撑的经济发展新格局"进行了深入讨论。2015 年，《东北东部经济带发展规划》开编，《东北东部经济带发展规划》立足于东北东部经济带各市（州、委）的区位和资源条件，结合国家当前战略重点，提出要构建南北贯通、东西通衢、内外衔接的立体交通网络，实现区域内生产要素自由流通和产业结构趋异化，打造东北亚国际合作核心区，将东北东部建成东北振兴的战略高地和中国经济新的增长极。2016 年，第八届东北东部（12+2）区域合作圆桌会议进一步以"加强合作，优化环境，联手打造有东北特色的生态旅游城市群"为主题展开交流探讨，并通过了《东北东部（12+2）城市旅游联盟长白宣言》，从旅游经济的角度进一步加深东北亚地区合作。

3. 推动电子商务，促进产品流通

为推动"互联网+流通"，黑龙江、辽宁、吉林及内蒙古均推出相应行动计划，大力推行电子商务。内蒙古地区按照"市场主导、政府引导"原则，深入开展电子商务进农村牧区综合示范，加快构建线上线下互动融合的农畜产品上行、工业产品下行双向多渠道流通体系；黑龙江省重点发展对俄跨境电子商务，培育和引进 OME365、中机网、绥芬河购物网等对俄跨境电商平台和服务企业，同时推进黑龙江省地方电子口岸建设，在跨境电子商务试点城市加快建设跨境电子商务综合服务平台、跨境电子商务通关服务平台和跨境电子商务公共服务平台；吉林省积极支持特色商品（如人参、木耳等）交易市场、"老字号"品牌利用互联网创新商业模式，拓展服务功能，加快平台化发展，促进专业市场结构优化，带动产业优化重组，推动消费升级。辽宁省重点推动农村电子商务，加强 8 个国家级电子商务进农村综合示范点建设，并鼓励邮政企业等各类市场主体整合农村物流资源，努力改造农村物流公共服务中心和村级网点，切实解决农产品进程"最初一公里"和工业品下乡"最后一公里"问题。

（六）其他区域

1. 中部四省推动交通基础设施共建

长江中游地区涵盖武汉城市圈、环长株潭城市群、环鄱阳湖城市群等，占地面积为世界之最。长江中游地区开展合作历史并不久，2013 年 2 月 23 日，武汉、长沙、南昌、合肥四个中部省会城市召开了"长江中游城市群四省会城市首届会商会"，此后四省会城市行政部门开展了旅游、环保、交通、建筑行业协会等多领域合作。四个城市在多个领域已经达成一系列共识，签订了《武汉共识》、《长沙宣言》、《合肥纲要》以及《南昌共识》等大量框架协议，但是具体落实有待加强。要推动区域协同，首先要共推基础设施互联互通，目前，四省会城市正合力推进南昌至武汉、合肥的高铁建设。

2. 西南四省建立交通运输行业信息交换共享机制

2016 年贵州省交通运输厅与交通运输部规划研究院在北京签署《交通运输部西南交通流量调查数据落户贵州暨战略合作协议》，在此基础上开展交通运输大数据深度合作，开辟更多智慧交通服务平台，将西南区域交调数据落户贵州，与重庆、云南、四川、陕西建立西南区域"四省一市"交通运输行业信息交换共享机制，打造交通运输大数据增值服务孵化基地。

建立西南区域"四省一市"交通运输行业信息交换共享机制，在跨省路况信息等方面开展共享应用示范，推进与公安、气象、旅游、消防等部门进行跨行业数据交换，在路网运行管理、安全应急、运输管理等方面进行先行先试和逐步推广应用。

二、流通一体化

实现区域流通协调发展，对于建设大流通网络，促进国民经济运行效率和质量提升具有重要意义。在过去的几年中，京津冀、长三角、泛珠三角等区域纷纷开展流通节点建设和区域流通合作，在取得新进展的同时，也面临着一些问题和挑战。为了更好地支撑流通网络运行和流通效率提升，各区域应进一步加强合作。具体地，借鉴

《珠江三角洲地区物流一体化行动计划（2014~2020 年）》中关于物流一体化提出的总体要求，本部分认为，区域流通协调发展应当重点以"流通市场一体化、流通网络一体化、流通产业一体化、流通信息一体化、流通标准一体化、流通营商环境一体化"为重点，积极发展网络基础设施建设，加强信息共享和平台建设，在推动创新经营模式的同时为市场主体营造良好的流通环境。

（一）流通市场一体化

由于自然科学和社会生产力的发展，特别是交通运输和邮电通信事业的发展，区域间商品交换和流通范围扩大，市场空间扩张，区域之间的联系也随之变得更加紧密。市场一体化，不仅要联通两个区域的交通运输网络，更要发挥市场规律在商品交换和要素配置中的重要作用。对于流通产业而言，要实现流通市场的一体化，应当着眼于大市场、大流通，积极培育流通市场，引导和鼓励制造企业、商贸服务企业、农业企业主辅分离，释放流通需求；同时，加快各专业市场体系的合作与整合，应共同发展国家级产权交易市场，联合组建和培育区域性贸易集团，组建跨省市、跨行业的企业集团，联合筹建区域性发展银行和离岸金融市场；推动区域资源共享，建立公共服务平台，带动区域间企业交流、要素流动、技术溢出、人才培养等，形成区域间产业发展的利益共享格局，打破由行政区域带来的市场分割。

（二）流通网络一体化

流通网络是区域协调的基础，流通节点和流通基础设施的建设与流通效率密切相关。实现流通网络一体化，应当首先加快物流交通基础设施一体化，统筹规划、建设物流基础设施，合理布局物流节点，促进海、陆、空多种运输方式有效对接。同时以物流园区为着手点，以专业企业为主体，构建城乡一体、区域一体的流通服务网络。

（三）流通产业一体化

实现流通产业一体化，首先，要以龙头企业为引领，促进区域内流通企业延伸供应链和价值链，推动企业采购、生产、销售等环节一体化；其次，要以企业联盟等形式，推动流通业企业在资本、技术、服务等方面进行交流合作，推动流通市场的良性竞争；最后，要加强区域间流通产业和制造业、农业、电子商务等产业的联动发展，通过培育产业联动发展示范企业，推动流通产业跨区域、跨行业的协同发展。

（四）流通信息一体化

流通信息一体化是实现区域协同受益、降低行政成本的有效手段。要实现流通信息一体化，应当从物流体系入手，政府通过构建物流信息公众平台，逐步实现区域间信息共享，实现协同收益；同时，推进流通各环节网络化运作，实现商务、口岸、海关、检验检疫、边检、海事、工商、税务等部门数据共享和物流通关信息一体化，降低监管成本和企业流通成本。

（五）流通标准一体化

完善的标准体系是流通中各个环节兼容性的重要保证，对于提高流通服务水平有着重要意义。实现流通标准一体化，首先，应当强化流通标准化制度建设，特别是物流标准化建设，充分发挥各省（区）物流标准化技术委员会的作用，制定物流标准化体系建设规划，建立健全各流通业态的标准体系；其次，积极引导、支持企业参与物流国家标准体系和地方标准、行业标准的研究制定；最后，积极推广应用标准化流通技术和装备，加快对现有仓储、运转设施和运输工具的标准化改造，以大型物流企业、物流园区为重点，开展标准化试点工作，提升区域流通的对接质量和对接效率。

（六）流通营商环境一体化

在区域流通协调中，政府要充分发挥引导和组织、领导的职能，创造良好的市场环境。首先，政府及有关部门要加强对流通产业的组织引导和统筹协调作用，建立分工合理、执行顺畅、监督有力的物流综合管理体系，并制定相关的规划纲要和行动计划；其次，要完善协调机制，在区域之间建立政府协同发展机制，在企业间建立行业组织，统筹管理；再次，政府要营造良好的政策环境，制定、修订适应现代流通业发展、符合一体化发展趋势的政策法规体系，同时加大对重点行业、企业的支持力度；最后，政府应当联合监管，推进实现"信息互换、监管互认、执法互助"和"单一窗口"的监管体系，维护市场秩序。

子报告二　骨干流通网络辐射力分析

一、主要节点城市发展情况分析

本部分主要针对 37 个国家级流通节点城市的基本发展现状进行分析，主要包括 GDP、人口与就业、产业结构及其变化等方面，以期为下文分析流通节点城市的节点功能发挥和流通业今后发展提供基本依据。

（一）主要节点城市 GDP 现状分析

物流业的发展状况与该地区的经济发展状况是息息相关的，从学术研究的角度来看，相关的经济学说和经济现象都表明物流活动的深化对区域经济增长具有推动作用。因此在研究如何推动一个地区流通产业发展的过程中，需要对该地区的经济总量予以描述。本报告根据《中国城市统计年鉴》对《全国流通节点城市布局规划（2015～2020 年)》中确定的 37 个国家级流通节点城市进行 GDP 数据收集，整理如表 1 所示。

表 1　2010～2015 年 37 个国家级节点城市国内生产总值

单位：亿元

年份 地区	2010	2011	2012	2013	2014	2015
上海	17165.98	19195.69	20181.72	21818.15	23567.7	25300
北京	14113.58	16251.93	17879.4	19800.81	21330.83	23000
广州	10748.3	12423.44	13551.2	15420.14	16706.87	18100
深圳	9581.5	11505.53	12950.1	14500.23	16001.82	17500
天津	9224.46	11307.28	12893.88	14442.01	15726.93	17200
重庆	7925.58	10011.37	11409.6	12783.26	14262.6	16100
苏州	9228	10500	12011	13015	13500	14400
武汉	5565.9	6762.2	8003.8	9051.27	10069.48	11000

续表

年份地区	2010	2011	2012	2013	2014	2015
成都	5551.3	6854.58	8138.9	9108.89	10056.59	10800
杭州	5949.2	7019.06	7802	8343.52	9206.16	10100
南京	5130.7	6145.52	7201.6	8011.78	8820.75	9600
青岛	5666.2	6615.6	7302.1	8006.6	8692.1	9400
长沙	4547.1	5619.33	6399.9	7153.13	7824.81	8600
宁波	5163	6059.24	6582.2	7128.87	7610.28	8000
大连	5158.2	6150.63	7002.8	7650.79	7655.58	7800
郑州	4040.9	4979.85	5549.8	6201.9	6776.99	7450
沈阳	5017.5	5915.71	6602.6	7158.57	7098.71	7280
济南	3910.5	4406.29	4803.7	5230.19	5770.6	6280
西安	3241.5	3864.21	4366.1	4884.13	5492.64	6000
哈尔滨	3664.9	4242.19	4550.2	5017.05	5340.07	5750
福州	3123.4	3736.38	4218.3	4678.5	5169.16	5670
长春	3329	4003.08	4456.6	5003.18	5342.43	5650
石家庄	3401	4082.68	4500.2	4863.66	5170.27	5620
合肥	2701.6	3636.6	4164.3	4672.91	5157.97	5600
昆明	2120.4	2509.58	3011.1	3415.31	3712.99	4050
南昌	2200.1	2688.87	3000.5	3336.03	3667.96	4000
厦门	2060.1	2539.31	2817.1	3018.16	3273.58	3565
南宁	1800.3	2211.4	2503.2	2803.54	3148.3	3425
呼和浩特	1865.7	2177.27	2475.6	2710.39	2894.05	3091
太原	1778.1	2080.12	2311.4	2412.87	2531.09	2753
乌鲁木齐	1338.5	1690.03	2004.1	2202.85	2461.47	2730
贵阳	1121.8	1383.07	1700.3	2085.42	2497.27	2692
兰州	1100.4	1360.03	1563.8	1776.28	2000.94	2000
银川	769.4	986.68	1150.9	1289.02	1388.62	1480
海口	595.1	713.3	818.8	904.64	1091.7	1161
西宁	628.3	770.7	851.1	978.53	1065.78	1131
拉萨	178.9	222.42	260.1	304.87	347.45	376

从整体上来看，城市的国内生产总值（GDP）分布呈现东高西低、沿海高于内陆城市的规律。国内生产总值超过1.5万亿元的城市有6个，分别为上海、北京、广州、深圳、天津、重庆，这6个城市经济总量最大，领先于其他城市，在全部37个国家级节点城市中处于明显优势地位；国内生产总值位于5000亿~1.5万亿元的包括苏州、武汉、成都、杭州、南京、青岛、长沙、宁波、大连、郑州、沈阳、济南、西安、哈尔滨、福州、长春、石家庄、合肥18个城市，其中苏州、武汉、成都、杭州4个城市超过了1万亿元，南京、青岛、长沙、宁波、大连5个城市位于7500亿~1万亿元，而郑州、沈阳、济南、西安、哈尔滨、福州、长春、石家庄、合肥9个城市位于5000亿~7500亿元；昆明、南昌、厦门、南宁、呼和浩特、太原、乌鲁木齐、贵阳8个城市位于2500亿~5000亿元，整体经济发展水平较弱，经济体量有限，兰州、银川、海口、西宁、拉萨5个城市经济总量最小，经济实力最弱。

（二）主要节点城市人口与劳动就业现状分析

根据《中国城市统计年鉴》和城市年度统计公报，37个国家级节点城市的年末总人口和从业人员期末人数如表2所示。

表2　2010~2014年37个国家级节点城市的年末总人口和从业人员期末人数

人口指标\\地区	年末总人口（万人）					从业人员期末人数（人）
	2010年	2011年	2012年	2013年	2014年	2014年
北京	1258	1277.92	1297.46	1316.34	1333.4	7558601
天津	985	996.44	993.2	1003.97	1016.66	2999600
石家庄	989.16	997.29	1005.33	1003.15	1024.93	1005628
太原	365.5	365.02	365.84	367.45	369.74	1078240
呼和浩特	229.56	232.26	230.32	233.96	237.88	421500
沈阳	719.6	722.69	724.79	727.11	730.84	1536601
大连	586.44	588.54	590.31	591.45	594.29	1212869
长春	758.89	761.77	756.9	752.67	754.55	1268400
哈尔滨	992.02	993.3	993.53	995.21	987.29	1363026
上海	1412	1419.36	1426.93	1432.34	1438.69	7304600
南京	632.42	636.36	638.48	643.09	648.72	2300000
杭州	689.12	695.71	700.52	706.61	715.76	2934420
宁波	574.08	576.4	577.71	580.15	583.78	1717057

人口指标 地区	年末总人口（万人）					从业人员期末人数 （人）
	2010 年	2011 年	2012 年	2013 年	2014 年	2014 年
合肥	493.42	706.13	710.53	711.5	712.81	1450120
福州	645.9	649.41	655.27	655.49	674.94	1491695
厦门	180.21	185.26	190.92	196.78	203.44	1339071
南昌	502.25	504.95	507.87	510.08	517.73	1220981
济南	604.08	606.64	609.21	613.25	621.61	1422654
青岛	763.64	766.36	769.56	773.67	780.64	1501141
郑州	744.62	1010.1	1072.5	919.1	937.8	1973600
武汉	836.73	827.23	821.71	822.05	827.31	2023435
长沙	650.12	656.62	660.62	662.81	671.41	1317973
广州	806.14	814.58	822.3	832.31	842.42	3263983
深圳	259.87	267.9	287.62	310.47	332.21	4584759
南宁	707.37	711.49	713.5	724.43	729.66	958485
海口	160.44	162.39	161.59	163.23	165.31	512765
重庆	3303	3329.81	3343.44	3358.42	3375.2	9543400
成都	1149.07	1163.28	1173.3	1187.99	1210.74	2727641
贵阳	373.16	376.12	374.53	379.09	382.91	1038654
昆明	536.31	544.04	543.48	546.79	550.5	1216100
拉萨	48.46	57.61	50	60.12	52.73	468674
西安	782.73	791.83	795.98	806.93	815.29	1994100
兰州	323.54	323.29	321.52	368.57	374.67	671100
西宁	196.01	222.8	198.46	226.76	202.64	349000
银川	158.8	162.23	167.22	172.63	196	784723
乌鲁木齐	243.03	249.35	257.8	262.93	266.91	704300
苏州	637.66	642.3	647.81	653.84	661.08	3154200

从年末总人口的指标上看，超过1000万人的城市有北京、重庆、上海、成都、石家庄、天津6个城市；人口位于750万~1000万人的有哈尔滨、郑州、广州、武汉、西安、青岛、长春7个城市；有13个城市人口位于500万~750万人，包括沈阳、南宁、杭州、合肥、福州、长沙、苏州、南京、济南、大连、宁波、昆明、南昌等；人口在

500 万人以内的城市有贵阳、兰州、太原、深圳、乌鲁木齐、呼和浩特、厦门、西宁、银川、海口、拉萨 11 个城市。

从从业人员期末人数上看，北京、上海、广州、深圳、苏州 5 个城市都在 300 万人以上，北京、上海、重庆甚至都超过了 700 万人；天津、杭州、成都、南京、武汉 5 个城市的从业人员期末人数都在 200 万~300 万人；从业人员期末人数位于 100 万~200 万人的城市最多，包括西安、郑州、宁波、沈阳、青岛、福州、合肥、济南、哈尔滨、厦门、长沙、长春、南昌、昆明、大连、太原、贵阳、石家庄 18 个城市；南宁、银川、乌鲁木齐、兰州、海口、拉萨、呼和浩特、西宁 8 个城市从业人员期末人数都在 30 万~100 万人，其中，南宁、银川、乌鲁木齐、兰州、海口位于 50 万~100 万人，而拉萨、呼和浩特、西宁 3 个城市从业人员期末人数仅位于 30 万~50 万人。

（三）主要节点城市产业结构及其变化分析

根据《中国城市统计年鉴》来对 37 个国家级节点城市的第一、第二、第三产业分别占 GDP 的比重进行汇总，结果如表 3 所示。

表 3 2014 年 37 个国家级节点城市第一、第二、第三产业占比

单位：%

占比 地区	第一产业 占 GDP 的比重	第二产业 占 GDP 的比重	第三产业 占 GDP 的比重
北京	0.75	21.31	77.95
天津	1.28	49.38	49.34
石家庄	9.43	46.76	43.81
太原	1.54	40	58.47
呼和浩特	4.34	29.31	66.36
沈阳	4.58	49.88	45.53
大连	5.77	48.3	45.93
长春	6.21	52.67	41.12
哈尔滨	11.73	33.41	54.86
上海	0.53	34.66	64.82
南京	2.43	41.08	56.49
苏州	1.48	50.09	48.43
杭州	2.98	41.77	55.25
宁波	3.62	52.3	44.07

占比 地区	第一产业 占 GDP 的比重	第二产业 占 GDP 的比重	第三产业 占 GDP 的比重
合肥	4.87	55.25	39.88
福州	8.05	45.5	46.45
厦门	0.72	44.61	54.67
南昌	4.44	54.99	40.57
济南	5.03	39.19	55.78
青岛	4.02	44.76	51.22
郑州	2.17	51.46	46.37
武汉	3.48	47.53	49
长沙	3.99	54.2	41.81
广州	1.31	33.47	65.23
深圳	0.03	42.57	57.39
南宁	11.74	39.75	48.51
海口	5.23	19.92	74.85
重庆	7.44	45.78	46.78
成都	3.55	44.83	51.62
贵阳	4.33	39.11	56.57
昆明	4.89	41.44	53.67
拉萨	3.72	36.77	59.51
西安	3.91	39.96	56.14
兰州	2.62	41.22	56.15
西宁	3.51	49.79	46.7
银川	3.8	54.02	42.17
乌鲁木齐	1.11	36.81	62.08

从表 3 可以看出，37 个节点城市中第一产业占 GDP 的比重位于 0.03%～11.74%，占比最高的为南宁，最低的为深圳；占比超过 5% 的有南宁、哈尔滨、石家庄、福州、重庆、长春、大连、海口、济南 9 个城市；占比低于 1% 的有 4 个城市，分别是北京、上海、厦门和深圳；其他城市都位于 1%～5%。

第二产业占 GDP 的比重最高的是合肥，占比 55.25%，最低的是海口，占比 19.92%，合肥、南昌、长沙、银川、长春、宁波、郑州、苏州 8 个城市占比较高，均在50%以上；紧随其后的沈阳、西宁、天津、大连、武汉、石家庄、重庆、福州、成都、青岛、厦门、深圳、杭州、昆明、兰州、南京、太原17个城市占比均在40%~50%，数量最多；而西安、南宁、济南、贵阳、乌鲁木齐、拉萨、上海、广州、哈尔滨、呼和浩特、北京、海口12个城市占比较低，都在40%以下。

第三产业占GDP的比重最高的城市是北京，占比为77.95%，最低的是合肥，占比为39.88%。具体来说，占比最高的北京和海口均在70%以上；占比居于50%~70%的城市最多，包括呼和浩特、广州、上海、乌鲁木齐、拉萨、太原、深圳、贵阳、南京、兰州、西安、济南、杭州、哈尔滨、厦门、昆明、成都、青岛18个城市；占比低于50%的城市有天津、武汉、南宁、苏州、重庆、西宁、福州、郑州、大连、沈阳、宁波、石家庄、银川、长沙、长春、南昌、合肥17个城市。

二、主要节点城市流通业对经济增长作用机理研究

(一) 流通产业与经济增长相互促进的基本理论

流通产业和区域经济增长之间是存在相互促进关系的，这个观点是学术界多年以来都认可的，且有较多实证研究支撑的。两者之间之所以存在相互促进关系，主要源于以下几个基本理论：

1. 分工理论

早在1776年，亚当·斯密在论述分工受到市场范围的限制时指出，"分工起因于交换能力、分工的程度，因此总要受交换能力大小的限制，而交换能力要受市场广狭的限制"，也就是说，过小的市场不能维持劳动分工。因为在这种状态下，他们不能用自己消费不了的自己劳动生产物的剩余部分，随意换得自己需要的别人劳动生产物的剩余部分。从这个意义上讲，物流活动的深化，扩大了市场的范围，增强了交换能力，因此促进了劳动分工，而分工的深化对区域经济的发展有重大的影响。现代物流产业的本质是分工和专业化生产高度发展的产物，物流和社会分工相辅相成，物流的发展促进了分工的进一步深化，从而共同促进了经济发展。

2. 交易费用理论

从分工的角度来看，经济学中实现分工的条件是：生产费用+交易费用<组织并生产该产品的费用。也就是说，物流的专业化分工必须能降低生产费用或交易费用。生产费用的降低通常是通过提高劳动生产率来实现的，而交易费用的降低主要通过降低生产组织费用来实现，即一方面通过发展科技、改进生产技术，提高经济组织内部资源配置效率和资源使用效率；另一方面在专业化分工生产的基础上，通过创新组织制度，实现经济组织由内部资源配置转为外部资源的最优配置，节约要素交易费用。从

生产费用的节约方面来看，当企业分工达到一定程度后，分工带来的专业化经济开始不足以弥补内部组织成本的增加，企业的分工层次就此固定下来，企业无法进一步提高生产效率。而从交易费用的节约方面来看，假如企业内部的科学技术和管理水平有了更大进步，会促进交易效率的进一步提高，从而使分工能在更高层次上进行。在现代社会里，互联网和电子商务的出现，使传统的管理方式和交易方式有了很大的改变，交易效率有了很大的提高，使企业间合作和分工的成本大大降低。信息技术的发展给分工的进一步深化提供了条件，企业如果将这些交易通过信息技术的方式来实现，效率会更高，因此，企业倾向于选择将这些交易外部化。近年来第三方物流的发展正说明了这一点。这种行为减少了企业内部的分工层次，使得企业内部交易成本容易得到控制，进而有利于企业内部生产过程实现进一步的分工，促成企业生产效率的提高。

3. 物质交换理论

在区域经济发展的基本理论中，无论是均衡与非均衡的发展理论，还是梯度推移论、增长极理论，都有基本的前提条件，即区域间物质、能量、信息的交换和交流。如果区域之间没有这些交流活动的话，就不会有极化和扩散效应，增长极就不会产生，梯度推移也不会实现。因此，可以说，物流活动是经济增长的前提条件。

同时，区域经济是一种聚集经济，通过各种生产要素聚集在一起来进行规模化生产，生产出的产品再由区域内部向区域外扩散，由此可见要素的聚集是为了商品的扩散。假如没有紧密的物流活动作保障，生产的大量产品就会堆积在狭小的空间内，商品的价值和使用价值都难以实现，区域经济的基本运转就会中断。因此，在区域经济的发展进程中，周密的物流体系对区域经济活动的正常运行起着基础性的作用。

4. 价值理论

在物流概念尚未形成时期，经济学家对物流的讨论只在谈及生产活动时才会涉及，但他们对于运输活动所创造的价值都持肯定的态度。其中斯密认为，零售商业所能增加的价值最少，其次为包含运输业的批发业，再次为制造业，农业所能增加的价值最多。虽然斯密还没有完全摆脱重农学派的影响，但他显然肯定了用于物流产业的资本增加的价值。物流活动也是劳动价值的实现过程。萨伊是效用价值论的创始者，他肯定了物流活动中运输活动对商品价值增加的作用。他认为，"所谓生产，不是创造物质，而是创造效用"。"当一个人把西班牙酒运到巴黎时，它实际上就是进行两种等价东西的交换，付出的银和收入的酒价值相当，但酒的价值，在这一刻和在阿利康特未出口之前并不相同。到了商人手中之后，酒的价值的确增高了，但其之所以增高，是由于运输的关系，不是由于交换行为增高，也不是在交换时增高"。由此可见，是运输活动增加了酒的价值。在价值论上马歇尔完全继承了萨伊的衣钵。而到了现代，人们对物流产业所创造的价值大多定位在服务产出。一般来说，该理论对物流业创造价值的描述具体表现在物流业增加值这一指标上。

（二） 流通产业对区域经济增长相互促进机理分析

1. 流通产业对区域经济增长带动作用的机理分析

（1） 流通产业可以降低社会交易成本，促进区域经济发展。从交易过程看，流通产业的发展有助于物流企业之间在交易过程中减少相关的交易费用。由于物流企业之间沟通与合作的频繁，使搜寻交易对象信息方面的费用大为降低；提供个性化物流服务建立起双方的信任度，减少各种物流突发事件的风险；即便在服务过程中产生冲突，也会因为合同的长期性而尽量协商解决，从而避免了经济仲裁、法律诉讼等行为产生的相关费用。从交易主体行为看，物流业的发展将促进企业间进行组织学习，从而提高双方对不确定性环境的认识能力，减少因交易主体的"有限理性"而产生的交易费用。

（2） 发展物流业可以优化区域产业结构。物流业的发展主要是通过集中培育重点物流企业，使其发挥整体优势和规模效益，促使物流业的形成并向专业化、合理化的方向发展，此外也将进一步带来商流、资金流、信息流、技术流的集聚，以及交通运输业、商贸业、金融业、信息业和旅游等各种产业的发展，这些都是第三产业发展的新增长点。物流业的发展还有利于对分散的物流进行集中处理。量的集约必然要求利用现代化的物流设施、先进的信息网络进行协调和管理。

相对于经营分散、功能单一、技术原始的储运产业服务，物流业属于技术密集型和高附加值的高科技产业，具有资产结构高度化、技术结构高度化、劳动力高度化等特征。从物流业的特征出发，建立物流业则有利于区域产业结构向高度化方向发展。发展物流业既涉及区域基础设施建设行业，又涉及运输、仓储、包装、进出口、信息管理、通信等多个服务性行业，同时还将向保险、金融、餐饮、商务、旅游、商检等行业辐射，它将带动整个区域内第三产业的迅速发展，使区域产业结构趋于优化。

（3） 发展物流业可以促进区域市场形成。区域内集中了较多供应链上的节点企业，它们紧密结合促进区域市场的形成和发展。供应链是围绕核心物流企业，通过对资金流、信息流、物流的控制，从原料到半成品，再到成品的过程中，涉及的供应商、生产商和零售商、用户组成的网链结构模型。显然供应链上的节点企业优势互补，成为一个不可分割的整体，同时作为一个新兴的区域市场主体，具有采购、生产、分销和销售职能的有机整体，这些都促进了区域市场的成熟与发展。

（4） 发展物流业可提升产业竞争力并促进产业集群形成。出现于 20 世纪 80 年代的"供应链"概念，把一个企业在运作过程中所需要的物流与信息流延伸成为一系列相关企业，由核心企业掌握关键的物流与信息流的制造过程，其他企业提供必要的协作。这种模式不仅使供应链上所有的节点企业从传统的竞争关系变为竞争与合作并存的共赢关系，在协作、整合的基础上获得自身核心竞争力的加强和供应链整体效率的提高，推动产业竞争力的提升。同时，供应链物流模式也带来了以核心企业为龙头的产业集群在区域上的集中，并成为区域经济发展的增长极。由此可见，发展物流业时可利用供应链联盟和产业集群的协同优势，在区域内缔结起既合作又竞争的企业网络，进而形成具有竞争力的区域经济系统。

2. 区域经济增长对物流业发展的影响机理分析

经济增长对流通产业的正向影响也是学术界公认的，物流业经常被认为是经济发展到一定阶段的产物。区域经济发展对物流业的影响主要体现在两个方面：第一，经济的大幅增长导致对物流需求的增加，而物流需求的增加可以推动物流业的发展；第二，经济的发展水平决定了物流业的发展水平。经济的大幅增长，必然导致巨大的物资产品的流动，也就必然导致物流量的增加，这是经济发展的必然规律，也是物流发展的必然规律。

（1）区域经济的快速增长带来物流需求的增加。随着区域经济增长，社会生产和消费的规模越来越大，专业化分工方式的采用使生产和消费分离的趋势不断扩大。因此，区域经济增长速度加快导致对物流业的要求越来越高，对物流的需求必然带来物流业的不断发展。而在市场经济条件下，物流业需求的增加则会成为刺激物流供给、促进物流业发展的重要市场信号，不断刺激物流业快速发展，促进物流系统不断完善。

（2）区域经济的快速增长可以改善物流供给状况。在区域经济发展的各个不同阶段，对物流业的需求不尽相同，相应的产业政策对物流业的重视程度也不同，因此物流业的发展状况也会不同。在经济的发展初始阶段，国家面临投资短缺问题，而物流业是一种基础产业，投资规模大、建设周期长、收益慢、投资效率低，因而物流业不宜优先发展。故有些物流专家认为，物流传入我国很长一段时间内，并没有得到人们的重视，其主要原因就是当时我国的经济发展基础还不够稳定。在经济相对发展时期，投资不再短缺，同时经济的快速发展带来对物流业巨大的需求，产生了发展现代物流的动力，不断地刺激物流业发展。随着经济全球化的发展，产生了巨大的物流需求。总之，物流业的发展需要基础设施的投资、完善，而基础设施的投资则具有规模大、投资周期长、投资回收期长的特点，因此只有经济发展到一定水平，社会才有足够的人力、物力、财力对物流基础设施进行投资，进而推动物流业的快速发展。

（3）区域经济的发展水平和层次决定着物流业的发展水平和层次。一般而言，区域经济越发达，对物流业的要求就越高，同时也能为物流业的发展提供优良的经济基础和物质技术条件。相反，如果区域经济欠发达，物流业的发展没有足够动力，也就缺乏必要的经济基础和物质技术条件，比如物流信息平台、交通运输、仓储等一些物流基础设施条件，以及先进的物流管理理念、技术和人力资源等，从而也就无法向较高的水平和层次发展。

（4）区域经济的产业结构决定着物流业产业结构。区域经济的产业结构和变动对趋向于物流业产业结构（如基础设施、服务范围、类别、路线及水平等）有着重要的影响，主要是由物流业的服务属性决定的。物流业是区域经济发展的产物，属于后期发展的服务性产业。它是维系区域经济各个部门、产业和企业之间关系的纽带，使之成为有机的统一整体。区域内第一、第二产业的发展创造了消费者对物流业的需求，为发展物流业提供了基础平台，进而带动物流业的发展。所以，区域经济的产业结构也必然决定了区域内物流业的产业结构。

（5）区域间的经济关系影响物流业体系协同度。物流业体系是在区域经济分工与合作的基础上形成的，在化解区域经济冲突、实现区域经济一体化方面发挥着重要作用。区域经济关系主要分为三种形态，即区域分工、贸易与区际要素间的流动、区际产业的转移。主要表现在三个方面：①区域经济的合理分工和贸易带来大量的区际间物流需求，使区域间的经济关系协调一致，从而对物流业体系的建立产生促进作用；②区际间要素的流动主要包括区际间劳动力的流动、区际间资本的流动、区际间技术和创新的传播，它们均会引起对物流业的需求、投入、技术等的变化，对物流业体系的建立和发展有直接效应；③区际间产业转移属于区域扩散效应，有助于区际间关系的协调。正是由于区域间经济关系的建立与发展推动了区域间贸易及各种要素的流动，带动了物流业体系的建立和完善。

（三）流通产业对进出口贸易的影响机理分析

近年来也有学者对流通产业对区域进出口贸易的影响开展了一些研究，主要是通过回归和弹性的实证方法针对流通产业对进出口贸易的影响进行了实证研究，一致的结论表明，流通产业对进出口贸易存在显著的正向影响，其主要影响机理在于以下三个方面：

（1）物流业的发展降低了运营成本，推动进出口贸易的增长。在国际贸易中，商品的价格与成本对国际贸易的效益有重要影响。随着全球经济的发展，产品的生产成本下降的空间有限，而物流成本有较大的降低空间。物流业的发展，使得对外贸易中的物流活动运作效率越来越高，降低了物流成本，导致进出口贸易的成本降低，从而刺激进出口贸易的发展。

（2）现代物流的发展改善了国际贸易的环境，促进国际贸易的便利化。随着现代物流的发展，第三方物流产业不断壮大，第三方物流公司则通过货运代理等形式，减少了生产企业的物流负担，使对外贸易中的运输、报关等物流环节运作效率得到了提高。

（3）现代物流业的发展拓展了消费者的购买空间。由于物流速度的提高，消费者在购买国外商品时，花费在物流运输上的等待时间大大减少，使得消费者愿意在全球范围内购买商品，这有利于外贸企业发现新市场，促进进出口贸易的发展。

三、主要节点城市流通产业对经济增长辐射作用的测度

《全国流通节点城市布局规划（2015~2020年）》（以下简称《规划》）给予流通节点城市的定位是指经济规模和商品流通量较大，商流、物流、资金流和信息流高度汇集，具有较强的集聚、辐射功能，在流通网络中处于枢纽地位的城市。《规划》旨在提升流通节点城市服务功能，发挥流通产业的基础性和先导性作用，释放区域消费潜力，并指出加强流通节点城市流通产业的建设是牵动区域经济发展的有效途径。

主要节点城市流通产业对区域经济增长和进出口贸易辐射带动作用已经在前述部分内容中有了理论依据，本部分主要从收集数据和实证研究的角度对这两个问题进行验证和进一步观察。现以《规划》中的37个国家级流通节点城市为例，基于2004~2014年面板数据的实证分析对上述问题进行深入探讨，以期对"3纵5横"全国骨干流通大通道的流通产业发展和流通节点城市建设起到一定的借鉴作用。

（一）主要节点城市流通产业发展对经济增长辐射作用的实证研究

1. 数据选取和测度方法

（1）数据选取。本部分以北京、天津、石家庄、太原、呼和浩特、沈阳、大连、长春、哈尔滨、上海、南京、苏州、杭州、宁波、合肥、福州、厦门、南昌、济南、青岛、郑州、武汉、长沙、广州、深圳、南宁、海口、重庆、成都、贵阳、昆明、拉萨、西安、兰州、西宁、银川、乌鲁木齐37个国家级流通节点城市为研究对象，选取数据为2004~2014年的平衡面板数据，以期进一步厘清流通产业与区域经济增长之间的相互促进关系，为今后推动流通节点城市建设提供实证支持。

研究数据主要来源于《中国城市统计年鉴》和《中国人口统计年鉴》。考虑到目前我国尚未把物流业作为独立的行业进行核算，因此借鉴大多数学者的做法，利用交通运输、仓储和邮政业产值代替物流业产值，根据节点城市物流业从业人数对上述城市的物流业发展情况进行聚类分析。若用 $A = \dfrac{交通运输、仓储和邮政业从业人数}{当期该地区总人口}$，可将我国物流业发展按照活跃程度不同大致分为四类地区，如表4所示。

表4　37个节点城市流通产业发展水平聚类划分

	分类标准	节点城市
第一类	A≥4%	深圳、北京、上海
第二类	4%＞A≥2%	拉萨、乌鲁木齐、广州、太原、厦门、海口、南京、西安

	分类标准	节点城市
第三类	2%>A≥1%	昆明、成都、贵阳、杭州、沈阳、天津、呼和浩特、重庆、武汉、银川、大连、宁波、苏州、青岛、哈尔滨
第四类	A<1%	合肥、济南、石家庄、长沙、郑州、福州、南宁、长春、南昌、兰州、西宁

从表4聚类分析结果可以看出：①深圳、北京、上海是物流产业发展最为活跃的地区，这三个地区也是经济发达程度较高的城市。②拉萨、乌鲁木齐、广州、太原、厦门、海口、南京、西安等城市紧随其后，流通产业整体活跃程度次之。在这几个城市中出现了物流产业与经济发展水平并不一致的情况，由于指标选取的原因，导致了总人口相对较少的城市如拉萨属于第二类城市。乌鲁木齐由于处于"一带一路"核心区，同时也是重要交通枢纽和区域性商贸物流中心，流通产业发展亦较为活跃属于第二类城市。③昆明、成都、贵阳、杭州、沈阳、天津、呼和浩特、重庆、武汉、银川、大连、宁波、苏州、青岛、哈尔滨等属于第三类城市，虽然流通产业从业人数比重达到了一定比例，但是与前述城市相比，还有一定距离。④合肥、济南、石家庄、长沙、郑州、福州、南宁、长春、南昌、兰州、西宁等属于第四类城市，多属于内陆城市。整体来看，流通产业活跃程度与该地区的经济发展状况具有一定的正相关关系，37个国家级节点城市在整体上体现出了东强西弱的特点。

（2）测度方法。节点城市流通产业的发展水平大致可以分为投入、产出和外部要素三个方面，按照研究习惯，将投入具体分解为物流业固定资产投资额和物流业从业人数两个方面，固定资产投资额和从业人数的增加将会促进流通产业的发展；将产出分解为货运周转量和物流业总产值，这两个指标既反映了流通产业的产出水平，又反映了经济发展对流通产业的需求程度；外部要素则可以分解为区域内铁路、公路、水路基础设施发展水平以及城市物流业产值比等多个方面。经济发展程度用该城市的GDP来表示。具体指标分解如图1所示。

本部分选取物流业作为自变量，区域经济作为因变量，物流业外部环境作为中介变量，考虑到环境转移变量因素，在两大系统中，因变量与自变量在互动环境下发生转换，产生逆向因果关系，即因变量与自变量在产业发展环境下发生位移，产生逆向因果关系，即物流业与区域经济通过外部环境协同发展的同时，又分别促进各自行业发展；同理，物流产业自身也是如此，物流业外部环境作为调节变量，其决定了物流业投入与产出互为彼此的关联影响。

2. 模型构建和实证研究

（1）模型构建。本部分运用灰色关联理论构建模型来分析主要节点城市流通产业发展对区域经济增长的辐射带动作用。其基本方法为将反应系统行为特征数列记为：

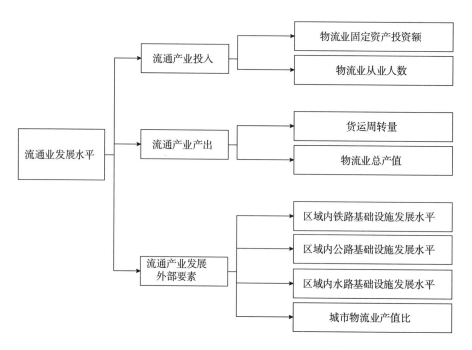

图1 流通产业与经济增长互动关系测度指标

$$X_0 = \{X_0(k), k = 1, 2, 3, \cdots, n\} = \{X_0(1), X_0(2), \cdots, X_0(n)\}$$

影响系统行为的数列矩阵为：

$$X_i(k) = \begin{vmatrix} X_1(k) \\ X_2(k) \\ \vdots \\ X_m(k) \end{vmatrix} = \begin{vmatrix} X_1(1)X_1(2)\cdots X_1(n) \\ X_2(1)X_2(2)\cdots X_2(n) \\ \vdots \\ X_m(1)X_m(2)\cdots X_m(n) \end{vmatrix}$$

其中，n 为参考数列的个数，m 为比较数列的个数。

在关联度计算中，信息差异公式为：

$$\Delta_{0i}(k) = |\hat{X}_0(k) - \hat{X}_i(k)|$$

其中，i=0，1，2，…，m；k=0，1，2，…，n。

外部环境参数为：

$$M = \max_i \max_k \Delta_{0i}(k); \quad m = \min_i \min_k \Delta_{0i}(k)$$

此时，可以通过灰色关联系数：

$$r[\hat{X}_0(k) - \hat{X}_i(k)] = \frac{m + \varepsilon M}{\Delta_{0i}(k) + \varepsilon M}$$

其中，ε 是分辨系数，$\varepsilon \in (0, 1)$，根据灰色系统原理在最小信息下取值为 0.5，得到灰色关联度：

$$r(X_0, X_i) = \frac{1}{n} \sum_{k=1}^{n} r[X_0(k), X_i(k)]$$

（2）实证研究。根据前述37个节点城市流通产业投入、产出和外部因素的面板数据，按照上述办法分别计算得出流通产业投入、产出和外部因素等各因子与区域经济发展的协调度。

产业投入是产业长远发展的必然需求，产业投入分为资金投入与人力资源投入。随着节点城市对物流产业重要性认识的不断深入，物流投入有利于物流业人才集聚促使物流业从业人员数量提升和物流业产值的增长，是实现区域经济社会发展的内在要求，也体现了区域发展对物流业发展的现实需求。

表5　37个国家级节点城市物流投入与区域经济发展的灰色关联实证结果

城市	发展系数	物流业固定资产投资额关联系数	物流业从业人员数量关联系数	检验平均相对误差绝对值的百分比（%）
深圳	0.8820	0.7143	0.6735	4.6797
北京	0.8912	0.7978	0.9213	4.3086
上海	0.9846	0.7874	0.8314	4.8766
拉萨	0.6981	0.7592	0.8542	4.9689
乌鲁木齐	0.6640	0.7533	0.7041	3.1341
广州	0.7960	0.7057	0.9217	2.4542
太原	0.6854	0.6660	0.9639	1.2567
厦门	0.7215	0.6617	0.8985	2.3249
海口	0.6652	0.6530	0.7719	2.8010
南京	0.8472	0.9270	0.6652	1.8789
西安	0.6580	0.8665	0.9655	4.3415
昆明	0.7921	0.9417	0.7979	3.5707
成都	0.8664	0.7345	0.7350	3.6126
贵阳	0.8142	0.7395	0.7886	2.5713
杭州	0.8625	0.9200	0.7551	2.8262
沈阳	0.7020	0.9640	0.7591	4.7606
天津	0.9115	0.7793	0.6673	1.0030
呼和浩特	0.7371	0.6891	0.6658	3.1836
重庆	0.8332	0.7613	0.7642	2.8686
武汉	0.8369	0.7283	0.9026	4.1931

城市	发展系数	物流业固定资产投资额关联系数	物流业从业人员数量关联系数	检验平均相对误差绝对值的百分比（%）
银川	0.7054	0.7941	0.7472	1.8842
大连	0.8929	0.8302	0.6836	1.0268
宁波	0.7576	0.7357	0.9257	3.2148
苏州	0.7963	0.8976	0.9065	1.4342
青岛	0.7298	0.7642	0.6698	4.8358
哈尔滨	0.7917	0.7724	0.6584	3.3661
合肥	0.8797	0.6726	0.9992	1.7742
济南	0.8299	0.9536	0.7545	4.5037
石家庄	0.8516	0.7458	0.6675	4.7548
长沙	0.7102	0.9183	0.6894	4.9784
郑州	0.7801	0.6749	0.7622	4.1771
福州	0.8447	0.9705	0.7521	4.7461
南宁	0.8881	0.9588	0.7455	1.2818
长春	0.7408	0.8129	0.7852	4.2134
南昌	0.8973	0.7771	0.8183	2.8514
兰州	0.7156	0.8319	0.9288	4.9333
西宁	0.7601	0.8177	0.8714	3.6356

由表5可知，37个国家级节点城市的发展系数处于0.9846和0.6580之间，有效地反映出物流产业投入与区域（城市）经济之间的密切联系。上海以0.9846排名第一，反映了该市物流业有效投入对其发达外向型经济的正向促进作用。北京、深圳和广州的城市发展系数位居前列，表明了物流业投入对这三个中心城市区域经济的带动作用。天津、杭州、大连近年来利用其独特的港口行业加大物流业固定资产投资额，同时吸引大量物流专业人员，有效地保证其城市发展系数名列前茅。重庆、南京、武汉作为内陆交通枢纽，具备独特的物流多式联运条件，物流业与区域经济的协同关系仍有待提高。西安、郑州、长沙等其余节点城市的物流业投入有限，发展系数排名靠后，物流业与区域经济之间尚未形成有效对称平衡的协同关系，这些城市应加大物流业的必要投入，在推动其物流业发展的同时，促进其经济水平的提升。

表6 37个国家级节点城市物流产出与区域经济发展的灰色关联实证结果

城市	发展系数	货运周转量关联系数	物流业总产值关联系数	检验平均相对误差绝对值的百分比（%）
深圳	0.8311	0.8329	0.6679	4.7108
北京	0.8601	0.8108	0.9224	3.0636
上海	0.8763	0.7623	0.9262	4.9994
拉萨	0.7843	0.6853	0.6772	2.1468
乌鲁木齐	0.7764	0.7159	0.8931	3.0191
广州	0.9212	0.9190	0.8195	4.5459
太原	0.6926	0.8341	0.8399	3.8529
厦门	0.8352	0.6546	0.7846	2.0529
海口	0.7695	0.7791	0.8760	2.1660
南京	0.7584	0.7044	0.6932	1.1136
西安	0.8307	0.9338	0.8284	2.4249
昆明	0.8815	0.9697	0.7450	3.4319
成都	0.7103	0.7519	0.8533	3.3784
贵阳	0.7701	0.9283	0.7275	2.6003
杭州	0.8448	0.9356	0.7490	1.7675
沈阳	0.7874	0.8942	0.6689	1.0673
天津	0.8527	0.9212	0.7346	1.3019
呼和浩特	0.6784	0.8815	0.9585	4.3504
重庆	0.7315	0.9414	0.7299	1.8400
武汉	0.9955	0.7535	0.9777	2.3634
银川	0.7930	0.8172	0.9458	1.8700
大连	0.7296	0.8556	0.9603	2.7542
宁波	0.8595	0.6897	0.6706	2.4619
苏州	0.7019	0.7749	0.8248	2.5967
青岛	0.8071	0.7115	0.8116	1.0781
哈尔滨	0.8280	0.7554	0.8913	1.8911
合肥	0.8391	0.9401	0.9988	1.4554
济南	0.7364	0.8020	0.9339	1.5435
石家庄	0.8197	0.8858	0.7802	3.8890

城市	发展系数	货运周转量 关联系数	物流业总产值 关联系数	检验平均相对误差 绝对值的百分比（%）
长沙	0.8084	0.8425	0.8954	3.2983
郑州	0.8098	0.6773	0.8790	2.9474
福州	0.7929	0.9866	0.8132	3.8522
南宁	0.8054	0.7199	0.7609	4.1258
长春	0.7150	0.6735	0.6885	2.0051
南昌	0.7509	0.6781	0.6556	2.6932
兰州	0.6534	0.8781	0.7213	4.9196
西宁	0.7623	0.8882	0.9971	4.2521

从表6中分析得出，物流业产出与区域经济的关联中37个城市的发展系数均显著大于零，说明物流业的产出各项指标均对区域经济的发展起到了正向激励作用。上海、广州、北京、深圳和天津物流业的产出对区域经济的协调系数均处于上行水平，表明这些城市物流业的产出对区域经济发展的促进作用明显。东、中部的其他城市如厦门、杭州、宁波等，其协调系数处于中上行波动水平，显示其发展系数仍有较大的上升空间。西安、郑州、兰州等其他中、西部节点城市的发展系数处于一般水平，这些城市外向型经济不足、物流业发展有限、服务水平低下，致使物流业产出无法满足区域经济需求，影响了相关城市的发展。

根据物流业产出的各项指标，东部发达城市的物流业货运量和货运周转量的增加，有效地促使物流业产值的提高，进而导致与区域经济的协调发展；中部城市物流业产出各项指标的关联明显弱化，体现在货运量与货运周转量接近东部城市，物流业产值明显落后；西部城市物流业产出各项指标均落后于中、东部城市，显示相关节点城市物流业发展水平落后，仍有待发展。

表7　37个国家级节点城市物流业外部要素与区域经济发展的灰色关联实证结果

城市	发展系数	铁路基础设施 发展水平	公路基础设施 发展水平	水路基础设施 发展水平	城市物流业 产值比	检验平均相对误差 绝对值的百分比（%）
深圳	0.8668	0.7804	0.8988	0.9656	0.7494	4.0695
北京	0.9239	0.7481	0.8163	0.7143	0.7907	3.7599
上海	0.9575	0.9109	0.9384	0.6814	0.9868	1.2829
拉萨	0.7710	0.6869	0.7455	0.9980	0.9998	1.1938
乌鲁木齐	0.7556	0.9080	0.8264	0.8189	0.8093	4.8090

续表

城市	发展系数	铁路基础设施发展水平	公路基础设施发展水平	水路基础设施发展水平	城市物流业产值比	检验平均相对误差绝对值的百分比（%）
广州	0.8636	0.7324	0.7070	0.7596	0.9546	1.4364
太原	0.7026	0.9843	0.7055	0.7099	0.7824	1.9859
厦门	0.8473	0.7276	0.7327	0.7047	0.7114	4.6460
海口	0.8645	0.7427	0.7566	0.7415	0.7907	3.4889
南京	0.8556	0.6725	0.8492	0.7657	0.7497	4.0527
西安	0.6516	0.6933	0.9681	0.9702	0.7532	2.5512
昆明	0.8310	0.7752	0.9526	0.6575	0.6574	4.3139
成都	0.8457	0.8441	0.7344	0.7437	0.9922	1.5540
贵阳	0.8303	0.8502	0.7488	0.9931	0.7896	3.4227
杭州	0.8239	0.7272	0.9828	0.8713	0.7828	4.0902
沈阳	0.7038	0.6824	0.9892	0.8504	0.7792	3.5066
天津	0.7373	0.7926	0.7999	0.8365	0.8388	1.2541
呼和浩特	0.7448	0.7724	0.9004	0.8211	0.8759	3.1619
重庆	0.7831	0.8943	0.6912	0.7723	0.6906	1.2748
武汉	0.8069	0.9605	0.6740	0.6569	0.7813	1.1934
银川	0.8604	0.8577	0.6682	0.9047	0.9056	2.4301
大连	0.9064	0.9828	0.8676	0.6518	0.7760	1.9314
宁波	0.8351	0.7355	0.7097	0.7277	0.8415	4.7101
苏州	0.9217	0.7122	0.8439	0.7453	0.7176	1.5892
青岛	0.8909	0.7144	0.7956	0.6985	0.8212	4.1724
哈尔滨	0.7390	0.9187	0.7269	0.9323	0.9943	2.9763
合肥	0.7748	0.9855	0.7348	0.8601	0.8935	2.5138
济南	0.7876	0.8479	0.6889	0.9197	0.9221	3.0258
石家庄	0.7204	0.9369	0.6593	0.7598	0.8109	3.6307
长沙	0.8619	0.7071	0.8054	0.7609	0.8482	1.0450
郑州	0.9029	0.9805	0.9677	0.7323	0.8880	2.0453
福州	0.8768	0.7543	0.8158	0.9962	0.8996	1.2914
南宁	0.8788	0.9363	0.7352	0.7079	0.6995	3.6702
长春	0.8314	0.8392	0.7629	0.7482	0.8972	1.8595
南昌	0.7011	0.7031	0.7279	0.7288	0.9681	2.7777
兰州	0.7696	0.8261	0.6645	0.6515	0.8540	2.2311
西宁	0.7038	0.7115	0.8583	0.7885	0.6686	3.6333

通过表7可以看出，节点城市经济发展与物流业外部环境密切相关。上海的物流业外部环境各项指标均处于全国领先水平，在节点城市中排名第一。近年来，东部发达城市及内陆枢纽城市通过对物流业外部环境不断优化，促进本地区的物流业发展。中部城市如武汉、重庆近年来通过改善本地物流外部环境，积极推动物流产业化发展，努力塑造物流业成为黄金型基础产业，借以促进当地经济发展，效果显著。西部城市物流业外部环境有待优化，城市发展系数排名落后，应当充分利用国家给予的各项优惠政策及丝绸经济带的建设，大力改善物流业外部发展环境，提升物流基础设施水平，谋求物流业与区域经济的互动式协调发展。

3. 主要结论

目前我国37个国家级节点城市的物流业发展分别处于不同阶段，本部分根据各城市不同的物流业现状与经济特征的实证研究结果，将国家级物流节点城市划分为四类：

第一类是东部中心城市，包括上海、北京、天津、广州、深圳。上述城市经济发展状况较好，具有发达的物流基础设施及产业外部发展环境，人力资本丰富，有利于在现有区域物流与经济协调发展的基础上，突破发展瓶颈，加快产业转型，推动两者向更高水平提升。

第二类是东、中部交通枢纽城市，包括杭州、厦门、宁波、青岛、大连、武汉、南京、重庆、沈阳、济南、苏州、哈尔滨。这些城市凭借其独特的地理位置、发达的物流基础设施，能够吸引到大量的投资，有利于发展物流业，促进地区经济发展。沈阳和济南作为老工业基地，单一的产业结构不利于物流业的发展，但作为大连、青岛的必要中转基地，丰富的实物资本与人力资本有利于物流环境的改善，合理规划区域物流，促进物流业与区域经济的协调发展。

第三类是中、西部交通枢纽城市，包括成都、郑州、西安、南宁、兰州、乌鲁木齐、石家庄、福州。这类城市应当在改善物流业外部环境、加强物流基础设施建设的基础上，利用经济投入促进物流业发展，根据经济学中"追赶效应"，这些城市物流业起步较晚，但发展速度较快，应通过物流业产出拉动经济发展，必要的经济投入促进物流业进步，形成两者的协调发展关系。

第四类是中、西部省会和重点城市，包括拉萨、太原、海口、昆明、贵阳、呼和浩特、银川、合肥、长沙、长春、南昌、西宁等。由于这些城市资本投入有限，物流基础设施有待改善，产业结构单一。经济发展落后于全国平均水平，今后应该更长远地谋划本地物流业规划，真正实现物流业与区域经济增长的良性互动。

（二）主要节点城市流通产业对进出口贸易的影响测度

1. 数据选取和测度方法

本部分仍然以北京、天津、石家庄、太原、呼和浩特、沈阳、大连、长春、哈尔滨、上海、南京、苏州、杭州、宁波、合肥、福州、厦门、南昌、济南、青岛、郑州、武汉、长沙、广州、深圳、南宁、海口、重庆、成都、贵阳、昆明、拉萨、西安、兰州、西宁、银川、乌鲁木齐 37 个国家级流通节点城市为研究对象，选取数据时期为 2004~2014 年，目的是验证物流业对进出口贸易是否有促进作用，影响是否显著。主要采用多元回归的方法来测算现代物流发展对进出口贸易增长的影响程度，以及其程度随时间的变动趋势。

　　主要数据来源于《中国城市统计年鉴》。用进出口贸易总额代表进出口贸易的发展程度，用铁路、公路、水路、民用航空的货运周转量以及管道输油（气）量作为衡量流通产业发展程度的自变量来构建回归模型，如图 2 所示。

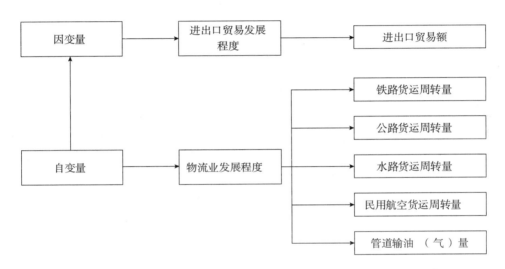

图 2　流通产业对进出口贸易影响测度指标

2. 模型构建和实证研究

（1）模型构建。根据上述测度方法，设定模型如下：

$$Y_t = \beta_1 + \beta_2 X_{2t} + \beta_3 X_{3t} + \beta_4 X_{4t} + \beta_5 X_{5t} + \beta_6 X_{6t} + U_t$$

其中，Y_t 为因变量，即进出口总额，单位为亿元；X_{2t} 为铁路货运周转量，单位为亿吨公里；X_{3t} 为公路货运周转量，单位为亿吨公里；X_{4t} 为水运货物周转量，单位为亿吨公里；X_{5t} 为民用航空货运周转量，单位为亿吨公里；X_{6t} 为管道输油（气）量，单位为亿吨公里；U_t 为随机误差项，β 为回归系数。

（2）实证研究。为估计模型参数，本部分采用分城市的 2004~2014 年的面板数据对上述模型进行 OLS 回归分析，以北京市为例，模型估计结果为：

$$Y_t = -45834.4 + 3.764564 X_2 + 4.236521 X_3 + 1.125362 X_4 + 65.51246 X_5 + 128.362541 X_6$$

　　其中，$R^2 = 0.991243$，纠正后的 $\overline{R}^2 = 0.996728$，$F = 3560.482$，说明该模型对样本的拟合优度较好。在 F 检验中，针对原假设的 H_0：$\beta_2 = \beta_3 = \beta_4 = \beta_5 = \beta_6 = 0$ 给定的显著

性水平 $\alpha = 0.05$，可以得到 $F > F_a$，因此应拒绝原假设，可以得知前述回归方程是显著的，即铁路货运周转量、公路货运周转量、水路货运周转量、民用航空货运周转量、管道输油（气）量等变量对进出口总额有显著影响。根据这个步骤对其他城市进行同样的回归分析，可以得到均拒绝原假设的结论。

3. 主要结论

本部分运用回归工具对 37 个国家级节点城市 2004～2014 年物流业对进出口贸易的影响进行了实证研究，并将结论总结如下：

（1）城市物流业对促进进出口贸易发展具有显著的作用机理。不同城市的研究虽然在具体数据上略有不同，但其经济含义是一致的，都说明城市物流业发展对提升进出口贸易有积极的作用。主要表现在：①物流业发展有利于进出口贸易成本的下降，从而推动进出口贸易的发展。随着物流业的发展，进出口贸易中的物流活动运作效率越来越高，降低了物流运作成本，并直接导致进出口贸易成本的降低，从而进一步刺激进出口贸易的发展。②外贸企业通过物流外包，专注于自己的核心业务，推动了进出口贸易的发展。随着第三方等专业物流企业的出现及运作的高效率，从事外贸的企业把相关物流活动外包给专业的物流公司，专注于自己所擅长的进出口贸易活动，提高了进出口贸易活动的效率，进而促进了进出口贸易的发展。③物流业发展有利于拓展消费者的选择空间并发现新的市场，进而推动了进出口贸易的发展。物流业的发展意味着消费者可以在更大空间上选择商品，相同的收入能买到更多的优质商品，消费者选择空间的扩大有利于生产商或销售商商业机会的扩张，发现新市场，扩大市场份额，进而促进了进出口贸易的发展。

（2）不同城市间流通产业与进出口贸易回归拟合优度差异明显。根据上述回归结果分析，不同城市的物流业发展程度对当地进出口贸易的影响是不同的，其主要表现为拟合优度差异明显。其主要原因在于 37 个节点城市之间在物流业运营绩效方面具有较大差异。一般来说，较好的物流运营绩效改善了进出口贸易活动的效率，从而促进了进出口贸易较大的增长，反之则较小。造成物流运营绩效不佳的主要原因可能是：第一，各地方仍然没有对物流业加以重视，用计划经济手段去管理现代物流业；第二，物流的基础工作还不完善，如企业信息化问题等。为此，37 个节点城市应该根据自身发展实际在产业政策制定方面可以有所引导，从而为本地区流通产业发展和进出口贸易的竞争力提升奠定良好的基础。

四、政策建议

本部分理论分析和实证结果的政策建议为以下五个方面：

（一）加强物流基础设施建设，优化物流网络体系

近年来，各地各级政府对物流业发展的扶持力度不断增强，物流基础设施已经取得了较大进步。但是，还存在着物流设施布局不合理，铁路、公路、水路、民航等不同运输方式的衔接不畅等问题，因此，政府部门应该加强规划引导，对现有的物流设施资源进行整合，使港口物流、航空物流、公路物流、城乡物流得以有效衔接，优化物流设施网络体系，为扩大对外贸易提供保证。

优化物流网络系统，强化城镇物流网络衔接，整合物流网络资源，形成网络化、一体化、协同化物流运行模式。建设与城镇货运枢纽能力匹配、衔接顺畅的铁路、公路、内河等集疏运网络与集散设施。统筹铁路、公路、内河等货运枢纽建设，实现不同运输方式之间的合理分工，促进多种交通运输方式之间的顺畅衔接和高效中转。

（二）通过重组整合，提升流通产业的专业化程度

基础设施的完善固然对流通产业发展不无裨益，但是政府仍需出台支持流通产业发展的相关政策，保护目前尚属幼小产业的流通业，推动其发挥专业化职能，充分释放潜在的市场调节作用。实证研究已揭示，流通厂商的市场交易规模远未饱和，而制造业却存在产业内交易的倾向。因此，有关部门不妨通过实施行业部门间的劳动力转移，使地区产业结构更加合理化，进而推动产业间市场调节机制发挥应有的功效。如通过引导劳动力的就业观念，发展新型业态，拓宽流通渠道，加快地区产业结构的调整与升级；或是通过流通产业的内部调整，将部分产能过剩的劳动力转移到发展不足的流通业态之中，从而加快地区流通产业专业化发展。

以"调结构、转方式"为发展导向，鼓励物流企业兼并重组，提高产业集中度，促进规模化、集约化经营，提高市场竞争力，培育一批具有竞争力的物流企业，优化物流产业结构；转变传统交通运输业发展方式，提升现代物流服务能力。

（三）发挥市场配置作用，实现流通产业结构升级

提高物流园区集中度。物流园区是物流产业集聚的重要表现形式。通过物流园区将小城市、城镇甚至农村的物流进行集聚，将分散的仓库、配送中心、运输服务、信息、物流技术等高度集约化，形成技术密集型和高附加值的科技产业，具有资产结构高度化、技术结构高度化、劳动力高度化等特征。加强物流园区的整体规划，明确园区功能定位和分工，依据产业结构和区位条件优化物流园区的布局。整合需求不足、服务区域重合、同质化竞争明显的物流园区，避免物流园区的重复建设。发挥物流园区的集聚效应，促进分散的物流基础设施向园区集聚，推动物流园区之间的网络协同运作，提升园区的集聚效应和辐射带动作用。积极鼓励大型物流入园，避免物流用地

在城市遍地开花的局面。

促进大、中、小物流企业有序发展。为了使城市产业结构朝着合理化和高度化的方向优化，构建完善的物流体系是不可缺少的一个步骤。现代物流的理念是将物流资源加以重新整合，按市场规律实现资源的优化组合，形成新型的物流产业，从而使其发挥整体优势和规模效益，促使物流业形成并向专业化、合理化的方向发展。城市物流体系通过物资、信息、资金、人员在城市的合理集散，使第三产业内部得以优化。结合区域经济发展内在需求和产业迁移，优化物流产业空间布局，加快推进物流资源向重点区域、节点城市集聚，提高物流资源使用效率，实现产业集聚式发展。改善物流市场环境，引导中小物流企业通过技术进步、业务创新合理发展，推动大、中、小物流企业协调发展。推动面向不同领域的专业化物流企业的发展，引导功能性和一体化物流企业的发展。

（四）借力电子商务，实施流通产业联动发展战略

顺应电子商务产业的蓬勃发展，结合电子商务的发展需求，推动物流服务模式创新和服务方式转型，推动电子商务物流集成发展。推进跨境电子商务物流服务体系建设，推动相关电商物流政策环境完善，促进物流服务和电子商务集成创新，加快电子商务与城乡物流模式的整合。基于现有城镇交通运输体系和综合交通运输体系，加快建设适应电子商务发展需要的社会化物流体系，优化配送中心、中转分拨场站、社区集散网点等物流设施的规划布局，优化城镇间、城乡间配送路线。引导电子商务企业合理建设物流设施，完善社会仓储网络，提高配送技术水平。推动快递、零担、城市配送企业发展，依托信息化提高专业化服务能力和水平，增强电子商务企业的快速物流保障能力，提升电子商务客户体验，推动电子商务的健康发展。

物流业与制造业、商贸业及农业等行业联动发展。在流通产业发展建设的过程中必然伴随制造业、商贸业和农业等行业的发展。推行物流业与其他行业的相互融合、联动发展，有利于实现双赢局面。一方面，鼓励物流企业全面参与到制造企业的全程供应链管理中，推动物流企业与制造企业在采购、生产、销售、仓储、库存、售后、逆向物流等环节的全面合作。另一方面，整合物流资源，为制造企业提供高效的物流服务，促进制造业的发展。

（五）借助新技术，推动物流服务模式和技术创新

物流服务模式创新。综合铁路、公路、航空等多种运输方式的协调互补，开发市场化运输品种，扩大物流市场份额，优化市场运力资源。推广高能效、低排放的物流设施设备和环保绿色包装，发展低碳物流。鼓励金融与物流服务模式的创新，推广库存商品融资、仓单质押、物资银行、物流银行、融通仓、货权融资等多种金融物流业

务模式。依托综合交通运输网络和公共信息平台，在电子商务环境下优化配送网络，推广发展社会化物流、物流联盟和物流一体化等电子商务物流模式。鼓励物流企业积极利用物联网技术发展智能物流，建立智能物流服务体系，实现物流资源优化配置。推广面向产业链的供应链物流集成与协同服务、平台式物流信息服务等新型物流服务模式。

加强新兴信息技术和物流的深度融合，推动云计算、物联网、大数据、移动通信等新兴技术在现代物流领域的研究和应用，鼓励物流信息化和智能化技术的研发和应用。支持和鼓励大中型交通运输、物流企业成为技术创新主体，集成高等院校、科研院所等相关力量，加强物流新技术、新装备的开发和应用，推动形成一批科研能力强，转化速度快的创新型企业，使新的物流科技成果快速转化为物流生产力。设立重大工程项目，增强物流技术创新能力，促进产学研一体化发展。提高物流基础设施、物流装备等的标准化水平、专业化水平及清洁化水平，严格物流车辆、船舶及其他物流设施、物流装备的市场准入与退出机制等。

子报告三　典型流通节点城市发展分析

流通节点城市是指经济规模和商品流通量较大，商流、物流、资金流和信息流高度汇集，具有较强集聚、辐射等功能，在流通网络中处于枢纽地位的城市。为加快构建全国骨干流通网络，提升流通节点城市要素汇聚与集散功能，更好地发挥流通产业的基础性和先导性作用，进一步释放消费潜力。首先需要分析每个城市自身的特点、优势及存在的问题，因地制宜地制定政策建议，稳步推进完善流通大通道基础设施、建设公益性流通设施、提升流通节点城市信息化水平、建设商贸物流园区、完善城市共同配送网络、发展国家电子商务示范基地、提升沿边节点城市口岸功能、促进城市商业适度集聚发展、强化流通领域标准实施和推广9项重点任务的完成。下面依据在流通网络中的战略地位和要素汇聚辐射带动能力等基础条件，选取了沈阳、石家庄、青岛、郑州、西安、重庆、杭州、广州8个典型的国家级、区域级和地区级流通节点城市，分析这些城市在承担流通职能，发挥要素汇聚与集散功能方面的作用，考察其发展过程中面临的问题、挑战，当地政府在其中扮演的角色，并提出相应的对策建议。

一、沈阳

沈阳位于中国东北地区南部，地处东北亚经济圈和环渤海经济圈的中心，东北地区的政治、经济、文化、金融、科教、军事和商贸中心，东北第一大城市。国家交通枢纽、国家通信枢纽，中国十大城市之一，国家门户城市，是长三角、珠三角、京津冀地区通往关东地区的综合枢纽城市。

(一) 节点城市发展情况分析

沈阳是东北地区最大的中心城市，是正在建设中的沈阳经济区（沈阳都市圈）的核心城市，工业门类齐全，具有重要的战略地位。沈阳是新中国成立初期国家重点建设起来的以装备制造业为主的全国重工业基地之一。经过几十年的发展，沈阳的工业门类已达到142个，到2015年为止规模以上工业企业4000多家，地区生产总值（GDP）7280.5亿元，按可比价计算，比上年增长3.5%。其中，第一产业增加值341.4亿元，增长3.5%；第二产业增加值3499亿元，增长0.9%；第三产业增加值

3440.1亿元，增长6.3%。第一产业增加值占GDP的比重为4.7%，第二产业增加值占GDP的比重为48.1%，第三产业增加值占GDP的比重为47.2%。按常住人口计算，人均GDP为87833元，增长3.2%[①]。

2016年4月，沈阳高新技术产业开发区和大连高新技术产业区升级为沈大国家自主创新示范区，成为中国14个国家自主创新示范区之一。沈大国家自主创新示范区定位为"四区一中心"，即东北老工业基地高端装备研发制造集聚区、东北老工业基地转型升级引领区、东北老工业基地创新创业生态区、东北老工业基地开放创新先导区、东北亚地区科技创新创业中心。

2015年环城都市农业产业带新建成10个休闲采摘园、形成4条精品旅游线路，大力发展多种形式适度规模经营，现代农业加快发展，农业的基础地位较为稳固。

第三产业发展速度快、比重快超过第二产业。随着工业化的发展，发达的服务业不断成为制造业提升的助推器。沈阳市的装备制造要从传统、低端向着先进、现代化的方向迈进，离不开产品设计的社会化，离不开各种孵化器的支持，离不开完善的售后服务，更离不开便捷的产品配套，实际上，就是离不开现代服务业的支撑。因此，第三产业的发展不能独立于第一、第二产业，要与第一、第二产业配套，特别是与第二产业配套，保证第二产业发展的道路畅通。从目前的情况看，沈阳市第三产业还有一段路要走，第三产业的发展速度要在此基础上更快发展。

2015年沈阳市启动"万人创业工程"，开展"双创"系列活动[②]，全年实名制就业22.84万人，新增创业人员1.8万人。援助就业困难群体就业0.82万人。2015年末，城镇登记失业人员10.42万人，城镇登记失业率3.18%[③]。

（二）流通节点功能发挥情况及比较

1. 集散中转功能分析

2015年沈阳市货物运输总量为21362.1万吨，比上年增长5.7%。其中，铁路货物运输总量482.6万吨，下降11.6%；公路货物运输总量20873万吨，增长6.2%；民用航空货物运输总量6.52万吨，增长4.0%。全年旅客发送量20642.7万人次，增长3.2%。其中，铁路全年旅客发送量4427万人次，增长6.8%；公路全年旅客发送量15554万人次，增长2.1%；民用航空全年旅客发送量661.7万人次，增长5.1%。沈阳是中国东北地区的铁路枢纽之一，京哈铁路、沈大铁路、沈吉铁路、沈丹铁路、沈山铁路、苏抚支线和哈大高铁等多条铁路干线交汇于此。沈阳与国际20个城市、国内72个城市（地区）通航。沈阳机场航线达到150条，其中国际航线25条，国内航线125

---

①③　沈阳市统计局.2015年沈阳市国民经济和社会发展统计公报［EB/OL］.沈阳市统计信息网，2016-05-31.

②　新华网.沈阳实施"万人创业工程"［N］.新华网，2015-03-27.

条；民航运输飞机起降 9.9 万架次，增长 2.6%；机场旅客吞吐量 1268 万人次，下降 0.9%①。沈阳桃仙国际机场是国家公共航空运输体系确定的全国八大区域性枢纽机场之一，是东北地区规模最大的复合型门户枢纽航空港。桃仙机场位于沈阳都市圈的中心，为八市共用机场，距沈阳市中心 20 公里。沈阳桃仙国际机场有多条国内航线飞往全国各大城市，是中国东北地区联系各国的窗口。

2015 年沈阳市完成邮电业务总量 196.5 亿元。其中，邮政业业务总量 23.2 亿元，电信业务总量 173.4 亿元。完成快递业务量 10961.6 万件。年末固定电话交换机总容量 419.2 万门。城乡固定电话用户 229.2 万户，下降 8.5%。移动电话交换机总容量 1454.4 万门。移动电话用户 1349.3 万户，新增 305.4 万户。国际互联网络登记注册用户 179 万户，增加 16.1 万户，其中宽带接入用户 177.5 万户，增加 16.1 万户。固定电话普及率 27.6 部/百人，移动电话普及率 162.7 部/百人②。

2. 消费促进功能分析

2015 年沈阳市社会消费品零售总额 3883.2 亿元，比上年增长 8.2%，其中限额以上单位实现网上商品零售额 101.4 亿元，增长 53.1%。按地区分，城镇零售额 3636.1 亿元，增长 7.1%；乡村零售额 247.2 亿元，增长 26.5%。全年成交额超过亿元的商品交易市场 53 个，交易额 1099.8 亿元。

2015 年沈阳市限额以上批发零售贸易企业实现零售额 1932.2 亿元，比上年增长 6.8%。其中，汽车类零售额 473.1 亿元，增长 6.3%；服装、鞋帽、针纺织品类零售额 252 亿元，增长 5.1%；中西药品类零售额 279.6 亿元，增长 10.5%；粮油、食品类零售额 123.9 亿元，增长 8.0%；家用电器和音像器材类零售额 185.3 亿元，增长 20.4%；日用品类零售额 64.1 亿元，增长 2.9%；通信器材类零售额 104 亿元，增长 16.7%；建筑及装潢材料类零售额 32.6 亿元，增长 8.2%。医药、电子和通信类产品销售额大幅增长，发展较快。

2015 年以来，沈阳市在原有制造业优势的基础上，以新理念、新模式，倾力发展跨境电商，为促进对外贸易发展提供了新引擎。阿里菜鸟网络拟投资 50 亿元，在沈阳市浑南国家电子商务示范基地建设中国智能骨干网电商产业城，这是阿里服务东北三省、蒙东地区及东北亚跨境区域的核心节点项目；在"2015 年'一带一路'中国（兰州）国际跨境电商物流大会"上，沈阳与兰州、成都、武汉、南京等兄弟城市联合成立"一带一路"跨境电商物流合作联盟，在跨境电商物流运输网络、优化跨境电商物流发展环境、推动跨境电商物流联合规划等方面进行全面合作；沈阳市于洪区政府与软通动力信息技术（集团）有限公司、意大利维龙集团签署合作协议，共同建设跨境

① 沈阳实施"万人创业工程"[N]. 新华网，2015-03-27.
② 沈阳市统计局. 2015 年沈阳市国民经济和社会发展统计公报 [EB/OL]. 沈阳市统计信息网，2016-05-31.

电商平台及产业链采购协同平台项目，该项目有望成为立足沈阳、辐射东北的跨境电子商务中心，为沈阳电子商务发展和优势产能"走出去"提供助力。

到 2015 年末，沈阳市有国家 A 级旅游景区 74 家，旅行社 204 家，星级饭店 96 家。全年旅游总收入 1221.2 亿元，比上年增长 14.6%。其中，国内旅游收入 1171.6 亿元，增长 14.7%；外汇收入 8 亿美元，增长 14.3%。接待国内外旅游者 9219.2 万人次，增长 11.0%。其中，国内旅游者 9154.2 万人次，增长 11.0%；入境旅游者 65 万人次，增长 10.2%①。旅游业大力改革发展，沈阳成为境外旅客购物离境退税城市，通过旅游业极大地拉动了当地的消费。

3. 外贸服务功能分析

2015 年沈阳市进出口总额 140.8 亿美元，比上年下降 10.8%。其中，进口总额 72.9 亿美元，下降 15.7%；出口总额 67.9 亿美元，下降 5.0%。全年新签外商投资合同项目 137 个，合同外资额 19.4 亿美元，实际利用外商直接投资 10.6 亿美元，比上年下降 53.3%。全年对外承包工程与劳务合作合同金额 16.7 亿美元；实现营业额 11.2 亿美元，增长 3.0%②。

沈阳市外贸进出口遇到了很大的挑战，无论是出口还是进口，其增长速度均低于 2014 年同期水平，而且低于全国的平均水平。遇到的最大问题是国家政策调整的影响，随着国家对高耗能、高污染、资源型产品出口的控制，逐步加大了降低出口退税率和取消退税商品范围。

（三）发展过程中面临的问题、挑战

1. 体制性、机制性矛盾日益凸显

沈阳市有很多大型零售商业集团，其所有制性质还属于国有独资或国有控股，产权制度改革相对滞后，这容易导向一些经营者偏重于企业短期行为，淡化把企业做大做强的紧迫感和加快振兴民族商业的使命感。

2. 组织化程度落后，整体优势不能发挥

沈阳市流通组织的集中度还比较低，仍然处于一种分散经营、各自为政的落后状态，这种散、小、弱的组织方式，已经成为制约沈阳市流通规模进一步拓展的瓶颈。

3. 流通领域的地方法规和制度亟待完善

在流通设施建设方面，至今还没有关于大型商业设施建立和批准的地方法规和制度，北京、大连等地对新建的大店建立了听证会制度，实施以社会需求为导向和避免盲目竞争的发展③。

---

①② 沈阳市统计局. 2015 年沈阳市国民经济和社会发展统计公报［EB/OL］. 沈阳市统计信息网，2016-05-31.

③ 宋德军，刘阳. 沈阳市流通业竞争力现状、问题及对策研究［J］. 大连民族学院学报，2007（11）.

（四）对策建议

1. 坚持以内涵式发展为主，培育有竞争力的大流通企业

流通业转变经济增长方式，一要靠科学的规划和产业政策导向，二要靠挖掘行业和企业内部潜力。发展重心应转向规范管理和有效竞争上，应充分挖掘企业内部潜力，加强内部经营管理，提高基础设施的使用效率和资产的经营质量。要以流通现代化带动城乡经济和优势、支柱产业的发展；要用大流通理念规划发展战略，实施"以市带县"、"以城市带动农村"的发展模式。把农村市场纳入大流通格局中，把中小企业的发展纳入大企业发展的轨道中。坚持适度超前发展，现代流通业的增长速度要高于GDP的增长速度，使流通业成为拉动经济增长的支柱产业。在培育大企业集团的同时也要支持中小流通企业的发展，特别是在信贷、科技创新方面给予支持，充分发挥其吸纳就业的作用。

2. 加强市场经济下地方政府的作用，培育良好的市场发展环境

在市场基础上，通过政府调控和产业政策导向，加快重组整合，合理配置资源，市场绩效才会更好。首先，进一步改革流通体制，使其有利于统筹城乡市场的发展。加大流通体制改革和政策协调力度，消除流通现代化发展中的体制性和政策性障碍，要打破地区封锁和行业垄断，切实解决各类企业在竞争环境上的不平等问题，促进商品和各种要素自由流动与充分竞争。其次，加强地方法规的建设和完善。大的建设项目要实行听证会，以纠正只强调片面利益、忽视整体利益的问题。最后，注重招商引资的质量。对于重大的招商引资和大型商业设施项目要建立听证制度。在市级主要商业区开新店要经过听证会议。

3. 发挥好行业协会的作用

对于外商的一些商业行为，政府不能干预，行业协会则可以通过协会章程加以制约。商会可以制定同类商品的毛利率，阻止价格过低的过度竞争行为和垄断倾向。建立沈阳市零售业协会、连锁业协会、批发业协会等，通过行业协会，发挥好行业管理的主要职能。

二、石家庄

石家庄市地处河北省中南部，环渤海湾经济区，距首都北京273公里，是东线沿海流通大通道、中线京港澳流通大通道和西北北部流通大通道的重要节点城市。石家庄凭借独特的区位优势和交通便捷的有利条件，使其成为中国北方极其重要的物流集散基地。

河北省在京津冀协同发展中的定位是"全国现代商贸物流重要基地、产业转型升

级试验区、新型城镇化与城乡统筹示范区、京津冀生态环境支撑区"。而石家庄作为距离北京最近的省会城市，其打造冀中南副中心、主动承接首都功能疏解的定位基本确立。在石家庄出台的《京津冀协同发展意见》中明确表示，要依托石家庄省会区位优势，主动承接首都功能疏解和京津商贸物流等产业转移，打造现代"华北重要商埠"。随着京津冀一体化的逐步深入，石家庄市在要素汇聚与集散功能方面对京津冀地区乃至全国都将发挥着至关重要的作用。

（一）节点城市发展情况分析

2015 年，石家庄生产总值完成 5440.6 亿元，按可比价格计算，比上年增长 7.5%，高于全省 0.6 个百分点。其中，第一产业增加值完成 494.4 亿元，增长 2.3%；第二产业增加值完成 2452.9 亿元，增长 5.8%；第三产业增加值完成 2493.3 亿元，增长 10.6%。第一产业增加值占生产总值的比重为 9.1%，第二产业增加值占生产总值的比重为 45.1%，第三产业增加值占生产总值的比重为 45.8%。

2015 年，石家庄畜牧业、蔬菜、果品三大优势产业产值达到 690.9 亿元，占农、林、牧、渔业总产值的比重为 77.2%，比上年提高 0.8 个百分点。农业产业化经营率达到 65.7%，比上年提高 0.8 个百分点。石家庄农作物品种多、种植面积大，是河北省粮、棉主产区，现已发展成为中国北方绿色农业基地之一，是中国粮、菜、肉、蛋、果主产区之一，农业集约化和产业化水平较高，生产规模居中国 36 个重点城市第一位，被国家确定为优质小麦生产基地，素有中国"北方粮仓"之称。

2015 年，石家庄规模以上工业企业 2584 个，增加值完成 2117.3 亿元，比上年增长 6.0%，高于全省 1.5 个百分点[①]。石家庄市是中国最大的医药工业基地和重要的纺织基地之一，是国家确认的首批生物产业基地，也是河北省的工业大市。但由于受市场有效需求不足、化解过剩产能和治理大气污染等因素影响，仅启动大气污染应急三级以上预警和"9·3"活动，停、限产规模以上企业多达 590 余家，影响规模以上工业增加值增速 1.8 个百分点左右，影响生产总值增速 0.8 个百分点[②]。

（二）流通节点功能发挥情况及比较

1. 集散中转功能分析

铁路运输方面，石家庄是全国铁路运输的主要枢纽，京广、石太、石德、朔黄 4 条铁路干线交汇于此，其中京广线是连接中外交流的大动脉，石太线是晋煤外运的主要通道。石家庄火车站是全国特等站之一，也是全国三大货车编组站之一，主要担负着京广、石德、石太 3 条干线的旅客输送、货物到发中转任务及列车编解、运行组织

---

①② 石家庄市统计局 . 石家庄市 2015 年国民经济和社会发展统计公报［EB/OL］. 石家庄统计信息网，2016 －04－11.

工作，日均发送旅客列车 108 列，日均输送旅客 5 万多人，日均到发货物列车 230 多列，办理货车 11500 辆。公路交通方面，京石、石太、石黄、石安高速公路和 107 国道、207 国道、307 国道、308 国道以及 2 条省道、42 条县道在市域内纵横交错，公路通车总里程 6379 公里。空中航线方面，石家庄民航机场可起降各种大中型客机，现已开通 44 条国内、国际航线，通达上海、深圳、大连、香港等国内 32 个大中城市以及莫斯科、阿拉木图等国外城市和地区，引进国航、东航、南航等 12 家航空公司加盟石家庄机场的航线运营。邮政通信方面，石家庄是全国四大邮件处理中心之一和北京以南地区电讯网络的重要枢纽。本地电话交换机总容量达到 214.94 万门，长途电话交换机总容量达到 11.28 万路端，数据通信端口达到 17.71 万个。已经形成了城乡一体的本地电话网，全部实现了交换程控化和传输光纤化[①]。

石家庄作为"火车拉来的城市"，在商贸物流方面具有良好的基础。大力发展新火车站商圈已成为重点工程，随着新火车站的建设发展，城市南部商贸枢纽中心正逐渐成熟。以新胜利大街为中轴线，形成集商品展示与现代物流于一体、批发与零售相结合的现代商贸区，强力推动塔坛国际商贸城项目建设，并借助高铁新客站的拉动作用，南部商贸物流产业集聚区迅速发展起来。位于石家庄主城区和正定新区结合部的石家庄国际贸易城，体量相当于 10 个北京大红门+动物园服装批发市场的规模，建成后，将具备承接首都商贸批发业转移的现实基础。石家庄南三条小商品批发市场和新华集贸中心市场在全国具有较高的知名度。新华集贸中心市场进行了一系列的转型升级，已经成为超大型服装市场集群。南三条、新华集贸中心连续多年跻身于中国十大集贸市场，商品辐射中国 20 多个省、市、自治区，是华北、东北、西北地区重要的商品集散地。

现代物流配送业稳步发展。物流行业依托良好的城市发展氛围，经过发展，多层次物流体系、多元化市场格局日渐形成。第三方物流企业如中储物流、中邮物流、中铁物流、物资集团、中外运以及保龙仓、双鸽奥开、乐仁堂等一批连锁企业内部配送中心在物资吞吐量、物流总量及商品配送量等方面都有了较大增长。传统物资仓储、交通运输企业依托原有业务，开展增值服务和业务整合，向现代物流方式加速转化。同时，华宇物流、敦豪速递、北方物流中心、佳吉快运、海尔物流、宅急送等一批合资、民营、外埠大型物流企业纷纷进入石家庄市场，实力水平和服务能力稳步提高。

随着《京津冀协同发展规划纲要》获批，京津冀协同发展正在对石家庄产生深远影响。在京津冀协同发展中，发挥产业一体化先锋作用的非各类开发区、科技园区、专业园区莫属。石家庄拥有高新区和石家庄经济技术开发区两大国家级园区，将承接战略性新兴产业、高端产业制造环节或整体转移。同时，高新区积极承接京津产业转

---

① 石家庄政府网站，http://www.sjz.gov.cn/col/1274084103801/2010/08/13/1281684034243.html.

移。近年来，京津冀引进了北京大唐电信、与北京娃哈哈公司航太植物科技产业园项目签约，与中国瑞士商会、雷诺（中国）、爱国者集团等知名企业进行了交流，未来将建立中关村—石家庄高新区产业合作主题园区，引进中关村企业。随着商贸物流功能和产业转移相继落地，石家庄的经济后劲将有所增强，对于冀中南地区的辐射力和吸引力将大幅提升，有望成为冀中南地区外出务工人员的首选目的地。

2. 生产服务功能分析

电子商务和企业信息化程度不断提高。电子商务已成为当前流通企业竞争新途径。北人、东购、南三条小商品市场，湾里庙批发市场、河北中储物流公司等一批优势流通企业都在积极尝试开展网上购物和网上贸易，利用网络平台发布信息，开展营销业务和咨询服务。石家庄市电子商务交易平台也已进入调试阶段。在企业信息化建设方面，销售时点系统（POS）和管理信息系统（MIS）已普遍采用，企业资源计划（ERP）、客户关系管理（CRM）、供应链管理（SCM）、供应商管理库存（VMI）等经营管理技术已经开始应用推广。

3. 消费促进功能分析

石家庄市是华北重要商埠和商贸中心，也是全国优秀旅游城市。全市拥有年成交额超过10亿元的大型市场10个，南三条、新华集贸中心连续多年跻身于全国十大集贸市场，商品辐射全国20多个省、市、自治区，是华北、东北、西北地区重要的商品集散地。

2015年，社会消费品零售总额完成2179.7亿元，比上年增长13.8%。分区域看，城镇比上年增长13.9%；乡村增长13.6%，消费品市场稳步增长。在限额以上批发和零售企业（单位）商品零售额中，粮油、食品、饮料、烟酒类比上年增长18.4%；服装、鞋帽、针纺织品类增长16.7%；日用品类增长13.0%；家用电器及音像器材类增长8.7%；中西药品类增长34.4%；石油及制品类增长10.6%；汽车类增长13.1%[①]。石家庄凭借独特的区位优势和交通便捷的有利条件，商贸流通业迅猛发展，已经形成以城市商业为中枢，遍及城乡，满足多层次消费需求的商贸流通网络体系，是国务院批准定位的华北地区重要商埠，市场覆盖华北、东北、西北的广大地区，是中国北方重要的商品集散地和物流中心[②]。

2015年，石家庄接待国际游客18.6万人次，比2014年增长6.4%，旅游创汇收入9362.9万美元，比2014年增长35.5%。接待国内游客6763.4万人次，比2014年增长17.0%，旅游收入584.7亿元，比2014年增长35.3%。旅游总收入590.5亿元，比

---

① 石家庄市统计局. 石家庄市2015年国民经济和社会发展统计公报［EB/OL］. 石家庄统计信息网，2016-04-11.

② 石家庄政府网站，http：//www.sjz.gov.cn/col/1274084124313/2010/08/13/1281684128000.html.

2014 年增长 35.3%[①]。

4. 外贸服务功能分析

据石家庄海关统计，全年进出口总值完成 121.4 亿美元，比上年下降 15.4%，高于全省 4.8 个百分点。其中，进口总值完成 48.1 亿美元，下降 26.5%；出口总值完成 73.2 亿美元，下降 6.0%。全年实际利用外资完成 11.4 亿美元，比上年增长 11.6%。其中，外商直接投资 9.0 亿美元，增长 9.8%。年内新批准设立外商投资企业 34 个，新增合同总金额 39.3 亿美元，增长近 1.3 倍；合同外资额 6.8 亿美元，下降 13.6%[②]。由于石家庄外贸结构不优，铁矿石、钢材等大宗商品价格持续回落，导致进出口数量虽增，但总值出现下降。

石家庄市通过坚持"引进来"与"走出去"同时并举，现代流通领域吸引外资和对外投资都有较大进展。泰国正大集团易初莲花超市于 2005 年底开业，国外知名零售企业沃尔玛、家乐福都已选定店址。世纪联华、国美、大中、苏宁、华普、天津家世界等一批国内知名流通企业也纷纷进入石家庄市，现购自运、仓储经营、会员制、复合型购物广场等一批国内外先进的经营理念和管理方式得到进一步发展。外埠现代流通企业的加快进入，极大地促进了本土流通业的业态创新和先进经营理念和经营方式的引进，进一步提升和壮大了全市流通业的品位和实力。同时，北人集团、保龙仓、新燕春、饮服集团等一批本地优势企业，通过品牌输出、特许加盟等形式，积极拓展外埠市场，在唐山、保定、秦皇岛、德州等地开设大型分店 20 余家，规模效应今后会逐渐开始显现。

（三）发展过程中面临的问题、挑战

1. 缺乏具有法律效能的发展规划和管理手段

全市流通业的市场发展和规范更多处于自发状态，主要靠市场经济的推动自我积累发展，相同业态之间竞争激烈，频繁的打折促销等不规范、不公平竞争现象造成流通秩序混乱。在大型龙头企业资产重组、机制转换等方面缺乏政策上的明确引导和扶持。而且，国家关于扶持新兴流通业发展的相关政策也未落到实处，如国家推进连锁经营发展以及国家九部委《关于促进我国现代物流业发展的意见》等优惠政策都没有很好地落实。广大现代流通企业面对资金短缺、水电运营成本负担沉重等困难，发展步履维艰，缺乏足够动力。

2. 流通产业组织化、规模化程度还不高

全市连锁经营收入占社会消费品零售总额的比重仅为 13.7%，与上海、南京、杭州等一批中心商业城市平均 25% 左右的比例差距明显。现代流通企业在市场份额、资

---

① 石家庄市统计局. 石家庄市 2015 年国民经济和社会发展统计公报 [EB/OL]. 石家庄统计信息网，2016-04-11.

② 石家庄政府网站，http://www.sjz.gov.cn/col/1274084124313/2010/08/13/1281684128000.html.

本运营及盈利能力方面较全国知名企业都存在一定差距，还缺乏一批具有全国影响力的龙头企业。

3. 企业营销方式和管理水平亟须提高

一些连锁企业虽然在组织形式上已经形成了连锁，但通常只是店名和企业标识的简单统一，在具体经营运作方面还远未达到真正意义上的连锁，企业规范化程度低，管理水平不高。连锁性企业缺乏独立知识产权以及独特的经营管理模式等核心竞争力，制约了企业的快速扩张。

（四）对策建议

建设华北重要商埠是石家庄市五大主导产业之一，要树立和落实科学发展观，继续调整产业结构，加强组织化、规模化，完善现代流通体系，优化投资发展环境，加快现代化进程。

1. 大力发展现代流通方式

创新流通发展，是新形势下内贸流通改革的必然要求。围绕建设全国现代商贸物流基地的部署，主动承接北京非首都功能疏解，增强综合服务和聚集发展水平。积极引进和利用连锁、现代物流配送、电子商务、特许经营等现代流通方式，加快对传统商业服务业的改造步伐，提高流通现代化水平。在发展连锁经营方面，推动连锁经营向多业态、多业种扩展，建材装饰、中介服务、汽车、通信等行业都要大力发展连锁经营。支持和引导大型连锁经营企业运用品牌、商品和管理等优势进行跨行业、跨所有制、跨区域联合重组，推动连锁企业实现规模化经营。抓住国家商务部"万村千乡"市场建设工程的历史机遇，鼓励优势连锁企业进入农村市场，切实改善农村消费环境和启动农村市场。在发展现代物流配送业方面，结合城市发展规划，通过资产联合和专业化改造，充分利用和整合现有物流资源，打破行业界限和地区封锁，进一步完善和发展社会化的物流企业，满足各类企业发展的需要，为他们提供高效快捷的配送服务，同时为电子商务发展提供支持。要重点加强"国际物流中心"、"商业物流中心"、"医药物流中心"等的建设。在发展电子商务和信息化建设方面，要加强政府在网络安全、网络基础设施建设、社会信用、法制环境、网络支付等方面的投入，争取石家庄市电子商务平台早日投入运营，以支持大型商业连锁集团的集中采购交易和中小企业的电子商务发展。要积极鼓励企业运用电子信息技术，实现采购、营销、物流配送、服务管理工作的数字化、网络化、自动化，提高流通效率、降低流通和服务成本。

2. 培育壮大市场主体，搞活中小商贸流通企业

重点培育一批拥有自主品牌、竞争力强、具有较强影响力和控制力的大型骨干流通企业，提升流通组织化、规模化、标准化和集约化水平。积极融入"一带一路"倡议，促进国内外市场互联互通，打造内外贸融合发展的流通网络。加强大型流通企业

和商品批发市场合作。石家庄市主动承接京津产业转移，积极引进京津知名品牌和老字号企业到石家庄市开店布点，鼓励重点商贸企业、名优特商品和中华老字号到京津开设销售网点或专柜。

3. 进一步加快现代流通业对外开放

一是要将现代流通业招商引资的重点放在国际、国内知名企业的引进上，加强与国内外知名品牌的联络，建立定期联系制度，收集掌握其布点情况和开发意向，搞好牵线搭桥与对接，并在行业咨询、企业选址、扶持政策等方面做好引导和协调工作。重点引进大型购物中心、物流配送、专业店等业态，以国内外知名企业的先进经营理念和管理技术，优化石家庄市商业竞争格局。二是要加强本地优势企业的社会宣传推介工作，积极帮助企业做好项目包装，通过网上发布、代理招商、专业组团等多种途径，帮助企业采取联合、兼并、重组等形式"走出去"实现跨越式发展。

三、青岛

青岛是中国的副省级城市、计划单列市和区域中心城市[①]。青岛经济发达，在北方城市中，经济总量仅次于京、津两个直辖市。青岛现为中国沿海重要中心城市，滨海度假旅游城市、国际性港口城市、国家历史文化名城、国家园林城市，东北亚国际航运物流中心、海洋经济国际合作先导区、滨海度假旅游目的地；国家海洋经济示范区；沿黄河流域主要出海通道和亚欧大陆桥东部桥头堡，山东半岛蓝色经济区核心城市以及中国海洋科研及其产业开发中心城市，重要的现代化制造业及高新技术产业基地。青岛拥有国际性海港和区域性枢纽空港，是 21 个全国性物流节点城市[②]和 42 个全国性综合交通枢纽（节点城市）[③] 之一，同时也是中国 14 个沿海开放城市、8 个国际会议城市之一。

（一）节点城市发展情况分析

1. GDP、人均 GDP 及产业结构

青岛及其所在的山东半岛经济区经济总量高达 2.6 万亿元，仅次于长三角、珠三角和京津唐经济区，居全国第四位，青岛周边有 19 个县进入全国百强县。

2015 年青岛市国内生产总值为 9300.07 亿元，按可比价格计算，增长 8.1%。其中，第一产业增加值 363.98 亿元，增长 3.2%；第二产业增加值 4026.46 亿元，增长

---

① 中华人民共和国建设部发布的《全国城镇体系规划纲要（2005~2020 年）》。

② 中华人民共和国国务院. 国务院关于印发物流业调整和振兴规划的通知（国发〔2009〕8 号）[EB/OL]. 中央政府门户网站，2009-03-13.

③ 中华人民共和国国家发展和改革委员会. 国家发展改革委关于印发综合交通网中长期发展规划的通知（发改交运〔2007〕3045 号）[EB/OL]. 中华人民共和国国家发展和改革委员会官方网站，2007-11-14.

7.1%；第三产业增加值 4909.63 亿元，增长 9.4%。三次产业比例为 3.9∶43.3∶52.8。人均 GDP 达到 102519 元①。

2. 工业、农业及服务业结构

2015 年规模以上工业企业完成工业总产值 17349.8 亿元，增长 7.8%。其中，高新技术产业产值增长 9.4%，占比为 41.0%，较年初提高 0.27 个百分点；10 条工业千亿级产业链产值增长 7.8%，占比为 75.0%；规模以上工业战略性新兴产业产值增长 15.2%。全年实现海洋生产总值 2093.4 亿元，增长 15.1%，占 GDP 比重为 22.5%；现代服务业增加值 2589.8 亿元，增长 16.1%，占 GDP 比重为 27.8%，占服务业比重为 52.8%②。

作为山东半岛城市群的中心城市，青岛市大力发展总部经济、研发中心、品牌经济、会展经济、信息服务业、商贸流通及各种生产性服务业，为全省经济发展搭建高端平台。传统工业方面，青岛市在机车车辆、造船海工、电子家电、石油化工、汽车制造、机械、橡胶、钢铁、食品酒水、轻工方面形成优势；新兴产业方面，青岛市在海洋产业、生物医药、直升机制造、新能源、新材料、动漫创意、软件等方面也已具有规模。

3. 蓝色经济结构

青岛是一个滨海城市，有着丰富的海洋资源，有 700 多公里的海岸线，有 40 多个海湾，还有 60 多个岛屿，陆地面积 11282 平方公里，海域面积 1.2 万平方公里，有着非常好的海洋资源。另外，青岛还有国内首屈一指的海洋教育、海洋科研优势，全国 1/3 的高级海洋专业人才集中在青岛，这是青岛走向深蓝、实现蓝色跨越的重要条件。2011 年，国家发展和改革委员会制定发布《山东半岛蓝色经济区发展规划》，青岛被定位为胶东半岛高端海洋产业集聚区核心区域的龙头。《青岛市国民经济和社会发展第十二个五年规划纲要》中也明确指出，要打造蓝色经济区，全面推进蓝色经济区改革发展试点，优化蓝色经济发展布局，提升海洋科技水平，实现蓝色跨越。

青岛在经济领域已经成为中国的区域性金融贸易中心、国家高新技术产业基地、家电电子、汽车造船、石油化工和新材料四大工业基地，形成家电电子、石油化工、汽车、造船、港口、钢铁六大产业集群，构建起以港口、旅游、海洋三大特色经济为核心的经济体系。

（二）流通节点功能发挥情况及比较

1. 集散中转功能分析

青岛市处于环渤海经济圈内，华东、华北两大地区结合地带，并与东北跨海相连，与日韩隔海相望，具有发展陆海空综合交通运输的地缘优势和经济基础。青岛作为全国性综合交通枢纽（节点城市）之一。2015 年客运周转量总计 151.7 亿人公里，比上年增

---

①② 青岛市统计局.2015 年青岛市国民经济和社会发展统计公报［EB/OL］.青岛统计信息网，2016-03-17.

长 4.3%；货运周转量 1166.3 亿吨公里，增长 12.4%。全年邮政业务总量 41.6 亿元，增长 34.7%；电信业务总量 176.4 亿元，增长 21.2%。快递业务量 1.6 亿件，增长 53.3%[①]。

公路运输方面，截至 2015 年末，青岛市域范围内公路通车里程达到 16270 公里，公路密度 1.47 公里/平方公里；高速公路通车里程居全国副省级城市第二位，二级以上高等级公路通车里程居副省级城市首位，市域"一小时经济圈"基本建成，形成较为完善的公路交通体系。青岛市区现共有通往周边及国内各主要地区（27 个省级行政单位）的长途汽车线路 658 条。

铁路运输方面，青岛铁路枢纽是华东地区重要的铁路枢纽。枢纽内涉及多条客运专线和城际铁路，涵盖山东半岛，向内辐射京沪、连通西北地区。2015 年，铁路客运周转量 73.9 亿人公里，货运周转量 1166.3 亿吨公里。

水路运输方面，2015 年完成港口吞吐量 5.0 亿吨，居全国第三位；外贸货物吞吐量 3.3 亿吨，集装箱吞吐量 1743 万标箱[②]，均居北方港口首位。新开发的董家口港区，设计 2020 年吞吐能力 3.7 亿吨，在建的 40 万吨级矿石泊位和 50 万吨级原油泊位均为世界最大同类泊位、世界最长跨海大桥——胶州湾大桥以及中国最长海底隧道——胶州湾海底隧道已经通车，青岛的区域优势更加显现出来。

航空运输方面，2015 年末拥有国内航线 120 条，国际航线 19 条，港澳台地区航线 5 条，全年航空旅客吞吐量达到 1820.2 万人次，增长 10.9%；航空货邮吞吐量 20.8 万吨，增长 1.8%[③]。机场可满足年旅客 1400 万人次、年货邮吞吐量 20 万吨，高峰小时旅客 5120 人次的运输需求。通航国内 47 个城市，国际和地区 8 个城市。基本形成"沟通南北、辐射西部、连接日韩、面向世界"的开放型航线布局。由于日益增加的客货运量，流亭机场已接近饱和状态，为发挥区位优势将青岛发展成为面向日韩的门户，"十二五"期间，青岛规划在胶州建设胶东机场[④]。

同时，青岛是全国第二批低碳交通运输体系建设试点城市，致力于优化公共交通规划，优先发展轨道交通，大力推广环保节能车辆；优化道路运输组织管理，建设智能交通工程；完善交通公众信息服务，积极推进低碳交通运输体系建设。

2. 消费促进功能分析

青岛是华东和华北地区最大的商品流通中心和集散地之一，自古以来商业就比较发达。21 世纪，居民消费进入转型升级阶段，消费热点凸显，城乡居民收入的增加和旅游经济的带动使得消费能力提升，城乡消费品市场呈现持续活跃态势。2015 年全年实现社会消费品零售额 3713.7 亿元，增长 10.5%。分地域看，城镇市场实现零售额 3109.1 亿元，增长 10.7%；乡村市场实现零售额 604.6 亿元，增长 9.4%。分行业看，

---

①~③ 青岛市统计局 . 2015 年青岛市国民经济和社会发展统计公报［EB/OL］. 青岛统计信息网，2016-03-17.

④ 中华人民共和国国务院 ."十二五"综合交通运输体系规划（国发〔2012〕18 号）［EB/OL］. 中央政府门户网站，2012-07-25.

批发和零售业实现零售额 3246.0 亿元，增长 10.3%；2015 年住宿和餐饮业实现零售额 467.7 亿元，增长 11.9%[①]。

目前，全市共有市级商业中心 5 个，分别是中山路、香港中路、台东、李村、香江路商业中心。美国沃尔玛、法国家乐福、英国乐购、德国麦德龙、日本永旺东泰、马来西亚百盛等国际大规模连锁零售集团和国内的北京华联、大连万达、深圳万象城、青岛国货、利群、维客、利客来等均在青岛开设百货公司、商业广场及超级市场。韩国、中国香港和日本是青岛的三大外资来源地，三者总投资约 240 亿美元。

进入 21 世纪，随着一大批高端旅游项目的建成和若干特色专题游览项目的组织开发，青岛市已构筑起行、游、住、食、购、娱"一条龙"的产品体系和科学的管理体系，已由单纯短期短程市区观光向综合外向型市域休闲度假转型。2015 年全年全市接待游客总人数 7455.8 万人次，增长 8.9%；实现旅游消费总额 1270.0 亿元，同比增长 14.1%。其中，接待入境游客人数 133.8 万人次，增长 4.5%；入境游客消费 91797.9 万美元，增长 11.6%。接待国内游客人数 7322.0 万人次，增长 9.0%；国内游客消费 1132.5 亿元，增长 13.8%。年末拥有 A 级旅游景区 113 处，拥有星级酒店 124 个，拥有旅行社 460 个[②]。

3. 外贸服务功能分析

青岛是中国主要贸易口岸之一，对外经济贸易历史悠久。20 世纪 90 年代，青岛市对外开放明显加快：1992 年 3 月成立高科技工业园，11 月成立保税区。进入 21 世纪，青岛实施经济国际化战略，加大开放力度，扩大外贸出口，提高外贸出口，提高利用外资水平，2003 年成立出口加工区，2004 年成立保税物流园区，2006 年成立西海岸出口加工区，2008 年成立前湾保税港区，2010 年开始建设中德生态园，2012 年开始争取建设中、日、韩自贸区示范区。美国、日本和韩国是青岛三大贸易伙伴。

2015 年全市实现外贸进出口总额 4361.3 亿元。青岛口岸对外贸易进出口总额 8972.6 亿元。实际到账外资金额 66.9 亿美元，增长 10.0%。引进青岛市以外国内资金 1516.2 亿元，增长 9.8%[③]。

（三）发展过程中面临的问题、挑战

1. 批发市场辐射功能较为薄弱

山东是我国重要的农副产品出口大省，青岛作为山东重要的外贸口岸，目前还没有国际化的农副产品交易市场。青岛生产资料批发市场发展也相对滞后，如目前青岛还没有大型的钢材批发市场。批发市场辐射功能薄弱，直接影响青岛区域商贸中心和跨国采购中心的形成。

---

①~③ 青岛市统计局. 2015 年青岛市国民经济和社会发展统计公报 [EB/OL]. 青岛统计信息网，2016-03-17.

2. 商业信息化建设有待加强

目前，青岛市电子商务发展较为滞缓，网上交易规模不大，商业地理信息系统和公共商业信息服务平台也较为落后。信息化建设滞后直接影响本市与全国乃至世界的信息交流，进而影响青岛零售商业和批发贸易的发展。

3. 商业布点缺乏科学论证

商业发展需要商业地产支持，而商业地产建设需要土地、规划等部门的密切配合。青岛缺乏商业项目规划，直接影响外资商业企业的引进，而商业布点缺乏科学论证，直接影响商业企业的经营效果，佳世客、诺玛特等商业企业均因区位选址不当，而导致其在辽宁路门店的关闭。

4. 传统商业中心出现衰落

由于地理位置、交通条件、购物环境、市场条件以及业态结构等方面的原因，中山路、辽宁路等老城区商业中心均出现了不同程度的衰落，这集中表现在传统商业中心的客流量减少，商业企业经营效果欠佳，部分商业企业出现倒闭等。

5. 社区商业和农村商业发展相对滞后

新建住宅小区商业发育相对滞缓，不能满足人们日常生活的需要。浮山后、崂山区等地的社区商业发展普遍滞后于住宅建设。农村市场发展滞后集中表现在：大型商业企业的连锁经营网络，还未能延伸到集镇和农村，影响农村商业的现代化水平①。

（四）对策建议

1. 提高外资利用水平，优化商业业态结构

青岛作为我国重要的国际化港口城市，必须拥有国际化的商业体系，其中，外资利用对青岛国际化商业体系的形成至关重要。今后要重点引进和发展各种新型零售业态，如品类专业店、折扣店、品牌直销店、专卖店、无店铺销售和电子购物等，进一步优化青岛商业的业态结构，繁荣和丰富青岛的商品市场。通过引进国际先进的零售商业业态、知名企业和著名品牌，提高青岛市场的国际化水平，使青岛成为引进、消化、创新国际先进零售业态和经营模式的窗口、转化器和孵化器，成为国际先进零售业态向腹地进行网络化拓展的前进基地。

2. 推动资产重组，培育具有市场竞争能力的商业集团

品牌是商业企业的无形资产，是推进商业企业集团化和连锁化的重要基础。今后要选择一批信誉好、具有较好成长性的中小商业企业给予重点培育，推进商业企业品牌建设。积极培育能参与市场竞争的大型连锁商业集团、工商联合体和农工商一体化企业。大型商业企业要积极推进网络化经营和业态结构的外延性融合，有序发展多角

---

① 赵建军.青岛市商贸流通产业发展的现状、问题与对策［J］.青岛大学师范学院学报，2009（3）.

经营，使其向复合型产业方向发展。通过资产重组、品牌设计和品牌营销，借助青岛国际化大都市的综合功能优势，使青岛成为辐射山东省域的信息交流中心、物流配送中心和决策管理中心，推动青岛商贸型总部经济的发展。

3. 依托优势商业企业、积极推进连锁经营

知名的品牌（形象）、独特的商品（服务）、完善的信息网络和配送体系，是商业连锁经营的重要条件。今后要依托青岛优势商业企业，通过资本运作，大力发展直营连锁和加盟连锁，促进城乡一体化经营和连锁商业网络的形成[①]，各大商业企业要加强协作，错位布点，共同占领区域市场。对于大型商业集团和大型专业店，要积极推进商业业态的外延性融合和山东省域范围的连锁化经营，对于海尔、海信、澳柯玛等工商联合体，要推进网络化生产基础上的网络化营销（包括配送网络和服务网络）。大型商业企业都要建设完善的信息网络和物流配送体系。

4. 构建多层分级的商业设施网络体系

要进一步完善和提升五大市级商业中心，重点引进新型业态和知名品牌，推动国际一流商业品牌、服务品牌和商品品牌的集聚。各商业中心要根据自身区位优势和市场需求特点，搞好市场定位，开展错位经营[②]。要统一规划建设服务区域居民的区级商业中心，使商业设施布局更加均衡。要配合居住区建设，大力发展社区商业。根据消费市场细分趋势，大力发展特色商业街区，最终建立"以市级商业中心为主导、以区级商业中心和县城商业中心为支撑，以社区商业中心和集镇商业中心为基础，以特色商业街区为支柱的多层、分级的商业设施网络体系"。

5. 改善商业配套环境，拓展商业发展空间

人类社会现已进入体验经济时代，商业内涵也开始向为居民提供购物、餐饮、休闲、文化、健身等一揽子综合服务的方向发展。城市各种功能（产业）之间是互为支撑、联动发展的。今后要积极推进商旅联动、商服联动。中山路、香港中路、海尔路等商业中心，都要向现代服务产业集聚区和RBD型商业中心方向发展，适当增加为游客服务的特色商品、特色餐饮以及文化、休闲、娱乐活动，大力发展酒店、会展和体育产业，形成商业、服务业联动发展格局。此外还要积极推进商银、商信联动和商产、商农联动[③]。

6. 加快信息化建设，提高经营管理水平

信息化是现代商业的重要特征。今后在全市范围要逐步建立起社会化的信息服务中心和公共信息处理平台，大力发展电子商务，以电子商务整合供应链和经营业务，要注重有形市场和虚拟市场的有机结合、传统贸易和电子商务的有机结合、网上交易、

① 陈阿兴. 我国零售产业组织结构优化与政策 [M]. 北京：中国商务出版社，2004.
② 朱英明. 商业集群竞争优势提升研究 [J]. 技术经济，2004（7）.
③ 赵建军. 青岛市商贸流通产业发展的现状、问题与对策 [J]. 青岛大学师范学院学报，2009（3）.

在线支付和物流配送的有机结合，实现上下游企业之间的信息共享和流程优化，整合供应、制造、物流和销售等各项活动。大型商业企业要建立自己的公司网站，推动电子商城、网上商店建设，开展网上采购和网上交易。

四、郑州

郑州地处中华腹地，是处于陇海兰新沿线流通大通道和中线京港澳流通大通道的重要流通节点城市，在中国经济发展格局中具有承东启西、贯通南北的重要作用，是重要的商品生产及货物集散地，可以说是"天赋异禀"。此外，郑州 20 世纪就曾提出"商贸城"的口号，90 年代又有全国闻名的"商战"，2015 年 7 月，郑州被国务院列为 9 个内贸流通综合改革试点城市之一。如今，郑州又提出了打造"国际商都"的发展目标，并为此做了一系列努力。2016 年 9 月对外公布了《郑州市进一步扩大对外开放全面提升国际化水平三年行动计划（2016~2018 年）》，明确提出以"融入国家'一带一路'倡议、发展开放型经济、打造内陆开放高地"为总目标，着力将郑州建设成为国际商贸物流中心、国际高端产业集聚中心、国际交流中心。2016 年郑州市政府提出"借力'互联网+'重塑郑州商贸流通新格局"的计划。通过郑州进一步深化改革，将为全国内贸流通体制探索出适合中西部城市的新模式、新机制。

（一）节点城市发展情况分析

2015 年郑州市实现生产总值 7315 亿元，同比增长 10.1%，郑州市分别高于全国和全省 3.2 个百分点和 1.8 个百分点；2015 年郑州市经济增长在中部六省会城市中居第二位，较上半年提升一个位次。从三次产业结构来看，第一产业增加值 151 亿元，同比增长 3%；第二产业增加值 3625 亿元，同比增长 9.4%；第三产业增加值 3539 亿元，同比增长 11.4%。除第一产业外，第二产业和第三产业增速均高于全国。从经济增长的贡献率看，2015 年三次产业贡献率分别为 0.7%、52.2%、47.1%，与上年相比，第一产业和第二产业分别降低 0.1 个百分点和 6.9 个百分点，第三产业提高 7 个百分点，成为郑州经济提速的主要支撑。其中，全部工业增加值 3188.2 亿元，增长 9.6%；建筑业增加值 438.3 亿元，增长 7.8%；交通运输、仓储和邮政业增加值 400.9 亿元，增长 3.1%；批发和零售业增加值 538.0 亿元，增长 6.9%；住宿和餐饮业增加值 246.4 亿元，增长 7.0%；金融业增加值 666.8 亿元，增长 19.1%；房地产业增加值 411 亿元，增长 10.4%[①]。

从以上数据可以看出，经济结构得到进一步优化。一是产业结构向服务业调整。2015 年全市三次产业结构为 2.1∶49.5∶48.4，与上年相比，第一产业和第二产业分别

---

① 郑州市统计局. 郑州市 2015 年国民经济和社会发展统计公报［EB/OL］. 郑州统计局官网，2016-03-24.

降低 0.1 个百分点和 1.9 个百分点，第三产业提高 2 个百分点，工业增加值比重为 43.6%，第三产业比重超过工业 4.8 个百分点。二是行业结构优化向现代、高端方向调整。与现代产业紧密联系的金融保险业、房地产业等技术资本和知识密集型服务业不断发展，增加值合计占服务业增加值的比重为 30.4%，比上年同期提高 0.7 个百分点。郑州是我国中部地区重要的工业城市，近年来逐步形成了汽车、纺织服装、电子信息等优势产业，但郑州经济中的传统产业成分仍然很重，无论是第二产业还是第三产业，都处于低端层次[①]。

资本市场为经济引擎注入新动力。2015 年证券交易额高速增长，增幅高达 176%，比上年提高 108 个百分点。2015 年全市金融业实现增加值 667 亿元，同比增长 19.1%，增速同比加快 4.9 个百分点。金融业对经济增长的贡献率同比提高 3.2 个百分点[②]。

（二）流通节点功能发挥情况及比较

1. 集散中转及生产服务功能分析

2015 年全年交通运输业各种运输方式完成货运周转量 548.2 亿吨公里，比上年增长 2.2%。其中铁路货运周转量 172.7 亿吨公里，下降 13.4%；公路货运周转量 370 亿吨公里，增长 11.3%；航空货运周转量 54276 万吨公里，增长 15.1%。完成客运周转量 279.6 亿人公里，比上年增长 1.2%。其中铁路客运周转量 134.5 亿人公里，增长 2.2%；公路客运周转量 79.7 亿人公里，下降 4.6%；航空客运周转量 65.4 亿人公里，增长 6.9%。郑州新郑国际机场全年完成货邮吞吐量 40.3 万吨，比上年增长 8.9%；旅客吞吐量 1729.7 万人次，增长 9.4%。

2015 年全年完成邮电业务总量 297.8 亿元（按 2010 年不变价计算），比上年增长 39.4%。其中邮政业务总量 63.7 亿元，增长 59.3%；电信业务总量 234.1 亿元，增长 34.8%。移动电话用户年末达到 1344.6 万户，增长 2.6%，本年新增移动电话用户 338.6 万户，下降 21.6%；年末互联网用户 239.9 万户，比上年增长 1.9%；新增用户 31 万户[③]。

物流方面，陆路交通发达，航空运输快速成长，物流资源丰富，郑州在全国经济布局和物流业发展格局中具有十分重要的战略地位，具有发展现代物流业的突出优势。"联通境内外、辐射东中西、服务都市区"的国际、区域、城市三大物流网络体系已成功建立，国际物流、区域分拨、同城配送服务功能不断提升，开创了郑州经济发展新局面。

依托航空港、空港综保区和国际航空物流中心，郑州不断开辟、增加国际货运航

---

① 颜静. 郑州：居天下之中汇八方之货 节点城市系列调查（一）［J］. 物流技术与应用（货运车辆），2010（2）.

②③ 郑州市统计局. 郑州市 2015 年国民经济和社会发展统计公报［EB/OL］. 郑州市统计局官网，2016-03-24.

线航班，扩大航空运力，大力推广卡车航班运输形式，打造国际一流航空货运基地。据统计，郑州机场已开通国际地区全货运航线 30 条，居中国内陆地区第一位，形成了覆盖中国内陆主要城市与欧洲、美洲、亚洲和大洋洲的航线网络。与航空物流枢纽比肩齐飞的是国际铁路货运枢纽。随着经济的发展，国际物流逐步由海港主导，向海、陆、空共同承担的格局变化。具有区位、交通和市场优势的郑州，迎来了加速融入全球经济体系的历史机遇。依托国际陆港、经开综保区和国际陆港物流中心，增设特种商品口岸，拓展口岸功能，郑州积极构建陆路物流枢纽网络，打通了郑州口岸与全球经济要素交换的通道走廊。郑州实现了海港、空港、铁路港、公路港四港联动，加速实现通过便利化，国际物流成本不断降低，郑州成为国际商品集散地的趋势越发明显。郑州作为国内商贸流通业较发达的城市，不断深化流通领域改革创新，推动优势流通企业发展，积极培育规模化物流企业，鼓励物流企业开展跨区域网络化经营，成为郑州建设以集散型物流为骨干的区域性集疏运枢纽的重要举措。由河南、山东、山西、河北等 7 省重点物流企业参与组建的"中中物流联盟"现拥有车辆 8000 台，年货物吞吐量 1200 万吨，固定会员数 20 多万家。目前，联盟可实现以郑州为中心，以 7 省省会为中转配送节点，服务半径 1000 公里、36 小时直达所辖县城的物流配送服务。郑州以联盟形式加速了区域物流的发展。联盟网络作为桥梁和纽带，促进了区域资源共享和相互市场开放，也有利于中原经济区内部、中原经济区与其他经济区域之间的联系和协调发展。

截至 2015 年底，郑州市可利用仓储面积达到 126 万平方米，市区配送中心 45 个，区域配送终端 224 个，市内配送车辆 1502 辆。统一仓储、统一下单、统一配送、统一结算的"四统一"城市配送体系，很好地解决了郑州城市配送"最后一公里"物流成本高、中转难、货车停靠难等问题。依托共同配送联盟和第三方服务平台，郑州构建了以公共信息服务网站、手机 APP、智能车载终端为载体的"一机三屏"互动交互模式和运输管理信息系统，打造了公共物流服务云平台，盘活联盟成员的存量配送资源，提高配送资源利用率，从而促使城市配送高效化发展。

2016 年 12 个市场外迁承接地已全部开工建设，新型市场集聚效应和转型升级效果已初步凸显。同时，新建或改建标准化农贸市场数量将达到 30 个。各类市场联动发展，城乡商贸日益繁荣。新型市场实现了商流、物流、资金流及信息流的高度汇集，这为全面构筑外向型流通产业新格局，增强全国商品流通集散中心地位提供了强劲支撑。

以郑州跨境电子商务综合试验区为载体，大力发展电子商务、总部经济和现代商贸业，构建与国际市场全面对接的商贸平台。郑州市实施了《郑州市创建国家电子商务示范城市行动计划（2013~2015 年）》，借力互联网、物联网、云计算等技术，重塑商贸流通业。商贸业纷纷"触网"发展，行业现代化水平和产业竞争力大幅提升。

2016年1~9月,全市电子商务交易额3715亿元,同比增长34.8%,网络零售额564亿元,同比增长40.2%。基本实现了行动计划设定的目标。

2. 消费促进功能分析

2015年全年完成社会消费品零售总额3294.7亿元,比上年增长11.5%。分城乡看,城镇消费品零售额2769亿元,增长11%;乡村消费品零售额277.4亿元,增长14.6%。分行业看,批发业零售额351.7亿元,增长18.6%;零售业零售额2233.2亿元,增长10%;住宿业零售额21亿元,增长5.4%;餐饮业零售额440.6亿元,增长13.3%。

2015年全年实现旅游总收入1004.2亿元,比上年增长12.5%;来郑旅游人数8674.4万人次,比上年增长11.7%;其中国际旅游人数47.3万人次,增长4.8%;国内旅游人数8627.1万人次,增长11.7%[①]。批发零售对GDP的贡献大于交通运输、仓储和邮政业;批发零售业中网上商品零售、旅游等领域消费高速增长,而实体零售企业销售额增速下滑;郑州市的住宿餐饮业和居民服务与其他服务业在商贸流通服务业中的比重不大,而且表现较为稳定。

3. 外贸服务功能分析

2015年全年全市直接进出口总额570.3亿美元,比上年增长22.9%;其中进口257.8亿美元,增长30.5%;出口312.4亿美元,增长17.2%。在出口总额中,一般贸易出口39.6亿美元,下降12.2%;加工贸易出口270.6亿美元,增长23.4%;机电产品出口28.7亿美元,高新技术产品出口269.6亿美元。2015年全年境外投资额10.1亿美元,比上年增长19.7%;国外经济合作营业额20.9亿美元,增长8.6%。2015年全年跨境电子贸易走货量5189.5万包,货值41.1亿元[②]。

依托航空港区、经开区,郑州市建设了一般模式和保税模式跨境电子商务园区及现代物流园区,引进国内外跨境电商物流龙头企业及项目落户,在郑州设立业务运营中心、物流中心、客服中心及结算中心,引导产业集聚发展,支持已落户的电商物流企业开展跨境业务,培育挖掘郑州市电商物流新业务和新功能。

2016年郑州跨境电商平台已完成备案企业上千家。通过"互联网+外贸"的商业模式的创新和推动运贸一体化,有效地带动了信息产业、物流产业、航空经济、商业地产、商贸服务业、金融业、咨询服务等区域产业快速发展,为100多个国家和地区的商品流通提供服务。同时,还带动了中小型电商的诞生和壮大。以郑欧班列为载体,郑州陆港跨境电商服务平台和"郑欧商城"电商平台,随着自营和招商入驻业务的快速开展,越来越多的进口货源搭乘郑欧班列回郑,成为班列回程加密开行的重要因素[③]。郑州跨境电子商务产业从无到有,打造了较为完整的跨境电商产业链和生态圈,

---

① ② 郑州市统计局. 郑州市2015年国民经济和社会发展统计公报 [EB/OL]. 郑州市统计局官网,2016-03-24.
③ 河南省人民政府门户网站,www.henan.gov.cn.

成为内陆地区跨境电子商务发展的新标杆。

4. 应急保障功能分析

"菜篮子"工程是民生工程，直接关系到市民的消费支配和整体生活质量。为进一步发挥农产品市场在满足市场供应、稳定市场价格、维护食品安全、加强应急保障、方便群众生活等方面的公益性功能，郑州市积极探索公益性农产品基础设施建设新模式，在构筑公益性农产品安全高效流通渠道方面，取得了一系列有益成果。

2016 年郑州已建成开业的标准化社区生鲜便利店已达到 34 家，"15 分钟便民生活圈"正在快速形成①。从菜地到超市，为了加快农超零对接，畅通城乡流通渠道，郑州市推进丹尼斯、永辉超市等试点企业与规模化蔬菜生产基地进行充分对接与合作，构建产销一体化链条，实现农民、商家、消费者三方共赢。此外，为确保市民"舌尖上的安全"，石家庄市将建设完成可追溯标准化"菜篮子"生产基地 3 万亩，加强对农产品上游生产基地、种植户及下游经销商、零售商协同管理和资源整合，实现农产品质量可追溯，安全有保障。

（三）发展过程中面临的问题、挑战

1. 体制机制性障碍大量存在，地区之间缺乏利益协调机制

由于改革仍不到位，特别是在追求 GDP 的政绩考核体制下，一些部门还存在不合理的审批制度、政策规定以及收费庞杂、税制缺陷、行政垄断、地区封锁、标准混乱等问题。随着各地利用外资的竞争日益激烈，在招商引资工作中，由于缺乏与其他地区之间的利益协调机制，各地过度竞争现象严重，甚至把落后的淘汰性产业也"引进来"，严重影响了利用外资的质量。

2. 外贸出口结构不够合理，利用外资水平相对较低

虽然郑州市对外贸易规模近年来逐步扩大，但与其经济总量相比很不相称，2015年进出口总值仅占全国总量的 0.23%，而且出口结构相对单一，像钢铁、铝材等初级产品、低附加值的产品出口规模偏大，能源和原材料工业比重大、科技投入低和创新能力弱成为外贸发展的重要制约因素。2015 年，郑州市实际利用外商投资仅占全国实际使用外资总额的 3.03%，低于江苏、广东等沿海省市②。

3. 物流业增速缓慢

郑州市物流业经受了严峻的考验，对国民经济发展和产业结构转变发挥了重要作用。但也必须清醒地看到，物流需求的社会化程度依然不高，第三方物流企业外包层次低等特征明显。随着行业运行增速趋缓，一些问题也日益凸显，主要体现在以下几个方面：物流企业数量多，但企业缺乏核心竞争力，大多数局限在区域内，从 2004 年

---

① 河南省人民政府门户网站，www.henan.gov.cn.
② 郭晓先. 河南对外开放中存在的主要问题及原因分析 [J]. 决策探索（下半月），2014（2）.

起多数物流园相继建起，但仅提供仓储、运输、简单包装等传统物流服务，能够形成竞争优势，满足企业尤其是大型加工企业和外资企业的物流配送要求却很少；人才缺失严重，物流企业对物流知识和信息的学习、宣传和培训工作相对滞后，难以满足现代物流发展的需求；物流业缺乏整体规划，多数物流企业规模较小，服务意识差、水平低，信息化和网络覆盖辐射程度较低，盈利能力不强，而且偏重于层次低的传统物流业务，增值业务比较少。

（四）对策建议

1. 加快服务型政府建设，优化国际营商环境

加强全市开放工作的规划、政策、扶持资金和重大项目的协调督办。围绕"放、管、服"目标，以"五单一网"制度、商事制度改革为抓手，落实取消行政审批事项、清理行政性收费，大幅减少投资项目前置审批和规范前置中介服务，简化企业登记手续，切实减轻企业负担。市直服务开放单位要在提高行政效能、提升服务水平上出实招、见实效，加快服务型政府建设，优化国际营商环境。创造宽松的经营环境，有了这样的环境，市场会迅速兴起，并且创造出良好的配套设施，如交通、食宿等。郑州固然有良好的交通条件，有适合四面八方客商经营的理想区位，但是如果经营环境不适宜，将大大影响它的发展步伐。因此，我们必须在改善经营环境方面下功夫。经营环境包括两个方面，硬环境和软环境。在硬环境方面，我们应该注意加强市场场馆的规模化建设，加强市场管理的现代化设施建设，加强与外界的交通建设，特别是要解决进郑州容易出郑州难的问题，要加强为市场服务配套的电讯、金融、信息、服务等网点建设，为经营客商创造良好的经营条件。在软环境方面，要在建立良好的经营秩序上下功夫，要在调查研究的基础上，理顺市场建设与管理的关系，以支持市场发展为前提，充分发挥行业管理与工商管理的积极性。要制定和放宽市场，保护市场，保护商户，巩固扩大市场规模，要提高执法队伍的素质，真正做到保护好人，打击坏人，为市场、为商户，特别是外地商户，创造一个安全、稳定、舒适的经营环境。

2. 扩大对外开放全面提升国际化水平

（1）提升开放平台国际化水平。加快推进国际航空物流中心建设，以机场二期工程投入运营为契机，积极拓展"一带一路"沿线国家和地区航线布局，加快推进与国际陆港、中欧班列（郑州）协调合作，实现"一带一路"沿线国家和地区物流体系全覆盖；加快推进国际陆港建设，形成"中欧班列（郑州）+跨境贸易"运贸一体化的独特发展优势，实现从"国际枢纽"向"国际商港"的转变升级；全力推进河南自贸试验区郑州片区建设工作，推动河南自贸区郑州片区成为多式联运的国际物流立体枢纽，"互联网+"商贸流通现代化示范区、中国工业4.0先行典范、特色服务业开放区、开放高效的内陆政府，在内陆地区参与国际合作和转型发展中发挥示范引领作用；全

力打造"一带一路"核心节点城市，打造产业转移、要素集疏、人文交流平台，加快建设"一带一路"商贸物流中心，形成与亚欧全面合作的新格局。

（2）提升口岸通关国际化水平。积极构建大通关体系，以丝绸之路经济带通关一体化实施为契机，加强与丝绸之路经济带沿线城市、长江经济带、京津冀地区、泛珠三角地区及东北地区的跨区域关检合作，逐步建立郑州与沿海、沿边口岸业务联动、直通放行的区域大通关体系；加快发展口岸经济，推动国际国内贸易、加工贸易、电子商务、展示展销、旅游购物、技术合作、仓储物流、金融保险、服务外包、基础设施建设等经济活动发展，构建口岸经济体系，打造外贸竞争比较优势。

（3）提升经济贸易国际化水平。积极引进跨国公司，促进利用外资提档升级，不断优化外贸结构，推动进出口稳定增长。推进中国服务外包示范城市建设，加快企业"走出去"步伐，培育本土跨国公司，扩大对外投资合作规模、大力开展国际产能合作、提升对外承包工程水平、努力培育本土跨国公司。

3. 规范物流业发展和管理

新时期物流业发展亟须政策引导和支持，发挥税收、财政政策的导向作用，按照"降低税负、统一税率"的思路，妥善解决营业税改征增值税过程中出现的突出问题，以适应物流业"一体化运作、网络化经营"的需要。要降低过路费、过桥费；协调解决物流用地难的问题；拓宽物流企业的资金渠道，加大投融资的支持力度，减轻物流企业的负担，切实为物流业发展创造适宜的体制政策环境。加大对物流人才的引进和投入，重视物流专业相关人的教育培养。世界经济竞争已经进入供应链竞争阶段，企业间的竞争将逐渐演变为供应链与供应链之间的竞争。因此要加强物流企业间的合作，为创造差异化增强竞争优势提供重要支撑。信息化水平是衡量现代物流企业的重要标志之一，因此郑州应加强基础设施建设，完善物流信息网络。

4. 创新建立"互联网+内外贸"的流通新机制

大力推动商业模式创新，郑州市借力互联网、物联网、云计算等技术，重塑商贸流通业。加快"互联网+"在商贸领域的应用，对商贸业态进行多元调整，充分挖掘消费新热点。支持百货商场、连锁超市等传统零售企业，依托原有实体网点、货源等商业资源，发展全渠道、O2O、定制化营销模式，实现线上交流互动、引客聚客、精准营销等优势与线下真实体验、品牌信誉、物流配送等优势互补，实现线下与线上融合发展，从而促进内贸流通产业转型升级。

积极探索城市社区商业电子商务新模式，加强实体零售企业集中采购和物流配送功能，推进郑州市连锁商业企业自建配送中心和物流信息平台，集中疏导商流、物流和信息流，提高市民消费体验度。同时，开展"网订店取"、"网订店送"以及社区便民自提柜等新型商业模式，推进小区、校园、写字楼、机关办公区等人群聚集场所建立快递超市，解决社区"最后一百米"等配送难题。

五、西安

西安是十三朝古都，自古就是重要的交通枢纽，汉唐时代，这里是沟通东西方文明丝绸之路的起点。古丝绸之路成就了长安城"古代国际物流枢纽城市"的历史地位。如今，西安区位优势依然得天独厚。

西安是连接华北、华中、华东和西北、西南的交通枢纽站，是长三角、珠三角、环渤海经济圈与内陆欠发达地区沟通的连接点。在国家实施西部大开发和"一带一路"倡议布局中，西安占据新亚欧大陆桥东联西进的中枢位置，既是西线呼昆流通大通道的重要支点，也是陇海兰新沿线流通大通道的重要节点城市，向东联通京津冀、长三角、珠三角地区，向南辐射南亚、东南亚，向西出阿拉山口、霍尔果斯，连接中亚，经莫斯科到达欧洲。这种地域上强聚集和远辐射的核心优势，在发展流通产业的过程中显得尤为重要。

（一）节点城市发展情况分析

2015 年末，西安市全市常住人口 870.56 万人，比 2014 年末净增加 7.81 万人。全年城镇新增就业 12.85 万人，城镇失业人员再就业 5.80 万人。年末城镇登记失业率为 3.37%。

经济总量稳步提高。"十二五"期间，西安市经济总量不断扩大。2015 年，西安市实现地区生产总值（GDP）5810.03 亿元，按可比价格计算，比上年增长 8.2%，高于全国 1.3 个百分点，高于全省 0.2 个百分点。

经济影响力得到提升。"十二五"末，西安市 GDP 占全国比重为 0.9%，比"十一五"末上升 0.1 个百分点；占全省比重为 32.0%，与"十一五"末持平。"十二五"期间，西安 GDP 增量为 2568.34 亿元，超过 2008 年当年 GDP 总量，占全国增量比重为 0.96%，比"十一五"期间上升 0.1 个百分点；占全省增量比重为 31.9%，比"十一五"期间上升 0.8 个百分点，影响力不断加大。

产业结构不断优化。第一产业增加值 220.20 亿元，增长 5.0%；第二产业增加值 2165.54 亿元，增长 6.8%；第三产业增加值 3424.29 亿元，增长 9.5%。第一产业增加值占地区生产总值的比重为 3.8%，第二产业增加值占地区生产总值的比重为 37.3%，第三产业增加值占地区生产总值的比重为 58.9%。其中，第三产业所占比重最高，比上年提高 3.1 个百分点；第三产业增加值贡献率为 63.6%，拉动生产总值增长 5.2 个百分点，自 2000 年第三产业比重超过 50% 以来，西安市三次产业结构"三二一"特征较为稳定①。

第三产业内部结构进一步调整。"十二五"末，全市批发和零售业，交通运输、仓储和邮政业，住宿和餐饮业，金融业，房地产业和其他服务业增加值占第三产业比重分别为19.9、7.3、4.5、18.8、10.5、37.7，相较于"十一五"末的19.9、7.4、6.1、13.4、9.4、43.8"二升一平三降"，其中金融业比重提高最快，其次为房地产业，其他服务业比重下降最多，住宿和餐饮业次之。在"十二五"期间，全市以产业结构调整为重点，加快发展方式转变，第三产业主导作用不断加强，新动力也已经开始孕育和发展，金融业，信息传输、软件和信息技术服务业，邮政业，仓储业等新兴行业开始了高速发展。

（二）流通节点功能发挥情况及比较

1. 集散中转及生产服务功能分析

2015年，全年货物运输总量4.63亿吨，比上年增长10.1%；货物运输周转量643.01亿吨公里，增长2.9%（见表1）。西安市交通运输、仓储和邮政业固定资产投资额362.84亿元，比上年增长7.9%。全年批发零售业固定资产投资144.77亿元，比上年减少21.7%。现代物流铿锵起步，在"互联网+消费"的影响下，快递业作为新兴行业迅速发展壮大，受此因素拉动，2013年和2014年西安邮政业增加值分别增长了39.6%和17.7%。在西安国际港务区仓储、物流平台优势带动下，仓储业实现了跨越式发展，2013年和2014年增加值分别增长了53.8%和20.0%②。

表1　2015年各种运输方式完成货物运输量及其增长速度

指标	单位	绝对数	比上年增长（%）
货物运输总量	万吨	46269.72	10.1
公路	万吨	45401	10.4
铁路	万吨	847.56	-5.8
民航（吞吐量）	万吨	21.16	13.5
货物运输周转量	亿吨公里	643.01	2.9
公路	亿吨公里	425.48	10.1
铁路	亿吨公里	216.40	-8.9
民航	亿吨公里	1.13	5.4

①②　西安市统计局.2015年西安市国民经济和社会发展统计公报［EB/OL］.西安市统计局官网，2016-03-15.

针对西安作为东西部商品集散中枢的区位优势，结合生产资料和生活资料多为东进西出流向，以公路、铁路交通运输为主、航空交通运输为辅，按照西安城市总体规划布局要求，2010年基本实现了两个物流园区、7个物流中心、10个配送中心的建设布点。其中，地处西安市东北部灞渭三角洲的西安国际港务区口岸服务功能已初步形成①。按照《西安城市总体规划（2008~2020年)》的要求，西安将构筑以航空、铁路、高速公路为骨架的通达国际、辐射区域的综合交通运输网络，打造国家级综合交通枢纽城市，充分发挥辐射带动作用，引导并支撑大西安都市区及周边区域经济社会和城市空间协调发展②。

2008年西安国际港务区正式成立，是中国第一个不沿江、不沿海、不沿边的国际陆港。以保税物流中心、铁路集装箱中心站和公路码头为物流产业支撑平台的西安国际港务区，在《关中—天水经济区发展规划》出台后，承载起关中—天水经济区域发展的物流引擎和商贸枢纽的重担。将转变内陆城市运输方式，为外来货物快速低廉进入陕西提供了平台，也为陕西经济"走出去"铺就了快速通道。国际港务区不仅具有普通物流园区的基本功能，还具有保税、仓储、海关、检验检疫、结汇银行、保险公司、船务市场及船运代理等国际港口所具有的多种功能。与西安铁路集装箱中心站、西安公路码头支撑平台一起，使西安实现"港口后移、就地办单、海铁联运、无缝对接"的国际内陆港模式和内陆地区"通江达海"的物流国际化目标。

作为西安物流园区的代表，贝斯特物流中心是目前西北地区最大的现代化物流中心，具备仓储、运输、信息管理、分拨配送、流通加工、包装分拣、集装箱拼装等第三方物流功能，现已建标准化仓库48000平方米并与海尔、康佳、新飞、九阳、西门子及康明斯集团等签订契约式"一条龙"的物流仓储配送管理运作协议。

2. 消费促进功能分析

2015年西安市社会消费品零售总额3405.38亿元，比上年增长10.1%，扣除价格因素，实际增长10.4%，市场销售稳定增长。其中，限额以上企业（单位）消费品零售额2345.90亿元，增长4.5%，其中，限额以上企业（单位）网上零售额93.22亿元，增长112.8%。按消费形态统计，商品零售额3146.45亿元，增长9.8%；餐饮收入额258.93亿元，增长13.2%。

西安作为国际旅游城市，2015年旅客运输总量2.69亿人次，增长4.3%；旅客运输周转量324.15亿人公里，增长3.9%。全年接待国内外游客13600.80万人次，比上年增长13.3%；旅游总收入1073.69亿元，增长13.0%③。

3. 外贸服务功能分析

---

① 西安市商业贸易局发布的《西安市商业网点发展规划（2004~2010年)》。
② 西安市政府发布的《西安城市总体规划（2008~2020年)》。
③ 西安市统计局.2015年西安市国民经济和社会发展统计公报［EB/OL］.西安市统计局官网，2016-03-15.

2015年西安市进出口总额1761.92亿元，比上年增长15.0%。其中，出口总额819.86亿元，增长11.6%；进口总额942.06亿元，增长18.1%，外贸依存度为30.3%，达到国际惯用的30%的标准，其中出口依存度为14.1%，进口依存度为16.2%[①]；外贸依存度提高，说明全市经济外向度得到提高，参与国际分工和世界竞争的程度在加深。

（三）发展过程中面临的问题、挑战

西安的流通产业及辐射能力与发达国家和先进省市相比，还存在很大差距，面临着诸多问题和挑战。

1. 新兴产业发展缓慢

西安经济社会发展在省内地市一直处于"领头羊"的位置，近年来快递业、软件业、租赁业等新兴行业在全市有了一定的发展，但规模依然偏小，多以个体和小规模私营为主，占全市GDP比重小，短期内很难弥补增长缺口。工业、住宿和餐饮业、批发零售业等行业对其他地市的辐射带动作用较弱，新兴行业还不够壮大，引领作用发挥还需加强。

2. 企业技术落后、规模较小

物流技术装备落后和物流基础设施薄弱。运力结构不合理，通信、信息技术应用刚刚起步。综合交通运输能力差。仓储、站场设施简陋，功能不全，搬运装卸技术落后、运输托盘化、集装箱化尚未形成。不同交通方式之间、交通与仓储设施之间的配套性、兼容性较差。物流企业数量庞大，但总体规模不大，服务范围窄。全市大小运输企业近一万家，有一定运营能力的为700多家。工商局登记备案的有1128家，其中公路运输企业431家，占38%，但缺乏担当龙头的大型现代物流企业。服务范围集中在运输和仓储领域，功能比较单一。

3. 市场不规范

市场不规范也是制约流通业发展的瓶颈之一。外部环境复杂多变，对企业的发展产生很大影响。据调查，在影响企业发展的外部因素中，政策法规体系欠完善占14.29%，市场环境不规范占71.43%，物流公共信息平台欠发达占35.71%，物流需求不足占35.71%，物流基础设施有待完善占42.86%[②]。

---

① 西安市政府发布的《西安城市总体规划（2008~2020年）》.

② 王须峦，王阳. 西安：国际内陆港　通江达海　节点城市系列调查（九）[J]. 物流技术与应用（货运车辆），2011（4）.

（四）对策建议

1. 大力推进现代流通方式发展①

（1）规范促进电子商务发展。发挥财政资金引导带动作用，切实落实《西安市人民政府关于加快电子商务发展的若干意见》，整合财政专项资金，强化电子商务发展资金支持，支持电商聚集区建设，推进农村电子商务加快发展，促进线上线下融合发展，加快商贸流通企业中高端电子商务人才队伍建设。

（2）建立和完善现代物流配送体系。加强物流标准化建设，加大流通基础设施信息化改造力度。提高物流专业化水平，支持大型连锁零售企业向社会提供第三方物流服务，鼓励商贸物流园区、仓储企业转型升级，经认定为高新技术企业的第三方物流和物流信息平台企业，依法享受高新技术企业相关优惠政策。

（3）促进连锁经营快速协调发展。推进发展直营连锁，规范发展特许连锁，引导发展自愿连锁。鼓励连锁经营企业与电子商务、物流快递、社区服务平台等企业异业合作。支持品牌连锁经营企业参与农村现代流通体系建设。

2. 加强现代流通基础设施建设

（1）建立和完善现代商品市场体系。加快形成不同层级、布局合理、便民惠民的公益性市场体系。进一步发挥《西安市商业网点发展规划》的指导作用，统筹公益性市场建设，推动专业化提升和精细化改进，拓展商品展示、研发设计、品牌孵化、回收处理等功能，促进消费品、农产品、生产资料大型批发市场转型升级。打造层次清晰、功能完善、流通高效、保障有力的现代农产品市场体系。完善商品批发市场配套服务。

（2）加强居民生活服务设施体系建设。优化社区商业网点、公共服务设施的规划布局和业态配置。积极开展特色商业街区、商贸功能区、中央商务区示范创建工作。积极促进电子商务进社区。鼓励发展社区购物服务应用软件，加强电子商务企业与社区商业网点融合互动，扩大家政服务供给。推进国家相关政策落实到位，按照国家统一部署加快推进生活性服务业"营改增"工作，落实好小微企业政策，促进生活性服务业小微企业发展。落实好新建社区商业和综合服务设施面积占社区总建筑面积比例不低于10%的政策。

（3）加强绿色循环消费设施建设。大力推广绿色低碳节能设备设施，推动节能技术改造，开展绿色商场示范活动，宣传贯彻绿色商场国家标准、行业标准，创建一批集门店节能改造、节能产品销售和废弃物回收于一体的绿色商场。推广绿色低碳采购，

---

① 西安市人民政府. 西安市人民政府办公厅关于推进"互联网+内贸流通"行动计划的实施意见（市政办〔2016〕50号）[EB/OL]. 西安市人民政府网，2016-07-06.

推动"互联网+回收"模式创新。利用大数据、云计算等技术优化逆向物流网点布局，鼓励在线回收。

3. 深化流通领域改革创新

（1）支持流通企业做大做强。促进商贸企业、物流企业与制造企业融合发展。以市场为导向，充分发挥现代服务业发展专项资金作用，鼓励各类投资者参与国有流通企业改制重组，鼓励和吸引民间资本进入，进一步提高利用外资的质量和水平，推进混合所有制发展。鼓励和引导金融机构加大对流通企业兼并重组的金融支持力度，支持商业银行扩大对兼并重组商贸企业的综合授信额度。

（2）增强中小商贸流通企业发展活力。推进中小型商贸流通企业公共服务平台建设，整合利用社会服务力量和扶持政策，为中小型商贸流通企业提供质优价廉的信息咨询、创业辅导、市场拓展、电子商务应用、特许经营推广、企业融资、品牌建设等服务，力争用三年时间初步形成覆盖全市的服务网络。支持大型连锁零售、批发、物流等企业为中小型商贸流通企业提供联合采购、共同配送服务。支持中小型商贸流通企业参加各类展会、展销促销活动。落实小微企业融资支持政策，推动商业银行开发符合商贸流通行业特点的融资产品，在充分把控行业和产业链风险的基础上，发展商圈融资、供应链融资，完善小微商贸流通企业融资环境。

（3）促进内外贸融合发展。促进有条件的内贸企业积极开拓国际市场，进行国际市场考察和宣传推介，参加境外展览会，进行商标注册、资质认证等。鼓励具备条件的流通企业"走出去"，到境外开店设厂，培育国际化品牌，建立海外营销、物流及售后服务网络。支持外贸企业建立国内营销渠道，拓展国内市场，打造一批实力雄厚、竞争力强、内外贸一体化经营的跨国企业。开展内外贸一体化经营的流通企业，优先享受培育龙头骨干流通企业的扶持政策、各项促进流通业发展和外经贸发展的优惠政策。

4. 着力构建和改善营商环境

减少行政审批，减轻企业税费负担，创造公平竞争市场环境，加大市场整治力度，加快推进商务信用体系建设。

六、重庆

重庆市是中华人民共和国中央直辖市、国家中心城市、超大城市。长江上游地区经济中心、金融中心和创新中心，重庆地处"一带一路"和长江经济带的"Y"字形节点上，是西线呼昆流通大通道和长江沿线流通大通道的重要支点，是国家重要的水、陆、空型综合交通枢纽。西部地区门户城市和西南地区最大的工商业城市，国家实施西部大开发和长江经济带西部地区的核心增长极。2016年9月，重庆市政府发布了

《重庆市现代商贸服务业发展"十三五"规划》。该规划提出，"十三五"时期，重庆将努力建成"一带一路"重要流通节点和长江上游地区现代商贸中心。

"十二五"时期，全市社会消费品零售总额、商品销售总额、商业增加值比 2010 年翻一番，长江上游地区购物之都、会展之都、美食之都建设取得明显成效。建成城市核心商圈 30 个，其中零售额超过百亿元的 8 个。还建成百亿级大型批发市场 13 个，百亿次商贸企业 10 家，为未来全市商贸流通持续发展、为全市消费的稳步增长搭建了平台，奠定了基础。同时，为贯彻落实《国务院办公厅关于深入实施"互联网+流通"行动计划的意见》（国办发〔2016〕24 号），推动实体商业转型升级，拓展消费新领域，增强经济发展新动能，重庆市政府积极推进"互联网+流通"行动计划，加快推动流通转型升级，积极推进流通创新发展，鼓励拓展智能消费新领域，加强智慧流通基础设施建设[①]。

（一）节点城市发展情况分析

重庆市 2015 年实现地区生产总值 15719.72 亿元，同比增长 11.0%，较全国高出 4.1 个百分点，保持了适度较快增长。按产业分，第一产业增加值 1150.15 亿元，增长 4.7%；第二产业增加值 7071.82 亿元，增长 11.3%；第三产业增加值 7497.75 亿元，增长 11.5%。三次产业结构比为 7.3∶45.0∶47.7。

2015 年年末全市常住人口 3016.55 万人，比上年增加 25.15 万人。城镇化率 60.94%，比上年提高 1.34 个百分点。城镇新增就业人员 71.82 万人。城镇登记失业人员实现就业 27.71 万人，比上年增长 3.5%。全年全员劳动生产率为 84871 元/人，比上年提高 10.1%。

2015 年全年实现工业增加值 5557.52 亿元，比上年增长 10.5%，占全市地区生产总值的 35.4%，工业经济稳定增长。消费品行业实现总产值 3275.73 亿元，同比增长 13.1%；能源工业实现总产值 1414.56 亿元，同比增长 9.4%。基础设施投资 4356.14 亿元，增长 28.6%，增速抢眼。2015 年高技术产业工业总产值比上年增长 12.5%，增加值增速达 19.4%，高于全市平均水平 8.6 个百分点，高技术产业发展态势良好。战略性新兴产业抢占经济科技发展制高点。2015 年前三季度，战略性新兴产业增加值增长 16.8%，高于全市平均水平 5.9 个百分点，拉动全市规模以上工业增长 1.8 个百分点，贡献率为 16.1%。

针对五大功能发展区域，初步统计，2015 年都市功能核心区实现地区生产总值 3094.43 亿元，同比增长 9.4%；都市功能拓展区实现地区生产总值 3795.59 亿元，同比增长 11.7%；城市发展新区实现地区生产总值 5241.15 亿元，同比增长 11.7%；渝

---

① 重庆市人民政府. 关于积极推进"互联网+流通"行动计划的实施意见（渝府办发〔2016〕155 号）[EB/OL]. 重庆市政府网，2016-08-19.

东北生态涵养发展区实现地区生产总值 2717. 60 亿元，同比增长 10. 9%；渝东南生态保护发展区实现地区生产总值 870. 95 亿元，同比增长 10. 0%。五大功能区域发展态势良好，共同推动全市发展①。

（二）流通节点功能发挥情况及比较

1. 集散中转及生产服务功能分析

2015 年交通运输、仓储和邮政业实现增加值 761. 31 亿元，比上年增长 8. 7%，占全市地区生产总值的 4. 8%。全市高速公路通车总里程 2526 公里，路网密度 2. 96 公里/百平方公里。全市铁路运营里程达到 1929 公里。轨道交通营运里程 202 公里，日均客运量 173. 3 万人次。2015 年全年完成货物运输量 10. 46 亿吨，比上年增长 7. 5%；完成旅客运输量 7. 14 亿人次，增长 2. 0%。

2015 年全年内河港口完成货物吞吐量 15675. 60 万吨，比上年增长 6. 9%。空港完成旅客吞吐量 3309. 82 万人，增长 11. 3%；空港完成货物吞吐量 32. 14 万吨，增长 5. 5%。国际标准集装箱吞吐量 109. 26 万标准箱，下降 0. 4%。

2015 年完成邮电业务总量 493. 51 亿元，比上年增长 30. 1%。其中，邮政业务总量 54. 89 亿元，增长 29. 3%；电信业务总量 438. 62 亿元，增长 30. 2%。邮政业全年完成邮政函件业务 3118. 98 万件，包裹业务 80. 63 万件，快递业务量 20525. 41 万件，快递业务收入 28. 65 亿元。互联网用户 2984. 73 万户，其中，移动互联网用户（不含 Wi-Fi 用户）2288. 23 万户，增长 13. 6%②。

物流基地、物流配送中心加快发展，重点打造了渝北空港、江北寸滩港、沙坪坝团结村铁路集装箱中心站、万州港等综合性区域物流基地，积极培育引进了韩进海运、中邮、中集等六家第三方物流龙头企业。

2. 消费促进功能分析

2015 年实现社会消费品零售总额 6424. 02 亿元，比上年增长 12. 5%，扣除价格因素，实际增长 12. 3%，是 2005 年的 5. 28 倍③，近十年全市社会消费品零售总额一直保持在两位数以上的增长，虽然 2008 年后增速有所放缓，但仍保持在 14% 以上的增长速度。按经营地统计，城镇消费品零售额 6105. 58 亿元，增长 12. 5%；乡村消费品零售额 318. 44 亿元，增长 12. 6%，城镇消费是重庆市消费市场的主体，城乡消费差距大；按行业统计，批发和零售业零售额 5506. 53 亿元，增长 12. 3%；住宿和餐饮业零售额 917. 49 亿元，增长 13. 8%。

2015 年全年批发和零售业实现增加值 1345. 38 亿元，比上年增长 9. 2%，占全市地

---

①② 重庆市人民政府. 关于积极推进"互联网+流通"行动计划的实施意见（渝府办发〔2016〕155 号）[EB/OL]. 重庆市政府网，2016-08-19.

③ 数据来源于《重庆统计年鉴》（2005）。

区生产总值的 8.6%；住宿和餐饮业实现增加值 355.76 亿元，比上年增长 9.1%，占全市地区生产总值的 2.3%。

2015 年全年旅行社组织出境旅游人数 182.22 万人次，比上年增长 50.8%。2015 年全年接待入境旅游人数 282.53 万人次，旅游外汇收入 14.69 亿美元，分别增长 7.1% 和 8.4%。2015 年年末全市拥有国家 A 级景区 198 个，其中，5A 级景区 7 个，4A 级景区 68 个①。这些数字预示着，重庆市流通业②的规模增速较快，消费促进功能会进一步增强。

直辖以来，重庆市商贸流通业不仅在规模上得到飞速发展，其商业经营方式及业态也发生了很大的改变。一方面，以便民连锁店、超级市场、购物中心、专卖店为主的新型零售业态发展迅速；另一方面，以电子商务、自动售货、网上购物为主的无店铺销售形式和物流配送、经济、代理制等现代营销方式也应运而生。根据重庆市统计年鉴，2013 年底，重庆市连锁店铺共 12453 个，其销售额占社会零售总额的 23.21%，居全国前列，众多大型商场已基本普及管理信息系统和电子订货系统等信息技术③。

3. 外贸服务功能分析

2015 年实现货物进出口总额 4615.49 亿元，比上年下降 21.3%。其中，出口 3417.03 亿元，下降 12.3%；进口 1198.46 亿元，下降 39.1%。全市货物出口前三位市场为美国、德国和中国香港，分别出口 767.10 亿元、302.52 亿元和 266.57 亿元，美国增长 2.4%，德国和中国香港分别下降 12.5% 和 66.1%。货物进口前三位市场为中国台湾、马来西亚和韩国，分别进口 182.35 亿元、168.66 亿元和 145.62 亿元，中国台湾增长 33.9%，马来西亚和韩国分别下降 27.4% 和 62.8%。

2015 年全年实际对外投资额 14.25 亿美元，比上年增长 27.9%。其中，现汇投资 11.60 亿美元，增长 84.2%。2015 年，重庆对外实际投资前三位目的国家（地区）为中国香港、俄罗斯和英国，分别投资 11.15 亿美元、0.63 亿美元和 0.31 亿美元，分别增长 78.3%、4.4% 和 2.2%。从投资行业看，居前三位的分别是金融业、零售业和商务服务业，分别投资 5.98 亿美元、3.43 亿美元和 0.91 亿美元，分别增长 42.0%、24.0% 和 6.4%。

2015 年全年利用外资 107.65 亿美元，比上年增长 1.3%。其中，外商直接投资 37.72 亿美元，下降 10.9%。全市新签订外资项目 315 个，合同外资额 48.17 亿美元，分别增长 26.0% 和 4.1%。2015 年全年实际利用内资项目 3.68 万个，增长 57.6%。实际利用内资金额 8530.13 亿元，增长 17.7%。截至 2015 年底，累计有 262 家世界 500 强企业落户重庆④。

---

① 重庆市统计局. 2015 年重庆市国民经济和社会发展统计公报［EB/OL］. 重庆统计信息网，2016-03-11.
② 流通业的统计口径采用当前大多数学者所偏重的作为流通产业主体部分的商业（主要指零售业和批发贸易、住宿和餐饮业、交通运输、仓储及邮政业）的数据。
③ 丁玖玲. 重庆市商贸流通业发展现状及对策研究［J］. 时代金融，2015（24）.
④ 重庆市统计局. 2015 年重庆市国民经济和社会发展统计公报［EB/OL］. 重庆统计信息网，2016-03-11.

（三）发展过程中面临的问题、挑战

1. 流通业整体发展水平偏低，对经济拉动作用不显著

虽然近年来重庆市商贸流通业发展迅速，规模不断扩大，但整体的发展水平不高，与其他直辖市相比差距显著。2015 年，重庆市人均社会消费品零售总额为 2.12 万元/人，而北京市为 4.76 万元/人，是重庆市的 2.25 倍；上海市为 3.87 万元/人，是重庆市的 1.83 倍。重庆市商贸流通业增加值占 GDP 的比重仅为 14.04%，低于全国平均水平 1.7 个百分点。重庆市流通业对 GDP 的贡献率偏低，对整个社会经济的带动作用不强。

2. 现代物流业发展水平较低，经营管理方式较为落后

重庆市现代物流业起步较晚，整体发展水平较低。截至 2015 年底，重庆市物流业增加值占全市 GDP 的比重仅为 4.7%，低于全国平均水平近 1.4 个百分点。虽然重庆市积极引进了多家物流龙头企业，但第三方物流发展十分缓慢，许多企业仍以自办物流为主，物流设施、装备水平与国际先进水平乃至东部地区存在较大差距，特别是规模化、效率化、专业化、信息化程度较低。在经营管理方式上，重庆市现代电子商务还未广泛应用，专业物流、市场营销、作业管理等运作方式未得到重视，科技、网络应用水平较低，缺少既懂信息技术又懂物流管理的专业人才。

3. 流通企业经营规模太小，缺乏规模经济和竞争力

重庆市本地流通企业大多以中小流通企业为主，全省中小流通企业占流通企业总数的 99%，实现销售额约占全社会消费品零售总额的 90%。尽管有重庆商社、21 世纪等比较大的企业集团，但与国内外一些知名大企业相比，在企业规模、经济总量、管理水平等方面都存在相当大的差距。流通产业总体上处于"专业市场虽多但不强，传统百货不大不强，现代流通既小又散"的状态，缺乏规模经济和竞争力，无法实现对周边地区经济的辐射带动作用。

4. 流通业城乡发展差距显著，呈现严重的城乡市场分割

由于重庆各区县经济发展差异较大，使得各地区之间和城乡之间流通产业发展不平衡。同时，由于城乡市场体系发展不平衡，城乡商贸流通产业发展不对接，导致农村消费方式和消费水平严重滞后于城市，城乡消费不均衡现象进一步加剧，城乡市场分割较为严重。

（四）对策建议

1. 实施商贸流通创新工程

规范促进电子商务发展。支持创建国家电子商务示范城市、示范基地、示范企业，鼓励区县（自治县）结合区域实际打造电子商务园区。推进网络零售"十百千工程"，

增强集聚辐射能力和产业规模。支持发展O2O、移动电子商务、跨境电子商务、互联网金融等新兴商业模式。推动农村电子商务发展，扩大电子商务在居民生活服务、休闲娱乐、商贸、工业、旅游等领域的推广应用。优化发展环境，促进物联网、大数据技术在电子商务领域的广泛应用。发展第三方支付，加快推进电子发票应用，完善电子商务服务体系和信用体系。

加快发展现代商贸物流。规划建设重点物流基地园区分拨中心、区县（自治县）公共配送中心、末端配送网点三级配送体系。支持第三方物流企业或供应商整合资源建立配送联盟，开展城市共同配送。依托物流园区推广"配送班车"，开展干线与支线结合的城区集中配送。大力发展专业物流。

大力发展连锁经营。以电子商务、信息化及物流配送为依托，推进发展直营连锁，规范发展特许连锁。支持知名企业及老字号企业运用品牌、管理技术等优势发展连锁经营，扩大规模。

全面提升流通信息化水平。鼓励商贸流通领域信息技术研发和集成创新，加快推广物联网、互联网、云计算、移动通信、电子标签等技术在商贸流通领域的应用。推进商贸流通领域公共信息服务平台建设，提升各类信息资源的共享和利用效率。支持商贸流通企业利用先进信息技术提高仓储、采购、运输、订单等环节的科学管理水平。

推进内外贸融合发展。鼓励大型商贸流通企业借鉴国际贸易通行标准、规则和方式，在商圈、市场搭建进口商品展示平台，发展进口商品贸易。抓住国家实施"一带一路"发展战略机遇，鼓励大型商贸流通企业"走出去"发展。

2. 实施商业设施升级工程

引导中央商务区提质。打造长江上游地区金融中心，促进国内外各类金融机构聚集。合理配置高端商业综合体，完善商业配套服务体系。建设文化创意平台和一批重大文化设施，打造集创意、设计、咨询、融资平台、广告、会展、零售于一体的特色文化创意产业集聚区。

推进城市核心商圈升级。引导新老商圈突出特色、提档升级、错位发展，推广智慧商圈建设，实现Wi-Fi全覆盖，引进和培育商业品牌。推进城市发展新区、渝东北生态涵养发展区和渝东南生态保护发展区城市核心商圈建设，倡导打造智慧商圈。

加强居民生活服务设施建设。加快餐饮住宿业转型发展，发展大众化、休闲旅游餐饮，打造一批品牌农家乐集聚区，培育一批连锁化、经济型酒店。优化社区商业网点、公共服务设施的规划布局和业态配置，支持建设集社区综合超市、标准化菜市场、便利店、餐饮店、再生资源回收点、健康、养老、看护、配送站等大众化便民网点于一体的"一站式"新型社区便民商圈。

完善市场保供体系。加强重要商品储备设施建设，加大粮油、猪肉、蔬菜、食糖、农资、应急物资等重要商品储备，增强平抑市场异常波动的能力。大力实施"粮安工程"，加快粮仓改造、建设和升级，确保商品供应充裕、市场稳定。

推进绿色循环消费设施建设。推广绿色低碳节能设备设施，推动节能技术改造，培育一批集节能改造、节能产品销售和废弃物回收于一体的绿色市场、商场和饭店。推广绿色低碳采购，支持商贸流通企业与绿色低碳商品生产企业（基地）对接，打造绿色低碳供应链。

3. 实施商贸流通主体培育工程

支持商贸流通企业做大做强。在批发零售、餐饮住宿、专业市场、商贸物流、居民生活服务、会展、电子商务等行业，分别筛选培育一批领军企业和品牌企业，引领行业发展。

大力发展中小微商贸流通企业。鼓励发展微型商贸流通企业，完善大型商贸流通企业与微型企业结对帮扶机制，鼓励开展工商、农商对接合作。

发挥商贸流通行业协会作用。充分发挥商贸流通行业协会的自律作用，支持引导商贸流通行业诚信体系建设，培育诚信品牌，促进商贸流通行业诚信经营。

4. 实施农村现代流通体系建设工程

构建完善农产品市场体系。优化农产品市场布局，完善全市三级农产品市场体系。推进双福国际农贸城一级农产品批发市场建设，构建全国性、跨区域农产品流通网络。

创新农产品流通模式。开展农商对接，推进批发市场、超市、餐饮企业、学校食堂等与农产品生产基地、农民合作社的产销合作关系，发展联合采购。

推进农产品物流服务体系建设。规划建设都市功能拓展区农产品综合物流集聚区，抓好区域性农产品物流节点建设，支持农产品主产区县（自治县）、乡镇建设产地集配中心，促进农产品生产经营规模化、标准化、品牌化、信息化、安全化。

5. 落实财政金融支持政策

争取落实更多的中央内贸促进专项资金，用好市、区县两级商业发展资金和城市建设配套费商业专项，重点支持公益性商贸流通设施和电子商务、物流配送、连锁经营等现代流通体系，以及家政、餐饮等生活服务业、中小商贸企业发展等建设。要用好产业引导基金，支持现代服务业加快发展。要支持融资机构开发符合商贸流通行业特点的融资产品，提升对商贸企业的增值服务[①]。

七、杭州

杭州市位于我国东南沿海、浙江省北部，钱塘江下游北岸，京杭大运河南端，是浙江省省会，副省级城市之一，是浙江省交通枢纽、长三角南翼的中心城市，是浙江

---

① 重庆市人民政府. 关于加快推进商贸流通产业发展的意见（渝府发〔2015〕29号）[EB/OL]. 重庆市政府网，2015-05-22.

省的政治、经济、文化和金融中心，是中国重要的电子商务中心，国际知名的旅游城市。

2007 年 5 月 25 日，包括杭州、湖州、嘉兴、绍兴四城市在内的杭州都市经济圈市长联席会议第一次会议在杭州召开，标志着四城市联手打造杭州都市经济圈迈出了实质性的步伐①。以杭州为中心的杭州都市圈，面积达到 34585 平方公里，居住人口已经达到 2152.1 万人。根据 2012 年 7 月上海交通大学发布的 2012 年中国都市圈评价指数，杭州圈在中国大陆是仅次于上海圈、广州圈、首都圈（北京）的第四大都市圈②。

（一）节点城市发展情况分析

2015 年，杭州市实现生产总值 10053.58 亿元，比上年增长 10.2%。其中，第一产业增加值 287.69 亿元，第二产业增加值 3910.60 亿元，第三产业增加值 5855.29 亿元，分别增长 1.8%、5.6% 和 14.6%。三次产业结构由 2010 年的 3.5 : 47.3 : 49.2 升级为 2015 年的 2.9 : 38.9 : 58.2。

2015 年实现工业增加值 3497.92 亿元，增长 5.5%，其中，规模以上工业增加值 2903.30 亿元，增长 5.4%。新兴产业、装备制造业、高新技术产业增长较快，增速分别为 9.4%、13.5% 和 9.8%③。

杭州市民营经济占比高，2015 年实现增加值 5951.72 亿元，占全市的 59.2%。2015 年人均生产总值 112268 元，增长 9.1%。，成为全国"万亿元俱乐部"成员④，居全国第十位。根据世界银行划分贫富程度标准，杭州已达到"富裕国家"水平。由于杭州商贸型企业居多，因此在人均收入上保持较强竞争力。无论是杭州城区还是远郊，投资环境优良，几乎每个区县都有实力很强的自主企业，连续多年获得《福布斯》杂志"中国最佳商业城市"称号⑤。据胡润报告 2016 年的数据，浙江诞生了 72 位亿万富翁（过亿美元），其中杭州诞生了 32 位亿万富翁，亿万富翁的人数在全球各城市中排名第九位⑥。

杭州市信息经济实现增加值 2313.85 亿元，增长 25.0%，占全市 GDP 的 23%，同比提高 4.9 个百分点。其中，电子商务、数字内容产业分别增长 34.5%、35.5%，云计算与大数据、物联网、互联网金融和智慧物流分别增长 29.6%、12.7%、33.5% 和

① 杭州政府网. 杭州都市圈市长联席会议第一次会议在杭州举行 ［EB/OL］. 杭州政府网，2007-05-24.
② 上海交通大学中国都市圈发展与管理研究中心. 2012 中国都市圈评价指数 ［R］. 2012 国际都市圈发展论坛，2012-07-02.
③ 杭州市统计局. 2015 年杭州市国民经济和社会发展统计公报 ［EB/OL］. 杭州统计信息网，2016-02-29.
④ 杭州网. 杭州正式加入 GDP "万亿元俱乐部"创业创新力促 2015 经济增长 10.2% ［N］. 杭州网，2016-01-24.
⑤ 新华网. 福布斯中国大陆最佳商业城市：杭州连续 5 年列第一 ［N］. 新华网，2008-09-02.
⑥ 钱江晚报. 浙江亿万富豪居世界第二每 380 人有 1 位千万富翁 ［N］. 钱江晚报，2016-10-08.

8.4%。2015 年 3 月，杭州成为中国跨境电子商务综合试验区，这是中国唯一的跨境电商试验区，试验区由下城园区、下沙园区、空港园区、临安园区和江干园区组成。

2015 年杭州市常住人口为 901.8 万人，其中市区 721.3 万人，按城镇人口计算城市规模为华东地区第三，仅次于上海和南京。以杭州为中心的杭州都市圈，人口已经达到 2110.2 万人。人口出生率为 11.08‰，自然增长率为 3.95‰。[①] 进入 21 世纪以来，杭州市老龄化进程加快，老年人抚养系数增大。

（二）流通节点功能发挥情况及比较

1. 集散中转功能分析

杭州交通发达，是中国东南地区重要的交通枢纽。既是沪昆线、宣杭线等铁路干线的重要枢纽，又有沪杭高速铁路、宁杭客运专线、杭甬客运专线、杭长客运专线等多条客运专线的运营与建设，杭州也是国内首个设计时速 350 公里高速铁路垂直交会的城市。有高速公路、一级公路 300 多公里，通过沪杭、杭甬、杭宁、杭金衢高速公路及 104 国道、320 国道直达周边重要城市。萧山国际机场旅客运量位居中国前十大机场之列。

2015 年杭州市实现交通运输、仓储和邮政业增加值 299.73 亿元，增长 8.9%。全社会货物运输总量 2.94 亿吨，增长 1.7%。旅客运输量 2.39 亿人次，下降 0.5%。至 2015 年末，萧山国际机场已开通航线 235 条，其中，国际航线 32 条，港澳台航线 7 条。内地航线进出港旅客 2470.3 万人次，增长 10.1%；国际及地区航线进出港旅客 365.1 万人次，增长 18.3%。境内公路总里程达到 16210.02 公里，其中，高速公路 615.08 公里[②]。

2014 年 12 月，计划建设 11 条城际铁路的《浙江省都市圈城际铁路近期建设规划》获国家发改委同意，其中，杭州都市圈有 4 条城际铁路，包括杭临线（杭州—临安）、杭富线（杭州—富阳）、杭州到海宁的城际线和杭州到绍兴柯桥的城际线。此外，杭州还规划有向诸暨、安吉、德清、桐乡延伸的 4 条线，以及 1 条联系湖州南浔、桐乡、海宁的连接线，以最终形成"八射一联"共计 9 条城际铁路的杭州都市圈铁路网。杭临城际铁路、杭富城际铁路预计 2019 年建成通车，杭绍城际铁路预计 2020 年建成通车[③]。

全市邮政企业和规模以上快递服务企业实现业务收入 159.69 亿元，增长 35.7%；规模以上快递服务企业业务量 12.57 亿件，增长 48.7%；建成并投入运营 1824 个便民"E 邮站"。

2. 消费促进功能分析

①② 杭州市统计局. 2015 年杭州市国民经济和社会发展统计公报［EB/OL］. 杭州统计信息网，2016-02-29.
③ 杭州网.《浙江省都市圈城际铁路近期建设规划》昨天拿到"准生证"［N］. 杭州网，2014-12-18.

2015 年杭州市社会消费品零售总额为 4697.23 亿元，比上年增长 11.8%，扣除价格因素，实际增长 11.6%。其中，商品零售额 4241.5 亿元，增长 12.3%，餐饮收入 455.73 亿元，增长 7.4%。"十二五"期间，全市社会消费品零售额年均增长 14.8%，低于"十一五"时期平均增速 3.1 个百分点。2013 年以来，在全球经济增长趋缓的大背景下，杭州市消费品市场增速明显放缓。

城镇消费品零售额为 4457.76 亿元，增长 11.7%；乡村消费品零售额为 239.47 亿元，增长 13.2%。乡村社会消费品零售额增幅高于城镇。近年来，杭州市新农村建设卓有成效，农民收入逐步提高，农村消费环境进一步改善，为杭州市农村消费市场的快速增长提供了有利条件。

全市实现批发和零售业增加值 815.29 亿元，增长 2.3%。在限额以上批发零售贸易业零售额中，家具类、饮料类商品分别增长 65.8% 和 46.6%，粮油食品类、服装鞋帽针纺织品类、烟酒类商品分别增长 18.5%、15.5%、10.5%，金银珠宝类、汽车类商品分别增长 12.6%、7.1%，石油及制品类下降 7.4%①。受人力资源、租金、原材料、物流等各类成本上升因素影响，各百强商贸企业的利润空间普遍严重缩水。

2015 年全市网络零售额为 2679.83 亿元，增长 42.6%，全市居民网络消费额为 1119.1 亿元，增长 38.2%。对杭州市而言，不论是智能手机的普及率还是网购的消费能力，都远高于全国平均水平。近年来，杭州市商贸流通业态日益丰富，连锁经营、物流配送、电子商务、特许经营等新型流通方式和购物中心、连锁超市、大卖场、仓储式商场、便利店、专业（专卖）店等现代流通方式发展进程不断加快。网络购物和都市生活配送日趋活跃，杭州集聚了全国 1/3 的互联网公司，有 B2B 行业电子商务网站 1200 家，中国电子商务的成交额有 2/3 是在杭州创造的。

3. 外贸服务功能分析

据杭州海关统计，2015 年，杭州市（不含省级公司）实现进出口总值 3684.1 亿元，比上年（下同）微增 0.4%，全省下降 1.1%；其中，出口 2760.7 亿元，增长 5.1%，高于全省 2.8 个百分点；进口 923.4 亿元，下降 11.5%，降幅小于全省 1 个百分点②。2015 年，面对全球经济复苏不及预期和国内经济下行压力加大的困难局面，杭州市积极采取各种措施保持外贸稳定，特别是外贸综合服务平台和跨境电子商务的发展对杭州市出口起到了有力的支撑作用，全年外贸出口保持正增长且高于浙江省增幅。2015 年以来，浙江"一达通"平台继续推出多项优惠举措，加大服务力度，不仅吸引了杭州市的小微企业，也吸引了省内其他地区乃至周边省市的小微企业进入该平台，全年该公司出口 150.2 亿元，拉动全市出口增速 5.6 个百分点，外贸综合服务平台运作成效明显。同时，依托中国（杭州）跨境电子商务综合试验区的成立运作，杭州

---

① 杭州市统计局. 2015 年杭州市国民经济和社会发展统计公报 [EB/OL]. 杭州统计信息网，2016-02-29.

② 杭州网.《浙江省都市圈城际铁路近期建设规划》昨天拿到"准生证" [N]. 杭州网，2014-12-18.

市跨境电子商务发展迅猛。2015年，杭州跨境电子商务综试区累计出口21.9亿元，拉动全市出口增速0.8个百分点。但是，也应该看到，跨境电子商务业务仍处于起步阶段，尽管2015年杭州跨境电子商务综试区出口增速高达19.5倍，但其绝对规模仅占全市出口的0.8%，要使其成为推动杭州外贸出口增长的中坚力量尚需时日。

（三）发展过程中面临的问题、挑战

1. 商贸流通业的政策支持力度相对较弱

目前，在杭州市的产业结构中，第三产业占据了半壁江山，以2014年财政专项资金安排为例，安排工业专项资金6.93亿元，农业专项资金5.55亿元，而流通业专项资金1.6亿元，仅占11.4%。商贸流通业是第三产业的重要组成部分，对推动地方经济发展、提高地方财政实力、促进社会就业非常重要，政府支持力度仍需进一步加大。商贸流通业大多是中小企业，数量占90%以上，但因享受政策门槛高，中小商贸流通企业较难享受到各类扶持政策；同时，中小企业由于规模小、固定资产少、信用等级低、缺乏可抵押物，融资难问题已成为制约商贸流通企业发展的瓶颈①。

2. 商贸流通网点布局存在不够合理的问题

商业网点规划缺少约束性，部分城区同型商业业态过于密集，导致恶性竞争。网点布局不平衡，城镇、中心城区中的老城区群众消费比较便利，城乡接合部和新扩城区、新开发建设的居民住宅小区的社区商业不发达，居民日常消费不太便利；乡村尤其是边远乡村，由于交通欠发达，商业设施不够齐全，居民消费不方便。

3. 商贸流通业用地遭遇市区土地瓶颈问题

因杭州市区土地资源稀缺、价格较高，杭州市物流企业和大型商贸连锁企业的配送中心、仓储设施用地大多采用租用的方式，很不稳定，为保障杭州各类生活必需品的供应带来隐患，如杭州快递行业非常发达，全国多家快递知名企业如圆通、申通等都是在杭州发展起来的，由于用地问题其总部大多设在外地。

（四）对策建议

1. 加强各类政策支持与研究

一是严格落实国家关于促进消费、扶持商贸流通业发展的相关政策，如直营连锁企业由总部统一纳税、商贸业与工业用水、用电、用气同价等各项政策，切实解决商贸流通企业经营农产品税赋高、银行卡刷卡费率高、促销活动限制过多等问题，减轻企业负担。二是深入开展针对性研究，制定出台重点扶持电子商贸企业做强做大的相关政策。三是加强分类指导。在资金扶持上，既要突出重点，加大扶持城市综合体等

---

① 浙江省发展和改革委员会. 杭州市商贸流通业发展现状及对策建议［EB/OL］. 浙江统计信息网，2014-07-22.

大项目、大企业发展，又要考虑全面、积极扶持中小企业发展；既要重视引进大企业、大项目，又要推进本地企业"走出去"，做强做大。四是完善商贸流通领域的地方规章。在商贸流通设施建设方面，至今还没有关于大型商业设施建立和批准的地方法规和制度，可充分借鉴北京、大连等地对新建的大型商业设施建立听证会制度，实施以社会需求为导向和避免盲目竞争的发展[①]。

2. 培育龙头企业，增强整体实力

按照市场经济规律，培育打造一批拥有著名品牌和自主知识产权、主业突出、辐射范围广、核心竞争力强的大型商贸流通龙头企业。鼓励有实力的商贸流通企业发挥网络、品牌、信息、配送、管理等比较优势，整合社会资源，实现规模扩张，增强竞争能力，做大做强企业，逐步走向集团化、规模化、品牌化的发展道路。深入实施商贸流通品牌创塑工作，加大对本地商贸企业的培育力度，支持做大做强，打造自身品牌。鼓励商贸流通企业创立和维护商标信誉，培育企业品牌，提高企业美誉度和品牌影响力。优化业务流程和交易方式，探索运用"互联网+物联网"技术，丰富营销手段。推广应用资源管理计划、供应链管理、需求链管理和商业智能等技术，推动商贸流通企业标准化管理、网络化运营、规范化发展。

3. 完善服务体系，扶持中小企业

一是进一步服务中小企业，重点加强对中小商贸流通企业公共服务平台的建设，积极完善平台运作机构，建成"杭州中小商贸流通企业公共服务中心"网站，做好融资平台服务，设立服务站（服务点）网络，通过平台服务功能的完善，积极组织开展对中小商贸企业的投资融资、信息咨询、市场开拓、科技应用、管理创优五大服务。二是研究出台加强杭州中小商贸企业若干意见，以强化对中小商贸企业服务体系平台运行研究，助推平台建设。三是开展银企合作解决中小商贸企业融资难题。由于中小企业的经营风险较大，资信比大企业低，商业银行一般不愿为中小企业提供贷款。研究出台政策帮助中小企业获得贷款的主要方式包括贷款担保、贷款贴息、政府直接的优惠贷款等。整合资源，联合银行、担保机构等，通过担保等信用加强措施，鼓励金融机构扶持中小商贸企业发展[②]。

4. 大力推进电子商务发展，促进转型升级

充分贯彻浙江省政府"电商换市"、电子商务拓展市场工作精神，将商贸流通有形的市场拓展和无形虚拟的市场开发紧密结合起来。首先，培育和认定一批市级电子商务示范基地，并鼓励支持申报国家级和省级重点示范基地，建立电子商务统计监测体系，开发"智慧商贸"软件和配套网站。其次，实施电子商务"五进工程"，即电子商务进传统商场（百货、超市）、进市场（专业市场）、进商贸企业（餐饮、酒吧、休

---

①② 浙江省发展和改革委员会. 杭州市商贸流通业发展现状及对策建议［EB/OL］.浙江统计信息网，2014-07-22.

闲行业、特色街、农贸市场）、进社区（小区网点、便利店）、进农村（农产品、千万工程）。把电子商务信息服务平台与有形的连锁网点和配送体系建设紧密结合，实现健全的商品信息服务、配送服务、售后服务的配套服务体系。

5. 继续鼓励连锁经营发展

首先，健全对连锁经营企业备案制度、统计制度以及信用管理制度。重点培育具有一定规模且体系比较成熟的连锁经营企业，对连锁加盟发展中的关键环节给予政策支持。积极扶持中小企业发展连锁经营，重点鼓励老字号、特色店、名牌企业和农村发展连锁经营。其次，促进物流配送。充分应用现代物流技术和手段，优化城市商品物流配送体系，发展农村商品物流配送网络。积极支持企业建设配送中心或充分利用社会化配送中心。

6. 继续鼓励扩大对外开放

坚持"引进来"与"走出去"相结合。首先，研究扶持政策，吸引国际时尚和顶级品牌落户杭州，引导奢侈品消费回流，扩大奢侈品消费，提升城市商业品位。其次，向外拓展，在"引进来"的同时，积极鼓励优势、特色企业"走出去"，寻找新机遇，开拓新空间，实现新发展。例如，发挥"杭帮菜"的品牌优势，引导著名餐饮企业到上海、南京、北京、香港等地扩张，开出杭菜馆。鼓励有实力的企业，以其管理、品牌等优势，积极拓展市外市场。

八、广州

广州素有"千年商都"之称、地处粤港澳的中心地区，具有得天独厚的发展商贸流通业的优势，广州依托珠三角，是外来人口的聚集区，且因"广交会"的影响，成为连接全国融入世界贸易的枢纽，作为五个国家中心城市之一的广州，相比于北京的政治中心以及上海的经济中心，其优势更多地体现于市场与商业资源，例如，广州多次在福布斯"中国大陆最佳商业城市榜"中位居榜首位置。传统上，商贸流通业是广州的立市之本，对外贸易的最大品牌是广交会，对内贸易的品牌则是广州老城区内分布着的大大小小的各色专业街（市场）。但是近年来随着国内各城市的会展业及专业市场的发展，还有电子商务的冲击，广州的传统商贸流通业受到很大影响。在未来发展现代流通服务业的浪潮中，广州要抓住发展机遇，不断改革升级，这一"华南商都"必将成为"中国商都"，并辐射东南亚地区和整个世界，成为"国际商都"，从而推动世界经济的发展。

（一）节点城市发展情况分析

2015 年，广州市实现地区生产总值（GDP）18100.41 亿元，按可比价格计算，比上年增长 8.4%。其中，第一产业增加值 228.09 亿元，增长 2.5%；第二产业增加值 5786.21 亿元，增长 6.8%；第三产业增加值 12086.11 亿元，增长 9.5%。第一、第二、第三产业增加值的比例为 1.26：31.97：66.77。三次产业对经济增长的贡献率分别为 0.4%、29.0% 和 70.6%。全年工业增加值 5246.07 亿元，比上年增长 6.9%。2015 年全年规模以上工业增加值 4840.42 亿元，比上年增长 7.2%。

自 2006 年以来，广州市的第三产业比重一直在增加，近三年都超过了 60%；而第二产业在 2009~2016 年比重跌到 40% 以下。自 20 世纪 90 年代以来，广州市第三产业增加值比重总体上呈逐步上升之势，1992~2008 年年均增长超过 14%。2009~2015 年广州第三产业占 GDP 比重突破了 60%，2015 年第三产业对全市经济增长的贡献率超过 70%[①]。

在第三产业取得量的增长的同时，第三产业的内部结构正在朝着分工细化和高级化的方向发展。例如，物流业已从单纯的货物装卸承运向一体化服务转变，把加工、分拣、包装、配送、运输、仓储、代办、配载、信息咨询等紧密结合；在电子信息方面，信息传输、软件和信息技术服务业固定资产投资 232.49 亿元，比上年增长 17.7%，软件和信息服务业发展迅猛，广州软件的市场份额已占国内软件市场总量的 10% 以上，广州软件产业整体实力仅次于北京中关村，集聚度接近我国台湾地区；在动漫制作方面，一批创意产业园相继建立，以网络游戏、动漫、手机游戏和与游戏相关的产业链初步形成。

（二）流通节点功能发挥情况及比较

1. 集散中转功能分析

2015 年广州市交通运输、仓储和邮政业实现增加值 1265.68 亿元，比上年增长 7.5%。全年完成邮电业务收入 543.04 亿元，增长 7.5%。2015 年白云国际机场旅客吞吐量达 5520.94 万人次，增长 0.8%，位居全国第二；货邮行吞吐量 200.17 万吨，居世界空港前 15 名。广州港货物吞吐量达 5.20 亿吨，增长 3.8%；集装箱吞吐量达 1759.00 万标箱，增长 5.8%[②]，分别居世界港口第五位、第八位。南沙保税港区已进入我国保税物流体系中层次最高、政策最优惠、功能最齐全的海关特殊监管区域行列，白云机场综保区成为国内最大的空港保税区，广州保税物流园区、广州空港保税物流中心、南沙海港和白云空港两个出口监管仓被列入我国第二批享受"入仓退税"政策扩大试点范围。广州积极创建国内贸易流通体制改革综合试点城市、国家物流标准化试点城市，广州的商贸中心城市地位提升，国际交通枢纽功能日益增强。

---

①② 广州市统计局. 2015 年广州市国民经济和社会发展统计公报［EB/OL］. 广州统计信息网，2016-03-26.

2. 生产服务功能分析

从 1957 年开始，广州每年两届的中国出口商品交易会为内陆商品出口提供了重要的发展平台，促进了进出口贸易的不断扩大，同时，广州市商业购销业务遍及全国各地，形成了比较固定的流通渠道和相互依存的交换关系。

商贸会展是广州国民经济第一大产业，是凸显和发挥广州国际商贸中心功能的龙头产业。2015 年广州展览会数量居全国第三位，展出总面积居全国第二位，展览会平均面积居全国第一位。中国会展经济研究会统计工作委员会依据展览面积、展览数量、展览管理及相关机构等指标制定的中国城市会展业发展综合指数表明，2014 年广州市的会展业发展综合指数为 189.21，居中国第二位，低于上海（335.5），略高于北京（184.40）。广交会、广博会、留交会、国际汽车展等著名会展品牌影响力不断提升，广州成为我国最具活力的会展城市，其中，享誉全球的广交会是我国规模最大、档次最高、成交量最大的出口商品交易会，奠定了广州展览业的领先地位。

2015 年，广州租赁和商务服务业增加值为 777 亿元，占 GDP 比重为 7.3%[①]。目前，广州商务与科技服务正以产业集群区为主要载体，重点引导总部经济品牌运作、咨询策划等高端商务与科技服务进入大型中央商务区，完善法律、咨询、会计、审计、评估、广告、检测、认证服务功能，形成与国际营商规则接轨的高水平、专业化商务与科技服务体系。

2015 年，广州金融业继续稳步发展，全年金融业增加值 16294294 万元，同比增长 14.2%，占 GDP 的 9%，贡献率为 12.8%，拉动 GDP 增长 1.1 个百分点。全年金融业税收为 346.88 亿元，增长 12.5%，占全市税收的 7.9%。金融业固定资产投资 13.57亿元，同比增长 19.9%[②]。广州金融基础设施全国领先，是全国业务量最大的区域性资金清算枢纽城市，以各类电子支付和票据交换系统为依托的支付结算网络连通港澳、辐射全国。是全国首批 5 个跨境贸易人民币结算试点城市之一，业务范围逐步向跨境服务贸易、对外投资等领域延伸。

3. 消费促进功能分析

2015 年广州市社会消费品零售总额为 7932.96 亿元，比上年增长 11.0%。从全国主要城市对比来看，广州商业流通规模连续 20 多年稳居全国第三，并且与"领头羊"北京、上海的差距逐步缩小，商贸中心城市地位持续提升。2015 年社会消费品零售总额增速比北京（7.3%）高 3.7 个百分点，比上海（8.1%）高 2.9 个百分点（见表 2）。从广州主要商贸指标占广东省的比例来看，2015 年广州社会消费品零售总额占广东省的 25.32%，比 2014 年略高，显示出广州商贸业在广东的地位更加突出。

---

①②　广州市统计局. 2015 年广州市国民经济和社会发展统计公报 [EB/OL]. 广州统计信息网，2016-03-26.

表2　2015 年国内主要城市社会消费品零售总额及增速

城市	总额（亿元）	增速（%）
广州	7932.96	11.0
北京	10338	7.3
上海	93406.57	6.4
天津	5245.69	10.7
深圳	5017.84	2.0

分行业看，批发零售贸易业零售额为 6929.57 亿元，增长 11.2%；住宿餐饮业零售额为 1003.39 亿元，增长 9.8%。批发零售业商品销售总额为 50902.38 亿元，增长 10.2%。限额以上批发和零售业企业和个体户实现零售额 3917.52 亿元，增长 9.3%，占全市批发和零售业零售额的 56.5%①。限额以上网店零售额接近百货店和大型超市零售额之和。以唯品会、广汽租赁、尚品宅配等为代表的新业态企业营业收入增速超过 20%。商贸业综合实力不断提高，对经济增长的拉动作用进一步凸显。

2015 年广州市接待过夜旅游人数 5657.95 万人次，比上年增长 6.2%。其中，入境旅游者 803.58 万人次，增长 2.6%；境内旅游者 4854.37 万人次，增长 6.8%。在入境旅游人数中，外国人 307.98 万人次，增长 2.6%；中国香港、中国澳门和中国台湾同胞 495.60 万人次，增长 2.6%。旅游业总收入 2872.18 亿元，增长 13.9%。旅游外汇收入 56.96 亿美元，增长 4.0%②。广州旅游综合竞争力位列全国副省级城市第一。2015 年广州着力推进国家旅游综合改革试点，促进旅游产业融合发展，推动旅游重大项目和片区的开发建设，参与"21 世纪海上丝绸之路"等区域旅游合作，完善旅游公共服务体系，并进一步规范旅游市场秩序。

4. 外贸服务功能分析

2015 年广州市全年商品进出口总值为 8306.41 亿元，比上年增长 3.5%。其中，商品出口总值 5034.67 亿元，比上年增长 12.7%；商品进口总值 3271.74 亿元，比上年下降 8.0%。进出口差额（出口减进口）1762.93 亿元，比上年增加 850.43 亿元。

2015 年全年新签外商直接投资项目 1429 个，比上年增长 23.7%。合同外资金额 83.63 亿美元，比上年增长 4.0%，实际使用外商直接投资金额 54.16 亿美元，比上年增长 6.1%，其中信息传输、计算机服务和软件业增长 308.1%，住宿和餐饮业增长 142.5%，利用外资水平稳步提升。

2015 年全年经核准境外投资协议金额 51.33 亿美元，比上年增长 57.9%；对外承

①②　广州市统计局. 2015 年广州市国民经济和社会发展统计公报［EB/OL］. 广州统计信息网，2016-03-26.

包工程和对外劳务合作完成营业额 8.55 亿美元，比上年增长 49.6%[①]；境外投资实现跨越式发展，"引进来"和"走出去"双向投资趋向平衡。

中共中央政治局 2015 年 3 月 24 日审议通过《关于加快推进生态文明建设的意见》，审议通过广东、天津、福建自由贸易试验区总体方案，广东自贸试验区南沙片区获国家批准设立，带动了广州外贸、投资的发展，一方面将扩大广州金融服务、商贸服务、专业服务、科技文化服务和社会服务等领域的对外开放，提升国际航运服务功能，另一方面将为企业和投资者提供高效便捷的服务，争创审批"特区速度"。"海上丝绸之路"建设规划项目的确定，使广州将直接受益于海上丝绸之路沿线国家基础设施建设，进一步激发企业对外贸易和"走出去"的市场主体活力。

（三）发展过程中面临的问题、挑战

1. 流通企业现代化程度低，信息技术应用不足

在广州的流通企业，除外资企业以外，本土的流通企业普遍面临着现代化程度低和信息技术应用不足的问题。广州的实体商贸繁荣发展几十年，得益于珠三角这个世界工厂。现在珠三角地区进入工业化后期，实体经济衰退对广州传统的实体商贸活动带来退化影响。在城市转型中，道路交通、消防安全、产业发展、物流配送、社会贡献和城市形象等问题给传统实体商贸带来新的挑战。从行业范围来看，首先，批发业还是采用过去沿袭下来的集贸市场"摊位制"的交易方式，采用比较传统的现货面对面交易（即对手交易），只有极少数企业采用先进的拍卖交易、期货交易、网上交易和委托交易方式。其次，批发行业几乎没有任何一个企业或者专业市场有自己的电子商务网站或者发布产品供需信息的网站。再次，广州的百货企业大多是由原国有企业转制成立的，其现代化程度受其体制约束。据了解，这些百货企业拥有自己的电子商务网站的很少，即使有电子商务网站，其电子商务业务部分占总业务的很小一部分，它们只是利用这种模式扩大影响力，并没有作为本公司扩大市场占有份额的战略考虑。会展业除了广交会网站、在线广交会、机电贸易网三大广交会电子商务网站规模较大外，其他大大小小的博览会、展览会都没有自己的网站，这非常影响展览的影响力，也影响广州会展业的发展。最后，在物流业方面，广州物流信息的网络化程度低，政府主导开发的物流信息交易平台与企业自行组织开发的运输信息软件系统或者物流系统都只是从有利于自己经营管理的角度去设计开发，缺乏系统性和全局性，信息化效率大打折扣[②]。

---

① 广州市统计局. 2015 年广州市国民经济和社会发展统计公报 [EB/OL]. 广州统计信息网，2016-03-26.

② 平海，朱婧. 广州流通业发展分析与对策研究 [C] //第九届珠三角流通学术峰会——扩大内需与现代流通体系建设论文集，2012.

2. 缺乏大型商贸流通品牌企业，行业零散度高

尽管广州流通业呈现出一派蓬勃的景象，中国第一家超市（1981 年 4 月 12 日，广州友谊商店附设的小型超市）也诞生在广州，广州天河城百货是全国第一家大型购物中心，广百百货集团（以下简称广百）在珠三角地区的同类企业中排名第一，但从全国来看，能进入全国前十的商贸企业几乎没有，广百也没有和王府井一样能在全国有那么高的知名度。广州的商贸企业都缺乏品牌意识。在连锁超市方面，本土企业更是全面沦陷，沃尔玛、家乐福、好又多、百佳、华润、万佳、麦德龙、易初莲花、吉之岛、苏宁、国美等外资和外地零售巨头都已经在广州扎根。如今的广州零售商业，无论是超市、便利店还是仓储式会员店，大型购物中心均以外资及广州以外的"京资"、"沪资"、"深资"、"台资"、"港资" 等外地资本为主，本地中小超市大部分在小型社区和农村小城镇。截至 2006 年，广州大卖场总数在 70 家左右，其中，外商所占比例超过 90%，在便利店方面，几乎被外资 7-11、OK 便利等占据。在 2009 年的全国连锁百强名单中，广州本土只有广百和友谊商店上榜，排名分别为第 51 位和第 66 位。

广州的研发创新能力在国内主要城市当中并不占优。密集的科研及人才聚集区、活跃的原创性知识活动、有远见的创业投资行为，这些因素广州都基本具备，却又都不突出。如果能够围绕有价格指数优势的若干行业，对上游的行业标准到下游的市场开发等进行有针对性的研发创新激励扶持，或许可以走出一条有广州特色的创新之路。

（四）对策建议

1. 顺应互联网时代，重构新的商业体系

在互联网时代，广州重新构造新的商业体系，就要顺应互联网背景下商贸流通业的特征和趋势。加快传统商贸服务业转型升级，鼓励传统零售业与电子商务融合，发展线上线下互动购物；引导购物中心、大型百货向社交体验中心转型；支持信用消费发展。按照"一场一策"原则，推动批发市场转型升级。促进社区商业、特色街区等便民服务商圈和仓储超市发展，支持农贸市场升级改造。按专业化分工协作要求，加紧建立零售实时型销售管理 POS 系统与零售、批发和生产厂商联网的 EOS（电子数据交换）系统连接，使用 VAN 和 EDI 以在线联结的方式把 POS 信息瞬时传给生产和送货企业，实现用 POS 信息和订货信息比较分析零售商的库存水平并以此为基础制定生产计划和零售商库存补充计划。运用先进技术加强资金管理、采购管理、人力资源管理和质量管理，改变流通绩效，推动企业业务流程管理的现代化，提高企业竞争力。

2. 实行战略性重组以提升竞争力

广州流通业只有少数大型流通企业，其他大部分为中小型企业，这种行业构成特点就决定了广州流通产业要扩大影响力和提高竞争力必须通过收购兼并的方式做大规模。广州流通企业可以充分发挥资本运作、资源配置、技术创新和市场拓展等优势，

在国内市场通过股份制改造、兼并收购、自愿加盟等形式，以大带小，以强带弱，推进、跨地区、跨行业、跨所有制经营，引导业态相同、商圈相叠、实力相近的优势企业实现"强强联合"，实现重组联合。暂时不具备这种条件的，可以通过合约协议等方式建立战略联盟，通过加强联合采购和分销、信息共享、错位经营等方式，待条件成熟后，再发展为紧密型资产重组的集团企业。在品牌建设方面，可以通过将一个地区形成品牌，树立该地区的品牌形象。例如，阳澄湖大闸蟹就是一个很成功的例子，芳村茶叶、虎门服装、佛山陶瓷等都可以参照这一模式树立自己的品牌形象。另外，广州要积极培育自有品牌，通过自己产品的品牌形象建设来提升广州市整个流通产业的品牌知名度，重视品牌管理，制定品牌信誉方案，与客户建立健全长期良好合作关系，用适当的战略和方法做大做强本土品牌①。

3. 加快大宗商品交易平台建设，促进商贸和消费高端集聚

推进国家级珠宝玉石交易所、钻汇交易中心、华南有色金属交易中心"一所两中心"组建；推动大宗商品交易平台建设以及向现货交易场所转型；加快推进现代化综合展贸园区、特色美食街区、大型商圈建设；积极培育并发展消费热点，做好家政、养老等领域的消费促进工作；大力发展绿色消费。

4. 增强国际贸易中心功能，鼓励企业"走出去"

鼓励并扶持外贸企业加快转型升级。强化自主品牌建设，提升自主品牌出口比重。指导企业用好外贸支持政策，积极开拓国际市场。推动进口交易中心、进口代理服务平台以及大宗商品交易平台建设，进一步扩大进口。拓展服务贸易和服务外包，大力拓展文化影视、金融服务等服务贸易领域，以及供应链、会展咨询等服务外包新业态。培育引进一批服务贸易和服务外包高端项目。落实"海上丝绸之路"战略规划，鼓励企业"走出去"赴境外投资和承包工程。推动广州市装备制造业和产能过剩行业走向世界。引导企业在海外建立服务体系。推动对外承包工程向高附加值领域拓展。

5. 提升政务服务水平，推动营商环境优化②

提升政务服务水平，深化商务领域的行政审批改革，优化政务服务，建设市场化、法治化、国际化的营商环境；优化发展载体建设，继续协调推进广东自贸试验区南沙片区发展；推进特殊监管区域整合优化；推动中心城区合理规划商业布局。

---

① 平海，朱婧. 广州流通业发展分析与对策研究［C］//第九届珠三角流通学术峰会——扩大内需与现代流通体系建设论文集，2012.

② 广州市人民政府于2014年发布的《广州商务2014年发展情况和2015年发展思路》。

附　录

附表 1　37 个国家级流通节点城市关联性分析

	1	2	3	4	5	6	7	8	9	10	11	12	13	14	15	16	17	18	19
1																			
2	0.140																		
3	0.102	0.739**																	
4	−0.096	0.912**	0.655**																
5	−0.172	0.816**	0.893**	0.811**															
6	0.720**	0.618**	0.585**	0.462*	0.358														
7	0.030	0.925**	0.874**	0.909**	0.936**	0.575**													
8	0.548**	0.728**	0.695**	0.615**	0.504**	0.916**	0.717**												
9	0.663**	0.607**	0.637**	0.499**	0.396*	0.943**	0.614**	0.952**											
10	−0.291	0.887**	0.684**	0.916**	0.872**	0.286	0.892**	0.475**	0.296										
11	0.713**	0.568**	0.671**	0.384*	0.452**	0.776**	0.603**	0.810**	0.832**	0.273									
12	0.683**	0.047	0.121	−0.176	−0.180	0.655**	−0.068	0.459*	0.532**	−0.246	0.403*								
13	0.617**	0.556**	0.742**	0.443*	0.473**	0.869**	0.633**	0.891**	0.947**	0.269	0.882**	0.456*							
14	0.457**	0.629**	0.832**	0.540**	0.647**	0.753**	0.764**	0.810**	0.834**	0.421*	0.885**	0.218	0.939**						
15	0.454*	0.593**	0.795**	0.402*	0.604**	0.794**	0.644**	0.744**	0.751**	0.384*	0.692**	0.552**	0.808**	0.756**					
16	0.550**	0.681**	0.793**	0.560**	0.593**	0.914**	0.743**	0.895**	0.923**	0.420*	0.834**	0.450*	0.954**	0.931**	0.881**				
17	0.479**	0.608**	0.786**	0.425*	0.614**	0.812**	0.674**	0.739**	0.747**	0.383*	0.731**	0.499**	0.823**	0.825**	0.961**	0.920**			
18	0.566**	0.629**	0.779**	0.446*	0.556**	0.892**	0.671**	0.845**	0.864**	0.361*	0.797**	0.555**	0.917**	0.877**	0.942**	0.971**	0.966**		
19	0.279	0.856**	0.814**	0.784**	0.754**	0.678**	0.892**	0.829**	0.737**	0.745**	0.794**	0.113	0.766**	0.836**	0.659**	0.803**	0.677**	0.739**	
20	0.233	0.795**	0.688**	0.863**	0.657**	0.659**	0.819**	0.796**	0.759**	0.661**	0.637**	0.024	0.739**	0.748**	0.496**	0.741**	0.511**	0.612**	0.848**
21	0.713**	0.479**	0.679**	0.278	0.380*	0.878**	0.509**	0.822**	0.884**	0.166	0.844**	0.633**	0.935**	0.830**	0.898**	0.914**	0.871**	0.943**	0.674**
22	0.176	0.874**	0.889**	0.756**	0.848**	0.707**	0.914**	0.783**	0.701**	0.786**	0.650**	0.241	0.717**	0.771**	0.851**	0.839**	0.839**	0.838**	0.869**
23	0.665**	0.584**	0.685**	0.393*	0.429**	0.922**	0.579**	0.843**	0.865**	0.284	0.799**	0.614**	0.898**	0.822**	0.891**	0.940**	0.908**	0.965**	0.722**
24	0.484**	0.611**	0.763**	0.486**	0.570**	0.856**	0.689**	0.847**	0.895**	0.367*	0.739**	0.471**	0.906**	0.847**	0.900**	0.936**	0.886**	0.926**	0.682**
25	0.801**	0.091	0.177	−0.099	−0.154	0.734**	0.006	0.537**	0.624**	−0.258	0.519**	0.773**	0.627**	0.424*	0.590**	0.602**	0.586**	0.667**	0.263
26	0.098	0.760**	0.956**	0.643**	0.913**	0.558**	0.891**	0.649**	0.576**	0.710**	0.664**	0.101	0.676**	0.805**	0.813**	0.773**	0.830**	0.776**	0.792**
27	0.777**	0.141	0.358	0.006	0.011	0.744**	0.154	0.628**	0.754**	−0.207	0.688**	0.674**	0.822**	0.650**	0.667**	0.732**	0.660**	0.756**	0.403*
28	0.768**	0.495**	0.644**	0.314	0.362*	0.873**	0.533**	0.832**	0.893**	0.168	0.958**	0.556**	0.928**	0.885**	0.761**	0.897**	0.805**	0.871**	0.718**
29	0.792**	0.248	0.390*	0.100	0.051	0.814**	0.235	0.704**	0.797**	−0.100	0.711**	0.628**	0.835**	0.683**	0.658**	0.776**	0.669**	0.786**	0.492**
30	0.623**	0.108	0.308	−0.016	0.009	0.718**	0.150	0.614**	0.757**	−0.193	0.508**	0.672**	0.728**	0.530**	0.672**	0.674**	0.623**	0.695**	0.222
31	0.226	0.803**	0.943**	0.681**	0.835**	0.727**	0.880**	0.800**	0.743**	0.678**	0.693**	0.272	0.793**	0.825**	0.901**	0.873**	0.882**	0.872**	0.821**
32	−0.042	0.253	0.430*	0.167	0.394*	0.170	0.333	0.365*	0.196	0.290	0.272	0.061	0.238	0.251	0.342	0.230	0.276	0.256	0.373*
33	0.429*	0.696**	0.862**	0.493**	0.659**	0.827**	0.735**	0.815**	0.789**	0.498**	0.741**	0.478**	0.835**	0.821**	0.949**	0.913**	0.934**	0.950**	0.765**
34	0.067	0.922**	0.887**	0.866**	0.906**	0.648**	0.970**	0.760**	0.667**	0.864**	0.588**	0.093	0.664**	0.744**	0.751**	0.787**	0.749**	0.746**	0.857**
35	0.636**	0.490**	0.653**	0.381*	0.418*	0.846**	0.561**	0.801**	0.863**	0.188	0.820**	0.475**	0.941**	0.897**	0.811**	0.938**	0.882**	0.924**	0.670**
36	−0.001	0.804**	0.920**	0.685**	0.920**	0.509**	0.899**	0.603**	0.501**	0.793**	0.555**	0.054	0.582**	0.722**	0.769**	0.715**	0.782**	0.729**	0.776**
37	−0.106	0.908**	0.854**	0.889**	0.913**	0.453*	0.937**	0.634**	0.495**	0.935**	0.465**	−0.106	0.505**	0.616**	0.565**	0.607**	0.546**	0.557**	0.834**

续表

	20	21	22	23	24	25	26	27	28	29	30	31	32	33	34	35	36	37
1																		
2																		
3																		
4																		
5																		
6																		
7																		
8																		
9																		
10																		
11																		
12																		
13																		
14																		
15																		
16																		
17																		
18																		
19																		
20																		
21	0.560**																	
22	0.694**	0.703**																
23	0.614**	0.956**	0.757**															
24	0.624**	0.879**	0.821**	0.840**														
25	0.240	0.778**	0.251	0.803**	0.496**													
26	0.584**	0.635**	0.919**	0.651**	0.769**	0.105												
27	0.417*	0.880**	0.342	0.830**	0.661**	0.904**	0.267											
28	0.595**	0.910**	0.640**	0.882**	0.815**	0.666**	0.625**	0.800**										
29	0.490**	0.890**	0.409*	0.886**	0.661**	0.929**	0.292	0.962**	0.818**									
30	0.247	0.765**	0.376*	0.654**	0.812**	0.644**	0.296	0.759**	0.667**	0.699**								
31	0.695**	0.762**	0.951**	0.780**	0.879**	0.297	0.946**	0.438*	0.699**	0.463**	0.477**							
32	0.153	0.252	0.356	0.207	0.274	0.007	0.443*	0.062	0.178	0.067	0.088	0.408*						
33	0.572**	0.886**	0.911**	0.906**	0.897**	0.541**	0.861**	0.601**	0.794**	0.658**	0.598**	0.930**	0.365*					
34	0.765**	0.584**	0.969**	0.644**	0.781**	0.091	0.909**	0.214	0.561**	0.282	0.295	0.936**	0.339	0.825**				
35	0.652**	0.896**	0.657**	0.908**	0.853**	0.695**	0.630**	0.850**	0.895**	0.845**	0.700**	0.734**	0.146	0.786**	0.590**			
36	0.550**	0.556**	0.940**	0.603**	0.712**	0.046	0.976**	0.157	0.517**	0.213	0.214	0.921**	0.404*	0.845**	0.930**	0.534**		
37	0.762**	0.407*	0.876**	0.478**	0.564**	-0.066	0.827**	0.042	0.383*	0.138	0.024	0.829**	0.348	0.688**	0.932**	0.393*	0.877**	

注：** 表示在 0.01 水平（双侧）上显著相关；* 表示在 0.05 水平（双侧）上显著相关。

1：北京；2：天津；3：石家庄；4：太原；5：呼和浩特；6：沈阳；7：大连；8：长春；9：哈尔滨；10：上海；11：南京；12：苏州；13：杭州；14：宁波；15：合肥；16：福州；17：厦门；18：南昌；19：济南；20：青岛；21：郑州；22：武汉；23：长沙；24：广州；25：深圳；26：南宁；27：海口；28：重庆；29：成都；30：贵阳；31：昆明；32：拉萨；33：西安；34：兰州；35：西宁；36：银川；37：乌鲁木齐。

附表2　有关交通运输、仓储和邮政业固定资产投资额累计值情况（2014年11月~2016年10月）

单位：亿元

指标（累计值）	2014年11月	2014年12月	2015年2月	2015年3月	2015年4月	2015年5月	2015年6月	2015年7月	2015年8月	2015年9月	2015年10月	2015年11月	2015年12月	2016年2月	2016年3月	2016年4月	2016年5月	2016年6月	2016年7月	2016年8月	2016年9月	2016年10月
全国固定资产投资完成额	51067.58	502004.94	34477.41	77511.25	119978.5	171245.4	237131.87	288468.5	338977.36	394531.04	447424.88	497182.15	551590.04	38007.8	85842.83	132591.95	187670.98	258359.96	311694.33	366339.19	426906	484429.02
交通运输、仓储和邮政业固定资产投资额	36967.52	42984.47	3125.1	6682.14	10311.94	14718.98	19971.52	24417.98	28797.68	33591.08	38247.17	42754.34	48971.84	3275.93	7210.53	11271.43	16109.45	22376	27128.49	32216.12	37594	42878.52
铁路运输业固定资产投资额	5920.55	7801.33	458.66	885.25	1391.63	1938.04	2577.7	3366.27	4060.55	4798.26	5547.09	6341.7	7729.94	398.85	825.72	1445.31	2175.06	3040.42	3685.21	4528.54	5393	6203.14
道路运输业固定资产投资额	21443.83	24565.82	1970.37	4044.67	6257.37	8899.83	12050.31	14548.75	17087.2	19939.6	22663.91	25204.43	28611.14	2105.08	4451.66	6908.56	9831.26	13682.51	16540.64	19556.29	22934	26208.84
水上运输业固定资产投资额	2222.62	2390.06	179.81	413.51	618.33	854.63	1119.61	1349.71	1538.51	1737.54	1921.34	2127.17	2352.28	175.05	406.59	601.17	819.25	1072.04	1248.6	1407.89	1576.08	1749.48

续表

指标（累计值）	2016年10月	2016年9月	2016年8月	2016年7月	2016年6月	2016年5月	2016年4月	2016年3月	2016年2月	2015年12月	2015年11月	2015年10月	2015年9月	2015年8月	2015年7月	2015年6月	2015年5月	2015年4月	2015年3月	2015年2月	2014年12月	2014年11月
航空运输业固定资产投资额	1776.28	1626.51	1456.41	1240.9	955.93	672.83	488.11	349.55	98.29	1839.86	1519.62	1332.25	1165.4	996.85	864.92	734.91	553.53	353.56	258.96	76.24	1434.56	1250.64
管道运输业固定资产投资额	198.32	169.41	133.92	111.17	93.22	72.22	46.19	31.25	11.1	299.15	261.74	227.06	193.25	169.79	136.42	92.97	66.96	42.75	27.44	11.98	321.05	287.62
仓储业固定资产投资额	5672.95	4942.51	4310.57	3612.62	2961.36	2123.38	1486.41	960.23	406.17	6619.97	5926.9	5325.54	4675.16	4016.58	3358.99	2722.46	1896.77	1280.98	823.69	340.26	5158.71	4672.51

注：数据来源于国家统计局，访问网址 http://data.stats.gov.cn/。

附表3　有关交通运输、仓储和邮政业固定资产投资额情况（2014年11月~2016年9月）

单位：亿元

指标	2014年11月	2015年1月	2015年2月	2015年3月	2015年4月	2015年5月	2015年6月	2015年7月	2015年8月	2015年9月	2015年10月	2015年11月	2016年1月	2016年2月	2016年3月	2016年4月	2016年5月	2016年6月	2016年7月	2016年8月	2016年9月
固定资产投资完成额	50937.32		43033.84	42467.25	51266.9	65886.47	51336.63	50508.86	55553.68	52893.84	49757.27	54407.89		47835.03	46749.12	55079.03	70688.98	53334.37	54644.86	60566.81	57523.02
交通运输、仓储和邮政业固定资产投资额	6016.95		3557.04	3629.8	4407.04	5252.54	4446.46	4379.7	4793.4	4656.09	4507.17	6217.5		3934.6	4060.9	4838.02	6266.55	4752.49	5087.63	5377.88	5284.52
铁路运输业固定资产投资额	1880.78	458.66	426.59	506.38	546.41	639.66	788.57	694.28	737.71	748.83	794.61	1388.24	398.85	426.87	619.59	729.75	865.36	644.79	843.33	864.46	810.14
道路运输业固定资产投资额	3121.99	1970.37	2074.3	2212.7	2642.46	3150.48	2498.44	2538.45	2852.4	2724.31	2540.52	3406.71	2105.08	2346.58	2456.9	2922.7	3851.25	2858.13	3015.65	3377.71	3274.84
水上运输业固定资产投资额	167.44	179.81	233.7	204.82	236.3	264.98	230.1	188.8	199.03	183.8	205.83	225.11	175.05	231.54	194.58	218.08	252.79	176.56	159.29	168.19	173.4

续表

指标	2016年9月	2016年8月	2016年7月	2016年6月	2016年5月	2016年4月	2016年3月	2016年2月	2016年1月	2015年11月	2015年10月	2015年9月	2015年8月	2015年7月	2015年6月	2015年5月	2015年4月	2015年3月	2015年2月	2015年1月	2014年11月
航空运输业固定资产投资额	149.77	170.1	215.51	284.97	283.1	184.72	138.56	251.26	98.29	320.24	187.37	166.85	168.55	131.93	130.01	181.38	199.97	94.6	182.72	76.24	183.92
管道运输业固定资产投资额	28.91	35.49	22.75	17.95	21	26.03	14.94	20.15	11.1	37.41	34.68	33.81	23.46	33.37	43.45	26.01	24.21	15.31	15.46	11.98	33.43
仓储业固定资产投资额	730.44	631.94	697.95	651.26	837.98	636.97	526.18	554.06	406.17	693.07	601.36	650.38	658.58	657.59	636.53	825.69	615.79	457.29	483.43	340.26	486.2

注：数据来源于国家统计局，访问网址 http://data.stats.gov.cn/。

附表 4　国家级节点城市流通业相关指标一览表（2015 年）

节点城市	GDP		第一产业增加值		第二产业增加值		第三产业增加值		社会消费品零售总额（亿元）	进出口总值（亿美元）	交通运输、仓储和邮政业固定资产投资额（亿元）	交通运输、仓储和邮政业增加值（亿元）	货物运输总量（亿吨）	旅客运输总量（亿人）	货物周转（亿吨公里）	旅客周转量（亿人公里）
	总值（亿元）	增长率（%）	总值（亿元）	增长率（%）	总值（亿元）	增长率（%）	总值（亿元）	增长率（%）								
北京	22968.6	6.9	140.2	-9.6	4526.4	3.3	18302	8.1	18646.00	3195.90	849.8	957.9	2.88	7	629.5	1747.5
天津	16538.19	9.3	210.51	2.5	7723.6	9.2	8604.08	9.6	42624.66	1143.47	916.52	764.68	5.32	1.98	2319.77	445.62
石家庄	5440.6	7.5	494.4	2.3	2452.9	5.8	2493.3	10.6	2693.00	121.40						
太原	2735.34	8.9	37.43	1.3	1020.14	6	1677.77	11.4	1540.80	106.77	51.96					
呼和浩特	3090.5	8.3	126.2	3.3	867.1	8	2097.2	8.8	1353.50	20.70			1.84	0.0685	319.77	14.54
沈阳	7280.5	3.5	341.4	3.5	3499	0.9	3440.1	6.3	3883.20	140.80			2.14	2.06		
大连	7731.6	4.2	453.3	3	3580.8	0.9	3697.5	8.2	3084.30	550.91		261.5			8366.1	221.2
长春	5530.03	6.5	343.3	5	2770.9	4.1	2415.8	9.8	2409.30	139.90			1.03	0.86	356.84	58.2
哈尔滨	5751.2	7.1	672.6	7.2	1862.8	4.1	3215.8	9.3	3394.50	47.78	144.7		0.88	1.32	324.2	280.1
上海	24964.99	6.9	109.78	-13.2	7940.69	1.2	16914.52	10.6	3826.42	8162.32	794.56	1130.88	9.12	1.86	2940.07	403.42
南京	9720.77	9.3	232.39	3.4	3916.11	7.2	5572.27	11.3	4590.17	532.70			2.98	1.59	209.08	133.98
苏州	14500	7.5	215.2	3.4	7041.8	2.2	7243	9.2	4424.80	3053.50			1.34	3.88		
杭州	10053.58	10.2	287.69	1.8	3910.6	5.6	5855.29	14.6	815.29	665.66		299.73	2.94	2.39		
宁波	8011.5	8	285.2	1.8	3924.5	4.8	3801.8	12.5	3349.60	1936.40	186.7		4.21	1.42	2167.8	
合肥	5660.27	10.5	263.43	4.4	3097.91	10.6	2298.93	11	2183.65	203.38		206.28	3.26	1.46		
福州	5618.1	9.6	434.74	4	2482.44	8.9	2700.92	11.3	3488.74	331.63	509.51		7.753	1.273		
厦门	3466.01	7.2	23.94	-0.5	1508.99	7.9	1933.08	6.5	1168.42	832.91	312.85	264.69	2.68	0.87	1489.91	371.03
南昌	4000.01	9.6	172	3.9	2180	9.8	1648	9.8	1662.87	114.64	144.75		1.384	0.686		
济南	6100.23	8.1	305.39	4.1	2307	7.4	3487.84	8.9	3410.30	91.10	104.3		1.58	1.07	1087.95	
青岛	9300.07	8.1	363.98	3.2	4026.46	7.1	4909.63	9.4	3713.70	700.23	484.75					662.5

续表

节点城市	GDP 总值（亿元）	GDP 增长率（%）	第一产业增加值 总值（亿元）	第一产业增加值 增长率（%）	第二产业增加值 总值（亿元）	第二产业增加值 增长率（%）	第三产业增加值 总值（亿元）	第三产业增加值 增长率（%）	社会消费品零售总额（亿元）	进出口总值（亿美元）	交通运输、仓储和邮政业固定资产投资额（亿元）	交通运输、仓储和邮政业增加值（亿元）	货物运输总量（亿吨）	旅客运输总量（亿人）	货物周转（亿吨公里）	旅客周转量（亿人公里）
郑州	7315.2	10.1	151	3.1	3625.5	9.4	3538.7	11.4	3294.70	570.30			2.46	1.87	548.2	279.6
武汉	10905.6	8.8	359.81	4.8	4981.54	8.2	5564.25	9.6	5102.24	280.72	570.94		4.82	2.76	2951.92	1102.36
长沙	8510.13	9.9	341.78	3.6	4478.2	8.8	3690.15	12.1	3690.59	129.53	481.6				386.18	243.69
广州	18100.41	8.4	228.09	2.5	5786.21	6.8	12086.11	9.5	7932.96	1338.70	671.57	1265.68	10.04	10.6	8993.26	2668.3
深圳	17502.99	8.9	5.66	-1.7	7205.53	7.3	10291.8	10.2	5017.84	4417.92	397.54		3.25		2253.06	
南宁	3410.09	8.6	370.35	4.1	1345.66	8.2	1694.08	9.9	1786.68	58.52	1595.26		3.63	0.65	708	514
海口	1161.28	7.5	58.12	1.2	223.67	5.8	879.49	8.3	595.53	43.43	148.38		1.13	0.708		
重庆	15719.72	11	1150.15	4.7	7071.82	11.3	7497.75	11.5	6424.02	744.77		761.31	10.46	7.134		
成都	10801.2	7.9	373.2	3.9	4723.5	7.2	5704.5	9	4946.20	395.30	554				243	132.5
贵阳	2891.16	12.5	129.89	6.4	1108.52	14.6	1652.75	11.1	1060.17	91.22	218.93		3.22	6.68	305	
昆明	3970	8	188.1	5.8	1588.38	7.4	2193.52	8.7	2061.66	123.64			2.84	0.98		122.5
拉萨	376.73	11.2	13.8	4.3	140.95	16.4	221.98	8.2	205.80	6.63						
西安	5810.03	8.2	220.2	5	2165.54	6.8	3424.29	9.5	3405.38	282.88	362.84		4.63	2.69	643.01	324.15
兰州	2095.99	9.1	56.22	5.9	782.65	6.8	1257.11	11.2	1152.15	50.59	192.97	122.18	1.18	0.62	127.11	62.61
西宁	1131.62	10.9	37.46	5.3	543.47	12.6	550.69	9	461.94	18.32			0.69	0.26	255.96	106.79
银川	1480.73	8.3	57.46	4.7	787.11	9.1	636.16	7.6	477.63	32.67			0.0386	0.0664	20.54	64
乌鲁木齐	2680	10.5	31.2	6	788.8	5.6	1860	13.9	1152.00	58.43	163.63				290.2	320.04

注：数据整理自国家统计局和各节点城市2015年国民经济和社会发展统计公报，空缺位置是暂无法获取数据。

附表5　37个国家级流通节点城市货运量与旅客运量相关性分析

	1	2	3	4	5	6	7	8	9	10	11	12	13	14	15	16	17	18	19
1	1	-0.217	-0.356	-0.531*	-0.555*	0.675**	-0.482*	0.389	0.736**	-0.592**	0.677*	0.671*	0.646**	0.154	0.248	0.392	0.274	0.400	-0.139
2	-0.217	1	0.510*	0.859**	0.721**	0.225	0.870**	0.416	0.012	0.888**	0.093	-0.136	-0.196	0.104	0.297	0.288	0.296	0.234	0.740**
3	-0.356	0.510*	1	0.369	0.860**	0.029	0.728**	0.147	-0.123	0.600**	0.201	-0.057	0.242	0.596**	0.619**	0.457*	0.576**	0.483*	0.558*
4	-0.531*	0.859**	0.369	1	0.716**	-0.063	0.848**	0.164	-0.250	0.921**	-0.269	-0.411	-0.516*	-0.126	-0.009	-0.005	-0.006	-0.111	0.603**
5	-0.555*	0.721**	0.860**	0.716**	1	-0.148	0.939**	0.025	-0.346	0.843**	0.011	-0.373	-0.145	0.425	0.387	0.264	0.388	0.228	0.624**
6	0.675**	0.225	0.029	-0.063	-0.148	1	-0.006	0.778**	0.914**	-0.093	0.392	0.801**	0.617**	0.134	0.605**	0.766**	0.611**	0.714**	0.128
7	-0.482*	0.870**	0.728**	0.848**	0.939**	-0.006	1	0.201	-0.234	0.941**	0.022	-0.346	-0.224	0.328	0.324	0.279	0.347	0.211	0.747**
8	0.389	0.416	0.147	0.164	0.025	0.778**	0.201	1	0.740**	0.220	0.347	0.593**	0.370	-0.036	0.490*	0.492*	0.401	0.491*	0.422
9	0.736**	0.012	-0.123	-0.250	-0.346	0.914**	-0.234	0.740**	1	-0.284	0.397	0.858**	0.640**	-0.054	0.525*	0.580**	0.422	0.556**	-0.010
10	-0.592**	0.888**	0.600**	0.921**	0.843**	-0.093	0.941**	0.220	-0.284	1	-0.140	-0.389	-0.411	0.073	0.152	0.086	0.135	0.032	0.744**
11	0.677*	0.093	0.201	-0.269	0.011	0.392	0.022	0.347	0.397	-0.140	1	0.396	0.606**	0.617**	0.375	0.425	0.420	0.439	0.412
12	0.671*	-0.136	-0.057	-0.411	-0.373	0.801**	-0.346	0.593**	0.858**	-0.389	0.396	1	0.725**	0.053	0.555*	0.583**	0.492*	0.643**	-0.108
13	0.646**	-0.196	0.242	-0.516*	-0.145	0.617**	-0.224	0.370	0.640**	-0.411	0.606**	0.725**	1	0.569*	0.744**	0.747**	0.711**	0.811**	0.066
14	0.154	0.104	0.596**	-0.126	0.425	0.134	0.328	-0.036	-0.054	0.073	0.617**	0.053	0.569*	1	0.535*	0.622**	0.690**	0.623**	0.413
15	0.248	0.297	0.619**	-0.009	0.387	0.605**	0.324	0.490*	0.525*	0.152	0.375	0.555*	0.744**	0.535*	1	0.883**	0.932**	0.929**	0.304
16	0.392	0.288	0.457*	-0.005	0.264	0.766**	0.279	0.492*	0.580**	0.086	0.425	0.583**	0.747**	0.622**	0.883**	1	0.946**	0.961**	0.316
17	0.274	0.296	0.576**	-0.006	0.388	0.611**	0.347	0.401	0.422	0.135	0.420	0.492*	0.711**	0.690**	0.932**	0.946**	1	0.959**	0.296
18	0.400	0.234	0.483*	-0.111	0.228	0.714**	0.211	0.491*	0.556**	0.032	0.439	0.643**	0.811**	0.623**	0.929**	0.961**	0.959**	1	0.278
19	-0.139	0.740**	0.558*	0.603**	0.624**	0.128	0.747**	0.422	-0.010	0.744**	0.412	-0.108	0.066	0.413	0.304	0.316	0.296	0.278	1
20	-0.307	0.608**	0.175	0.810**	0.426	-0.039	0.539*	0.146	-0.133	0.629**	-0.178	-0.323	-0.329	-0.197	-0.150	-0.107	-0.194	-0.220	0.517*
21	0.653**	-0.044	0.273	-0.408	-0.081	0.696**	-0.126	0.483*	0.716**	-0.283	0.594**	0.745**	0.957**	0.500*	0.820**	0.795**	0.741**	0.861**	0.151
22	-0.221	0.769**	0.768**	0.565**	0.776**	0.333	0.818**	0.454*	0.150	0.759**	0.173	0.123	0.190	0.413	0.728**	0.633**	0.687**	0.634**	0.707**
23	0.564**	0.191	0.309	-0.145	0.029	0.816**	0.067	0.593**	0.686**	-0.063	0.502*	0.693**	0.849**	0.525*	0.804**	0.917**	0.821**	0.923**	0.309
24	0.237	0.145	0.394	-0.123	0.227	0.581**	0.176	0.386	0.559*	0.003	0.166	0.563**	0.589**	0.306	0.873**	0.746**	0.798**	0.791**	-0.013
25	0.763**	-0.225	-0.161	-0.471*	-0.473*	0.760**	-0.439	0.478*	0.758**	-0.506*	0.389	0.768**	0.820**	0.205	0.488*	0.633**	0.483*	0.653**	-0.079
26	-0.284	0.584**	0.923**	0.388	0.877**	0.086	0.796**	0.183	-0.101	0.630**	0.293	-0.056	0.216	0.667**	0.673**	0.542*	0.691**	0.555**	0.585**
27	0.720**	-0.439	-0.178	-0.634**	-0.509*	0.533*	-0.572*	0.227	0.614**	-0.669**	0.406	0.713**	0.866**	0.255	0.444	0.508*	0.414	0.564**	-0.208
28	0.797**	-0.085	0.116	-0.454*	-0.188	0.653**	-0.179	0.411	0.644**	-0.355	0.879**	0.685**	0.796**	0.582**	0.527*	0.644**	0.590**	0.646**	0.173
29	0.746**	-0.319	-0.181	-0.542*	-0.502*	0.638**	-0.495*	0.350	0.654**	-0.567**	0.401	0.666**	0.813**	0.256	0.401	0.553*	0.399	0.579**	-0.090
30	0.501*	-0.472*	-0.248	-0.644**	-0.491*	0.496*	-0.549*	0.220	0.655**	-0.630**	0.041	0.703**	0.573**	-0.090	0.462*	0.374	0.363	0.452*	-0.562**
31	-0.187	0.629**	0.874**	0.400	0.770**	0.320	0.729**	0.418	0.170	0.601**	0.198	0.170	0.344	0.481*	0.826**	0.656**	0.765**	0.683**	0.537*
32	-0.141	0.176	0.436	0.064	0.355	0.036	0.293	0.447*	0.059	0.236	0.207	0.021	0.176	0.203	0.294	0.140	0.205	0.179	0.380
33	0.179	0.433	0.705**	0.065	0.450*	0.604**	0.430	0.550*	0.458*	0.300	0.379	0.482*	0.633**	0.564**	0.914**	0.855**	0.873**	0.901**	0.441
34	-0.420	0.864**	0.756**	0.766**	0.886**	0.168	0.934**	0.342	-0.031	0.896**	-0.015	-0.103	-0.097	0.251	0.531*	0.425	0.500*	0.392	0.659**
35	0.549*	-0.143	0.105	-0.348	-0.104	0.558*	-0.155	0.217	0.432	-0.355	0.444*	0.554*	0.807**	0.587**	0.644**	0.771**	0.779**	0.783**	-0.020
36	-0.360	0.689**	0.887**	0.498*	0.884**	0.090	0.849**	0.213	-0.130	0.741**	0.161	-0.094	0.098	0.560**	0.627**	0.515*	0.642**	0.532*	0.626**
37	-0.541*	0.852**	0.746**	0.817**	0.873**	-0.075	0.903**	0.226	-0.252	0.946**	-0.084	-0.317	-0.278	0.135	0.269	0.141	0.211	0.129	0.716**

	20	21	22	23	24	25	26	27	28	29	30	31	32	33	34	35	36	37
1	-0.307	0.653**	-0.221	0.564**	0.237	0.763**	-0.284	0.720**	0.797**	0.746**	0.501*	-0.187	-0.141	0.179	-0.420	0.549*	-0.360	-0.541*
2	0.608**	-0.044	0.769**	0.191	0.145	-0.225	0.584**	-0.439	-0.085	-0.319	-0.472*	0.629**	0.176	0.433	0.864**	-0.143	0.689**	0.852**
3	0.175	0.273	0.768**	0.309	0.394	-0.161	0.923**	-0.178	0.116	-0.181	-0.248	0.874**	0.436	0.705**	0.756**	0.105	0.887**	0.746**
4	0.810**	-0.408	0.565**	-0.145	-0.123	-0.471*	0.388	-0.634**	-0.454*	-0.542*	-0.644**	0.400	0.064	0.065	0.766**	-0.348	0.498*	0.817**
5	0.426	-0.081	0.776**	0.029	0.227	-0.473*	0.877**	-0.509*	-0.188	-0.502*	-0.491*	0.770**	0.355	0.450*	0.886**	-0.104	0.884**	0.873**
6	-0.039	0.696**	0.333	0.816**	0.581**	0.760**	0.086	0.533*	0.653**	0.638**	0.496*	0.320	0.036	0.604**	0.168	0.558*	0.090	-0.075
7	0.539*	-0.126	0.818**	0.067	0.176	-0.439	0.796**	-0.572*	-0.179	-0.495*	-0.549*	0.729**	0.293	0.430	0.934**	-0.155	0.849**	0.903**
8	0.146	0.483*	0.454*	0.593**	0.386	0.478*	0.183	0.227	0.411	0.350	0.220	0.418	0.447*	0.550*	0.342	0.217	0.213	0.226
9	-0.133	0.716**	0.150	0.686**	0.559*	0.758**	-0.101	0.614**	0.644**	0.654**	0.655**	0.170	0.059	0.458*	-0.031	0.432	-0.130	-0.252
10	0.629**	-0.283	0.759**	-0.063	0.003	-0.506*	0.630**	-0.669**	-0.355	-0.567**	-0.630**	0.601**	0.236	0.300	0.896**	-0.355	0.741**	0.946**
11	-0.178	0.594**	0.173	0.502*	0.166	0.389	0.293	0.406	0.879**	0.401	0.041	0.198	0.207	0.379	-0.015	0.444*	0.161	-0.084
12	-0.323	0.745**	0.123	0.693**	0.563**	0.768**	-0.056	0.713**	0.685**	0.666**	0.703**	0.170	0.021	0.482*	-0.103	0.554*	-0.094	-0.317
13	-0.329	0.957**	0.190	0.849**	0.589**	0.820**	0.216	0.866**	0.796**	0.813**	0.573**	0.344	0.176	0.633**	-0.097	0.807**	0.098	-0.278
14	-0.197	0.500*	0.413	0.525*	0.306	0.205	0.667**	0.255	0.582**	0.256	-0.090	0.481*	0.203	0.564**	0.251	0.587**	0.560*	0.135
15	-0.150	0.820**	0.728**	0.804**	0.873**	0.488*	0.673**	0.444*	0.527*	0.401	0.462*	0.826**	0.294	0.914**	0.531*	0.644**	0.627**	0.269
16	-0.107	0.795**	0.633**	0.917**	0.746**	0.633**	0.542*	0.508*	0.644**	0.553*	0.374	0.656**	0.140	0.855**	0.425	0.771**	0.515*	0.141
17	-0.194	0.741**	0.687**	0.821**	0.798**	0.483*	0.691**	0.414	0.590**	0.399	0.363	0.765**	0.205	0.873**	0.500*	0.779**	0.642**	0.211
18	-0.220	0.861**	0.634**	0.923**	0.791**	0.653**	0.555*	0.564**	0.646**	0.579**	0.452*	0.683**	0.179	0.901**	0.392	0.783**	0.532*	0.129
19	0.517*	0.151	0.707**	0.309	-0.013	-0.079	0.585**	-0.208	0.173	-0.090	-0.562**	0.537*	0.380	0.441	0.659**	-0.020	0.626**	0.716**
20	1	-0.289	0.223	-0.069	-0.390	-0.181	0.043	-0.283	-0.364	-0.198	-0.662**	0.121	-0.017	-0.147	0.385	-0.241	0.102	0.563**
21	-0.289	1	0.344	0.899**	0.675**	0.819**	0.267	0.806**	0.769**	0.797**	0.590**	0.426	0.170	0.745**	0.045	0.723**	0.197	-0.143
22	0.223	0.344	1	0.479*	0.577**	-0.033	0.853**	-0.186	0.136	-0.123	-0.103	0.899**	0.322	0.816**	0.936**	0.144	0.919**	0.788**
23	-0.069	0.899**	0.479*	1	0.589**	0.843**	0.317	0.709**	0.715**	0.789**	0.386	0.492*	0.102	0.798**	0.212	0.781**	0.302	0.025
24	-0.390	0.675**	0.577**	0.589**	1	0.354	0.522*	0.320	0.388	0.249	0.711**	0.675**	0.222	0.771**	0.434	0.486*	0.491*	0.078
25	-0.181	0.819**	-0.033	0.843**	0.354	1	-0.212	0.923**	0.669**	0.977**	0.562**	0.011	-0.071	0.417	-0.302	0.748**	-0.241	-0.421
26	0.043	0.267	0.853**	0.317	0.522*	-0.212	1	-0.247	0.190	-0.260	-0.177	0.910**	0.433	0.737**	0.833**	0.183	0.966**	0.706**
27	-0.283	0.806**	-0.186	0.709**	0.320	0.923**	-0.247	1	0.647**	0.938**	0.613**	-0.074	-0.071	0.276	-0.458*	0.774**	-0.336	-0.567**
28	-0.364	0.769**	0.136	0.715**	0.388	0.669**	0.190	0.647**	1	0.643**	0.372	0.194	0.043	0.501*	-0.110	0.668**	0.066	-0.290
29	-0.198	0.797**	-0.123	0.789**	0.249	0.977**	-0.260	0.938**	0.643**	1	0.500*	-0.088	-0.078	0.343	-0.403	0.712**	-0.297	-0.469*
30	-0.662**	0.590**	-0.103	0.386	0.711**	0.562**	-0.177	0.613**	0.372	0.500*	1	0.026	-0.033	0.286	-0.280	0.446*	-0.227	-0.571**
31	0.121	0.426	0.899**	0.492*	0.675**	0.011	0.910**	-0.074	0.194	-0.088	0.026	1	0.417	0.846**	0.855**	0.264	0.901**	0.698**
32	-0.017	0.170	0.322	0.102	0.222	-0.071	0.433	-0.071	0.043	-0.078	-0.033	0.417	1	0.339	0.302	-0.022	0.370	0.300
33	-0.147	0.745**	0.816**	0.798**	0.771**	0.417	0.737**	0.276	0.501*	0.343	0.286	0.846**	0.339	1	0.623**	0.469*	0.750**	0.435
34	0.385	0.045	0.936**	0.212	0.434	-0.302	0.833**	-0.458*	-0.110	-0.403	-0.280	0.855**	0.302	0.623**	1	-0.077	0.906**	0.893**
35	-0.241	0.723**	0.144	0.781**	0.486*	0.748**	0.183	0.774**	0.668**	0.712**	0.446*	0.264	-0.022	0.469*	-0.077	1	0.082	-0.310
36	0.102	0.197	0.919**	0.302	0.491*	-0.241	0.966**	-0.336	0.066	-0.297	-0.227	0.901**	0.370	0.750**	0.906**	0.082	1	0.806**
37	0.563**	-0.143	0.788**	0.025	0.078	-0.421	0.706**	-0.567**	-0.290	-0.469*	-0.571**	0.698**	0.300	0.435	0.893**	-0.310	0.806**	1

注：** 表示在 0.01 水平（双侧）上显著相关；* 表示在 0.05 水平（双侧）上显著相关。

1：北京；2：天津；3：石家庄；4：太原；5：呼和浩特；6：沈阳；7：大连；8：长春；9：哈尔滨；10：上海；11：南京；12：苏州；13：杭州；14：宁波；15：合肥；16：福州；17：厦门；18：南昌；19：济南；20：青岛；21：郑州；22：武汉；23：长沙；24：广州；25：深圳；26：南宁；27：海口；28：重庆；29：成都；30：贵阳；31：昆明；32：拉萨；33：西安；34：兰州；35：西宁；36：银川；37：乌鲁木齐。

附表 6　区域级节点城市流通业相关指标一览表（2015 年）

节点城市	GDP 总值（亿元）	GDP 增长率（%）	第一产业增加值 总值（亿元）	第一产业增加值 增长率（%）	第二产业增加值 总值（亿元）	第二产业增加值 增长率（%）	第三产业增加值 总值（亿元）	第三产业增加值 增长率（%）	社会消费品零售总额（亿元）	进出口总值（亿美元）	交通运输、仓储和邮政业固定资产	交通运输、仓储和邮政业增加值（亿元）	货物运输总量（亿吨）	旅客运输总量（亿人）
唐山	6103.10	5.60	569.10	2.80	3365.40	4.90	2168.60	7.50	2138.20	139.10	493.60		8.57	0.061
保定	3000.30	7.00	353.50	3.20	1500.70	4.70	1146.10	11.80	1509.30	44.50	102.30	117.8	0.93	0.87
秦皇岛	1250.44	5.50	177.63	2.80	445.09	4.90	627.72	6.60	631.33	46.04		125.18	3.3282	0.2893
邯郸	3145.40	6.80	402.80	2.40	1500.70	4.80	1241.90	11.20	1358.60	29.70			4.0921	0.7803
大同	1052.90	9.00	56.40	2.00	440.00	7.90	556.50	11.00	567.70	4.14	127.20			
临汾	1161.10	0.20	91.00	-3.40	563.40	-5.20	506.70	10.30	572.00	3.02				0.0888
包头	3781.90	8.10	101.10	3.20	1830.60	8.30	1850.20	8.20	1276.60	15.50	78.80	444.1	3.23	0.26
呼伦贝尔	1595.96	8.10	263.66	3.80	710.81	8.50	621.48	9.30	545.88	29.89	118.56		1.82	0.109
鄂尔多斯	4226.10	7.70	99.00	3.30	2400.00	8.00	1727.10	7.50	660.30	7.08	221.10		4.57	
锦州	1357.50	3.00	211.70	3.30	589.60	0.50	556.20	6.00	597.70	24.30			1.85	0.62
丹东	984.90	3.00	156.70	4.80	402.90	8.80	425.30	1.50	505.00	26.60			0.81	0.55
延边	886.10	7.00	75.20	4.50	442.20	8.40	404.80	8.50	481.30	20.40				
吉林	2455.20	6.40	252.60	5.00	1116.50	6.50	1086.10	6.80	1313.20	10.60	61.20		0.774	0.3996
牡丹江	1186.30	6.80	220.80	6.90	454.40	5.90	511.10	7.60	501.80	48.90			0.2863	0.3088
大庆	2983.50	-26.70	191.85	3.70	1994.53	-36.34	797.12	6.00	119.00					
徐州	5319.88	9.50	504.76	3.50	2355.06	9.80	2460.06	10.20	2358.45	14.28			4.4	1.33
南通	6148.40	9.60	354.90	2.90	2977.50	9.70	2816.00	10.50	2379.50	315.80		220.3	2.2	1.02
连云港	2160.64	10.80	282.69	3.60	959.00	11.10	918.95	12.40	830.71	80.45			3	0.56
无锡	8518.26	7.10	137.72	-0.10	4197.43	5.00	4183.11	9.60	2847.61	684.67			3.59	1.05
舟山	1095.00	9.20	112.00	4.90	453.00	10.90	529.00	8.50	415.52	116.62	223.39	108.6	2.5	0.55
金华	3406.48	7.80	141.21	1.50	1538.94	5.80	1726.33	10.50	1783.10	490.60				
温州	4619.84	8.30	123.24	3.10	2101.53	7.10	2395.07	9.90	2674.38	194.78			1.34	2.13

续表

节点城市	GDP 总值（亿元）	GDP 增长率（%）	第一产业增加值 总值（亿元）	第一产业增加值 增长率（%）	第二产业增加值 总值（亿元）	第二产业增加值 增长率（%）	第三产业增加值 总值（亿元）	第三产业增加值 增长率（%）	社会消费品零售总额（亿元）	进出口总值（亿美元）	交通运输、仓储和邮政业固定资产（亿元）	交通运输、仓储和邮政业增加值（亿元）	货物运输总量（亿吨）	旅客运输总量（亿人）
阜阳	1267.40	9.50	286.30	4.70	526.40	10.30	454.80	11.30	674.70	15.00	365.78	52.1	5.5	1.3
芜湖	2457.32	10.30	120.02	4.30	1540.60	10.30	796.70	11.00	733.04	68.19		95.28	1.85	0.43
泉州	6137.74	8.90	178.28	1.90	3742.33	8.90	2217.13	9.30	2459.59	271.04	354.49	437.03	2.41	0.96
漳州	2767.45	11.00	370.87	4.30	1343.19	10.20	1053.39	14.80	776.99	93.42	291.65	154.55	1.25	0.38
九江	1902.68	9.70	140.75	4.00	1014.59	9.30	747.34	11.50	578.56	59.95	40.00		1.45	1.09
赣州	1973.87	9.60	295.56	4.10	870.46	9.80	807.85	11.40	705.21	41.56	178.22	96.5	1.84	0.85
潍坊	5170.50	8.30	455.10	4.10	2490.80	7.90	2224.60	9.80	2277.50	189.30			2.6	0.71
烟台	6446.08	8.40	440.85	4.30	3323.46	7.90	2681.77	9.80	2679.45	493.87			2.12	0.74
临沂	3763.20	7.10	346.50	4.50	1687.10	6.50	1729.60	8.40	2235.00	87.40				
洛阳	3508.80	9.20	236.40	5.00	1740.70	8.90	1531.70	10.30	1605.10	19.51	113.70		1.75	1.29
商丘	1803.93	8.70	377.01	4.50	762.14	8.50	664.78	11.80	666.21	3.00			1.26	0.82
南阳	2522.32	9.20	404.19	4.50	1153.91	8.90	964.22	12.00	1429.29	19.28	131.53	122.32	1.5928	1.1505
宜昌	3384.80	8.90	370.31	5.30	1986.41	8.80	1028.08	10.20	1089.47	30.86	355.60	214.21		
襄阳	3382.10	8.90	402.10	4.80	1922.90	9.00	1057.10	10.10	1165.10	24.12				
荆州	1590.50	8.50	353.01	5.20	695.12	7.40	542.37	11.90		31.32				
衡阳	2601.57	8.70	395.84	3.60	1161.02	7.10	1044.71	12.60	1009.10	9.78				
娄底	1291.38	7.60	189.19	3.80	663.12	5.80	439.06	11.90	433.82				1.08	0.6854
株洲	2335.10	9.50	179.50	3.80	1337.10	7.90	818.50	13.60	839.70	24.90		77.1	2.55	1.4
东莞	6275.06	8.00	20.50	-0.40	2902.98	6.20	3351.59	10.00	2154.70	1676.73	145.90	201.76	2.86	0.5
佛山	8003.92	8.50	136.42	2.60	4838.89	7.60	3028.61	10.30	2687.66	657.20	139.32		3.5	0.5387
桂林	1942.97	8.00	339.42	4.40	900.98	8.20	702.57	9.20	751.96	9.20	232.19	64.92	1	0.86
柳州	2298.62	7.20	168.42	4.10	1300.11	5.20	830.09	12.20	944.11	22.30	159.82	70.87	1.55	0.24

续表

节点城市	GDP 总值（亿元）	GDP 增长率（%）	第一产业增加值 总值（亿元）	第一产业增加值 增长率（%）	第二产业增加值 总值（亿元）	第二产业增加值 增长率（%）	第三产业增加值 总值（亿元）	第三产业增加值 增长率（%）	社会消费品零售总额（亿元）	进出口总值（亿美元）	交通运输、仓储和邮政业固定资产（亿元）	交通运输、仓储和邮政业增加值（亿元）	货物运输总量（亿吨）	旅客运输总量（亿人）
钦州	944.42	8.40	205.18	4.10	381.75	8.50	357.49	11.20	333.50	58.27	108.13	58.51	1.21	0.18
防城港	620.72	10.20	75.75	3.60	353.00	12.60	191.98	7.80	101.03	86.01	64.66	48.27	0.89	0.108
绵阳	1700.33	8.60	260.05	3.80	858.93	9.30	581.35	9.40	879.16	26.27				
达州	1350.76	3.10	290.82	3.90	581.19	-0.20	478.76	9.60	672.47	3.69				
南充	1516.20	7.60	335.23	3.80	741.11	7.90	439.86	9.60	698.82	2.03				
宜宾	1525.90	8.50	216.35	3.90	889.89	8.60	419.66	10.30	676.01	9.52			0.81	0.68
遵义	2168.34	13.20	349.27	6.80	970.75	13.70	848.32	14.10	639.93	14.85	297.52	140.85	4.02	9.59
六盘水	1201.08	12.10	114.51	6.90	614.14	12.10	472.43	12.90	292.72	3.84	59.09	99.11		
曲靖	1630.26	7.40	317.15	6.00	642.23	5.90	670.88	9.50	502.40	5.60				
红河	1222.28	10.20	201.99	6.40	553.79	12.00	466.50	9.20	326.26	12.83	91.22		1.09	0.44
咸阳	2155.91	8.70	328.78	5.30	1240.41	9.30	586.72	9.00	601.58	4.60		71.33	1.14	0.846
榆林	2621.29	4.30	143.60	4.40	1637.29	4.30	840.40	4.00	396.41				3.63	0.375
天水	553.80	9.20	97.50	6.10	185.60	10.00	270.70	9.60	262.42	3.83			0.29	0.284
酒泉	544.80	5.30	78.60	5.50	202.00	4.30	264.20	6.30	176.60	7.57	79.40	44.4	0.32	0.81
海西	439.90	3.20	26.80	7.60	297.00	2.00	116.00	7.10	81.50					
海东	384.40	11.20	53.20	5.70	192.80	14.00	138.30	9.20	80.05				0.275	1.83
石嘴山	482.38	6.90	25.92	4.50	308.33	7.40	148.13	6.00	96.06				0.432	0.123
喀什	780.00	12.20	227.00	6.20	240.00	14.40	313.00	15.00	168.12	11.54			0.304	0.653
伊犁	1639.77	8.70	456.08	6.00	497.01	8.10	686.67	11.00	330.32	59.47			0.982	0.663
博尔塔拉	287.20	12.00	46.65	5.10	67.88	22.00	117.51	8.60	39.00	95.56	21.40		0.146	0.0645
巴音郭楞	1052.00	4.00	197.00	7.00	600.00	0.80	255.00	11.00	157.22	3.00			0.63	0.182
日喀则														

注：数据整理自国家统计局和各节点城市 2015 年国民经济和社会发展统计公报，空缺位置是暂无法获取数据。

附表7　主要地级市的经济结构与流通产业指标

指标	GDP 构成						流通业发展指标					
	第一产业占比	第二产业占比	第三产业占比	第一产业占比	第二产业占比	第三产业占比	每万元 GDP 货运量		人均社会消费品零售总额		单位 GDP 限额以上批零商品销售总额	
单位	%						吨		万元		元	
年份	2013			2014			2013	2014	2013	2014	2013	2014
平均	8.19	49.49	42.32	7.84	47.75	44.42	7.07	6.06	18006.5	20335.9	0.78	0.81
北京	0.83	22.32	76.85	0.75	21.31	77.95	1.33	1.25	63626.2	72281.4	2.67	2.82
天津	1.31	50.64	48.05	1.28	49.38	49.34	3.50	3.16	44526.2	46608.2	2.00	2.07
河北	12.01	52.05	35.94	11.79	50.22	37.99	8.65	6.87	13685.1	15524.4	0.47	0.35
石家庄	10.05	48.51	41.44	9.43	46.76	43.81	7.38	5.02	19660.6	23645.9	0.50	0.48
唐山	9.03	58.7	32.27	8.97	57.75	33.27	7.82	6.14	23346.5	25984.0	0.41	0.08
秦皇岛	14.67	38.29	47.03	14.55	37.44	48.01	6.70	6.34	17580.1	19572.0	0.70	0.86
邯郸	12.9	51.34	35.76	13.09	50.11	36.8	12.07	12.08	11128.6	12067.7	0.49	0.58
邢台	15.88	52.38	31.74	16.6	47.36	36.04	9.61	7.05	9286.4	10301.2	0.24	0.24
保定	14.09	54.36	31.54	14.01	51.5	34.48	9.25	7.16	10486.2	12550.6	1.12	0.48
张家口	18.32	42.13	39.56	17.76	42.66	39.58	7.43	5.28	10704.1	11997.5	0.27	0.25
承德	16.54	51.08	32.38	16.81	49.98	33.2	7.20	5.86	10382.8	11607.3	0.26	0.20
沧州	10.39	52.27	37.34	10.14	51.97	37.89	11.75	9.33	11749.2	13116.8	0.21	0.24
廊坊	10.24	52.6	37.16	9.45	48.06	42.5	6.60	4.83	15250.6	16067.9	0.22	0.39
衡水	15.72	52.18	32.1	14.49	47.86	37.65	6.58	4.93	10977.4	12218.2	0.57	0.36
山西	6.11	54.66	39.23	6.27	50.01	43.72	12.04	12.81	14030.2	15731.9	0.92	0.96
太原	1.6	43.6	54.8	1.54	40	58.47	6.36	7.32	34869.6	39225.5	1.79	1.81
大同	5.66	47.09	47.25	5.7	44.47	49.83	20.96	21.93	13962.2	15961.9	1.44	1.79
阳泉	1.69	57.68	40.63	1.79	54.63	43.58	13.75	13.85	18591.0	20743.1	1.71	1.83
长治	4.25	65.01	30.74	4.37	58.33	37.29	8.80	9.29	12575.8	14059.1	1.27	1.15
晋城	4.2	62.45	33.35	4.22	58.76	37.02	11.88	12.37	13549.9	15587.6	0.45	0.41
朔州	6.01	56.03	37.95	6.12	54.09	39.79	22.50	23.99	12543.8	12472.2	0.43	0.34
晋中	9.43	52.42	38.15	9.92	47.45	42.63	13.11	12.87	12994.8	14652.3	0.76	0.47
运城	17.19	44.35	38.47	16.41	41.34	42.25	7.87	8.77	10568.9	11923.9	0.31	0.36
忻州	9.68	50.01	40.31	9.55	47.54	42.91	20.24	21.03	7901.1	8228.5	0.57	0.50
临汾	7.13	59.86	33.01	7.82	54.33	37.84	11.96	12.65	11130.7	12704.2	0.54	0.60
吕梁	5.27	70.6	24.13	6.24	62.18	31.59	8.92	10.44	8734.1	9948.1	0.08	0.38
内蒙古	8.2	51.39	40.41	7.92	49.18	42.9	10.37	9.74	21514.9	23808.0	0.21	0.24

续表

指标	GDP 构成						流通业发展指标					
	第一产业占比	第二产业占比	第三产业占比	第一产业占比	第二产业占比	第三产业占比	每万元GDP货运量		人均社会消费品零售总额		单位GDP限额以上批零商品销售总额	
单位	%						吨		万元		元	
年份	2013			2014			2013	2014	2013	2014	2013	2014
呼和浩特	4.97	31.98	63.05	4.34	29.31	66.36	6.63	7.12	48818.8	52798.6	0.21	0.39
包头	2.85	51.63	45.52	2.77	49.29	47.94	9.26	10.47	47882.8	52957.9	0.32	0.26
乌海	0.91	65.94	33.15	0.79	63.4	35.81	21.35	13.49	20565.4	22927.9	0.27	0.30
赤峰	15.7	50.87	33.43	15.43	48.34	36.23	7.15	8.65	11340.9	12610.3	0.14	0.16
通辽	14.45	57.66	27.89	14.18	56.47	29.35	6.04	7.71	11592.6	13633.2	0.14	0.13
鄂尔多斯	2.46	59.89	37.64	2.46	58.1	39.44	16.84	11.49	35892.0	39069.5	0.21	0.20
呼伦贝尔	18.39	47.69	33.92	17.21	45.58	37.21	11.95	11.86	18041.1	18956.9	0.18	0.18
巴彦淖尔	19.43	56.23	24.33	19.42	55.13	25.45	4.03	10.05	10615.1	12099.0	0.12	0.12
乌兰察布	16.03	52.42	31.55	15.1	49.75	35.15	8.35	7.25	8452.7	9717.9	0.08	0.49
辽宁	8.02	52.88	39.1	8.03	49.44	42.53	6.86	7.68	24833.5	27786.4	0.57	0.61
沈阳	4.49	51.67	43.84	4.58	49.88	45.53	3.00	3.31	43819.2	48852.1	1.14	1.30
大连	6.24	50.87	42.89	5.77	48.3	45.93	5.30	5.71	42713.5	47592.5	0.52	0.49
鞍山	5.03	53.06	41.91	5.5	50.56	43.94	7.62	9.10	22872.6	25770.7	0.56	0.57
抚顺	7.06	59.29	33.65	7.29	54.29	38.41	7.25	8.19	23780.8	26724.0	0.29	0.30
本溪	5.23	59.67	35.1	5.43	54.8	39.77	8.75	10.11	19524.6	21962.3	0.16	0.16
丹东	13.35	49.43	37.22	14.15	44.92	40.93	6.97	8.31	17814.4	19976.0	0.20	0.18
锦州	15.03	48.83	36.14	14.78	46.4	38.82	12.35	14.89	16148.5	18178.7	0.27	0.33
营口	7.24	52.72	40.04	7.15	50.25	42.6	12.06	12.25	16740.2	18710.3	0.31	0.27
阜新	21.69	46.33	31.98	19.72	44.69	35.6	9.28	9.86	12067.1	13552.4	0.52	0.48
辽阳	6.26	62.94	30.8	6.58	58.07	35.35	13.60	15.67	17912.7	20102.1	0.26	0.43
盘锦	8.48	67.45	24.07	8.79	56.7	34.51	9.68	10.97	22225.4	24841.8	0.36	0.33
铁岭	19.95	50.6	29.45	23.89	41.69	34.42	8.30	10.39	11598.2	12960.8	0.20	0.20
朝阳	21.78	49.86	28.37	21.61	42.57	35.82	5.78	6.24	9868.3	11041.0	0.26	0.29
葫芦岛	13.11	46.9	39.99	13.18	44.3	42.53	15.02	17.59	12892.3	14378.0	0.31	0.34
吉林	10.85	51.45	37.7	10.73	50.62	38.65	3.03	3.13	20405.3	22923.4	0.25	0.24
长春	6.64	53.14	40.22	6.21	52.67	41.12	1.91	1.97	26173.0	29387.1	0.32	0.29
吉林	9.64	48.9	41.46	10.4	46.95	42.66	3.33	3.91	24858.5	27989.5	0.31	0.33
四平	24.27	46.49	29.24	24.12	46.2	29.67	5.02	5.41	13702.1	15355.8	0.22	0.23

指标	GDP 构成						流通业发展指标					
	第一产业占比	第二产业占比	第三产业占比	第一产业占比	第二产业占比	第三产业占比	每万元GDP货运量		人均社会消费品零售总额		单位GDP限额以上批零商品销售总额	
单位	%						吨		万元		元	
年份	2013			2014			2013	2014	2013	2014	2013	2014
辽源	8.31	59.15	32.55	8.56	58.45	33	2.54	2.82	13745.2	15521.4	0.14	0.10
通化	9.39	54.19	36.42	8.76	52.95	38.29	3.72	2.94	17495.2	19790.5	0.29	0.29
白山	8.78	59.45	31.77	8.87	59.08	32.05	3.53	2.48	17121.6	19335.9	0.07	0.07
松原	16.06	47.52	36.43	16.58	45.96	37.46	4.45	5.07	18190.8	19980.4	0.12	0.12
白城	16.7	47.37	35.93	16.71	46.47	36.82	2.17	2.07	12629.8	14351.7	0.15	0.19
黑龙江	17.08	46.32	36.61	17.62	42.56	39.82	20.45	3.31	16131.8	17969.0	0.33	0.33
哈尔滨	11.7	34.76	53.54	11.73	33.41	54.86	2.22	1.90	27414.5	31103.9	0.45	0.41
齐齐哈尔	22.79	36.68	40.54	23.98	32.78	43.24	9.30	10.47	9779.4	11179.0	0.17	0.25
鸡西	29.18	38.53	32.29	34.38	29.75	35.87	9.33	10.62	11252.3	7537.7	0.28	0.40
鹤岗	29.24	44.83	25.94	35.8	31.38	32.82	9.42	9.60	9911.6	10137.6	0.16	0.16
双鸭山	33.69	43.06	23.25	37.97	26.16	35.87	5.91	5.79	6718.8	7364.4	0.11	0.14
大庆	4.2	79.36	16.44	4.7	75.53	19.76	2.01	1.31	32179.2	36627.3	0.38	0.36
伊春	35.08	32.57	32.35	41.61	23.48	34.9	6.48	3.03	7033.3	8028.6	0.13	0.00
佳木斯	33.44	24.81	41.75	32.52	22.81	44.68	343.9	6.66	13466.5	14964.1	0.14	0.16
七台河	13.16	46.29	40.56	14.58	40.69	44.73	11.55	11.54	8878.4	10097.3	0.16	0.15
牡丹江	16.19	41.02	42.78	16.12	37.19	46.68	1.05	0.00	16205.0	18072.5	0.42	0.47
黑河	47.94	17.48	34.59	48.06	16.09	35.84	4.34	3.69	4911.3	5584.3	0.18	0.13
绥化	38.78	26.91	34.31	39.85	26.8	33.35	3.53	3.52	7327.5	8364.2	0.16	0.17
上海	0.6	37.16	62.24	0.53	34.66	64.82	4.23	3.82	56217.3	64666.0	2.66	3.05
江苏	5.39	49.9	44.71	5.02	47.87	47.11	3.14	2.97	27303.6	30525.7	0.75	0.83
南京	2.55	43.07	54.38	2.43	41.08	56.49	3.63	3.50	54917.3	64239.2	1.20	1.97
无锡	1.84	52.14	46.02	1.68	49.92	48.4	1.73	1.87	58449.5	54661.4	1.03	0.82
徐州	9.75	47.75	42.5	9.54	45.25	45.21	6.98	4.62	14856.6	20510.0	0.51	1.07
常州	3.17	51.61	45.22	2.82	49.13	48.05	2.69	2.62	43936.2	48979.9	1.08	0.79
苏州	1.65	52.63	45.73	1.48	50.09	48.43	0.93	0.96	56014.6	61943.7	0.95	0.92
南通	6.85	52.07	41.08	6.01	49.75	44.24	3.39	3.26	25315.2	28219.1	0.48	0.45
连云港	14.52	45.22	40.26	13.33	45.26	41.42	7.44	7.64	12602.3	14043.7	0.48	0.43
淮安	12.64	45.6	41.75	11.69	44.23	44.08	4.84	4.68	13041.9	15434.6	0.29	0.32

指标	GDP 构成						流通业发展指标					
	第一产业占比	第二产业占比	第三产业占比	第一产业占比	第二产业占比	第三产业占比	每万元 GDP 货运量		人均 社会消费品 零售总额		单位 GDP 限额以上批零 商品销售总额	
单位	%						吨		万元		元	
年份	2013			2014			2013	2014	2013	2014	2013	2014
盐城	14.08	47.07	38.85	12.76	46.47	40.77	3.92	3.92	14122.1	15844.3	0.27	0.30
扬州	6.9	52.08	41.02	6.15	51	42.86	3.24	3.14	24073.1	24454.8	0.34	0.30
镇江	4.41	52.93	42.66	3.73	50.15	46.12	2.67	2.59	32087.3	36890.8	0.32	0.46
泰州	6.85	52.35	40.8	6.21	50.36	43.44	5.45	5.12	16484.7	17769.9	0.43	0.39
宿迁	13.77	47.8	38.43	12.76	48.34	38.9	3.22	3.07	7733.5	9726.2	0.37	0.33
浙江	4.67	49.71	45.63	4.33	48.08	47.59	5.11	4.68	32395.9	36847.6	1.02	1.08
杭州	3.18	43.89	52.93	2.98	41.77	55.25	3.68	3.19	49974.1	58696.0	1.90	1.79
宁波	3.88	52.49	43.64	3.62	52.3	44.07	5.07	5.31	45427.6	51250.9	1.34	1.66
温州	2.88	50.34	46.78	2.74	47.17	50.09	2.85	2.73	26466.5	29622.2	0.65	0.60
嘉兴	4.94	54.86	40.2	4.32	54.1	41.58	5.49	5.42	34603.5	38697.0	0.62	0.64
湖州	6.96	52.86	40.17	6.15	51.08	42.77	9.22	6.75	29189.3	33024.9	0.98	1.02
绍兴	4.87	53.01	42.12	4.55	51.89	43.56	2.52	2.72	29848.2	33569.7	0.51	0.51
金华	4.74	48.86	46.4	4.32	47.02	48.67	4.18	2.48	29720.7	33523.4	0.43	0.46
衢州	7.87	52.62	39.52	7.41	50.12	42.47	8.12	8.25	17453.6	19702.2	0.46	0.40
舟山	10.28	44.21	45.5	9.94	41.89	48.17	22.98	21.95	34085.0	38623.8	0.89	1.26
台州	6.76	48.06	45.17	6.37	46.61	47.02	7.07	5.97	24398.4	27572.0	0.46	0.53
丽水	8.61	50.64	40.75	8.42	48.07	43.51	4.82	4.99	15945.6	17928.1	0.48	0.49
安徽	12.01	54.9	33.09	11.2	54.02	34.78	18.44	20.52	9388.0	10970.1	0.45	0.43
合肥	5.29	55.29	39.42	4.87	55.25	39.88	8.37	8.14	20812.9	23383.1	0.83	0.73
芜湖	6.13	66.12	27.75	5.11	63.91	30.98	12.13	13.53	14563.2	16999.1	0.34	0.42
蚌埠	17.1	51.17	31.73	15.49	51.9	32.6	26.13	34.27	11588.1	13650.4	0.31	0.33
淮南	8.07	62.06	29.87	8.8	57.42	33.78	18.75	26.66	11970.1	14313.1	0.35	0.36
马鞍山	6.14	64.52	29.34	5.78	62.34	31.88	16.26	12.57	13193.4	16440.7	0.39	0.31
淮北	7.86	67.02	25.13	7.63	63.42	28.95	17.75	25.08	9112.2	10208.1	0.25	0.25
铜陵	1.76	72.14	26.1	1.76	71.26	26.98	18.57	8.26	20965.8	25634.6	0.22	0.22
安庆	14.25	53.14	32.61	13.75	52.76	33.49	21.15	16.32	8421.9	9666.0	0.14	0.22
黄山	11.01	46.33	42.66	10.77	46.17	43.06	17.04	15.55	13305.3	17156.1	0.27	0.28
滁州	19.17	53	27.84	17.63	53.62	28.75	15.48	23.13	7530.1	9039.1	0.29	0.29

指标	GDP 构成						流通业发展指标					
	第一产业占比	第二产业占比	第三产业占比	第一产业占比	第二产业占比	第三产业占比	每万元GDP货运量		人均社会消费品零售总额		单位GDP限额以上批零商品销售总额	
单位	%						吨		万元		元	
年份	2013			2014			2013	2014	2013	2014	2013	2014
阜阳	25.65	41.09	33.25	23.3	42.44	34.26	36.16	57.06	4823.6	5691.5	0.74	0.74
宿州	24.76	41.99	33.24	22.77	41.94	35.29	26.28	26.40	4730.8	5359.4	0.49	0.42
六安	20.27	47.33	32.39	19.64	47.47	32.89	39.48	37.35	6058.7	7043.6	0.28	0.15
亳州	24.65	40.46	34.89	22.01	39.46	38.53	24.15	34.80	5452.6	6122.4	0.15	0.16
池州	14.58	48.8	36.62	13.26	47.14	39.6	19.59	17.35	8800.7	10982.1	0.22	0.20
宣城	14.22	52.55	33.23	12.85	51.4	35.75	21.25	22.38	10834.0	13416.2	0.26	0.30
福建	8.93	51.95	39.11	8.38	51.83	39.79	4.04	4.64	23301.0	25290.2	0.73	0.78
福州	8.6	45.6	45.8	8.05	45.5	46.45	4.18	4.47	40911.0	45383.7	0.90	0.95
厦门	0.86	47.54	51.6	0.72	44.61	54.67	5.21	7.19	49517.6	52718.0	2.12	2.24
莆田	8.41	56.56	35.03	7.31	57.7	34.98	2.81	3.00	13289.5	14596.3	0.52	0.55
三明	15.63	52.24	32.13	15.1	52.49	32.41	6.74	7.10	13843.1	14255.1	0.39	0.39
泉州	3.28	61.84	34.88	3.01	61.98	35.02	3.31	3.56	27655.5	30570.1	0.45	0.45
漳州	15.45	48.82	35.72	13.98	49.77	36.24	2.97	4.39	15247.5	13916.3	0.27	0.30
南平	23.24	43.51	33.25	22.04	44.11	33.86	2.89	2.93	13059.5	14160.3	0.24	0.23
龙岩	12.02	53.79	34.19	11.58	54.05	34.37	5.45	5.75	15887.9	18234.8	0.42	0.47
宁德	18.05	50.66	31.28	17.31	51.28	31.41	3.10	3.21	10716.3	11783.7	0.22	0.24
江西	10.67	54.1	35.23	10.24	53.66	36.1	9.56	9.55	9164.6	10197.8	0.22	0.24
南昌	4.71	55.47	39.82	4.44	54.99	40.57	3.16	3.46	22206.8	25205.4	0.52	0.52
景德镇	7.69	58.28	34.03	7.48	58.1	34.42	3.99	2.91	12824.5	14295.8	0.13	0.13
萍乡	7.05	59.34	33.61	6.76	58.96	34.28	6.59	6.71	12278.7	13448.7	0.10	0.10
九江	8.12	56.08	35.8	7.68	55.34	36.98	8.25	7.82	8573.8	9982.9	0.13	0.14
新余	5.86	58	36.13	6.02	57.84	36.15	15.78	18.51	14060.2	15626.2	0.11	0.11
鹰潭	8.05	62.58	29.37	7.84	61.99	30.17	13.79	19.33	10727.3	11871.8	0.15	0.15
赣州	15.98	45.66	38.36	15.33	45.75	38.92	12.51	10.21	6031.1	6598.1	0.16	0.18
吉安	17.18	51.15	31.67	16.43	51.07	32.51	9.36	9.94	5898.4	6470.2	0.13	0.14
宜春	15.41	55.22	29.38	14.72	54.14	31.14	13.98	13.19	7002.8	7678.5	0.24	0.25
抚州	17.38	51.99	30.63	16.76	51.59	31.65	14.34	14.76	8093.3	8877.1	0.14	0.14
上饶	14.45	50.61	34.94	13.76	50.25	35.99	14.32	13.50	6421.4	7090.9	0.16	0.16

指标	GDP 构成						流通业发展指标					
	第一产业占比	第二产业占比	第三产业占比	第一产业占比	第二产业占比	第三产业占比	每万元 GDP 货运量		人均社会消费品零售总额		单位 GDP 限额以上批零商品销售总额	
单位	%						吨		万元		元	
年份	2013			2014			2013	2014	2013	2014	2013	2014
山东	7.74	51.38	40.89	7.37	49.87	42.76	5.96	4.39	23104.5	25733.3	0.56	0.54
济南	5.44	39.26	55.3	5.03	39.19	55.78	3.40	3.39	44731.0	49672.6	0.80	0.76
青岛	4.4	45.48	50.12	4.02	44.76	51.22	3.91	3.00	38604.3	43065.9	0.70	0.60
淄博	3.62	57.12	39.25	3.48	55.77	40.75	7.23	4.22	36872.2	41195.8	0.49	0.38
枣庄	8.18	56.68	35.14	7.46	54.33	38.21	13.81	3.59	16289.9	18108.2	0.40	0.37
东营	3.61	69.49	26.91	3.38	66.6	30.02	2.22	1.44	31749.7	35338.1	0.33	0.36
烟台	7.5	54.78	37.72	7.11	52.98	39.91	4.08	3.43	33149.3	36987.3	0.46	0.45
潍坊	9.8	51.97	38.23	9.53	50.81	39.66	5.90	4.95	20731.6	23191.6	0.61	0.55
济宁	11.96	51.11	36.92	11.35	49.07	39.58	7.79	6.88	18095.2	20110.6	0.52	0.53
泰安	9.32	49.01	41.67	8.67	47.63	43.7	4.32	2.10	18858.0	21382.8	0.76	0.78
威海	7.98	51.49	40.53	7.44	48.56	44.01	2.51	2.84	42639.1	46384.2	0.38	0.37
日照	8.76	52.28	38.95	8.64	50.37	40.99	13.77	8.64	16415.5	18633.2	1.04	1.06
莱芜	7.55	56.04	36.41	7.67	54.34	37.99	9.98	9.48	20375.8	22719.9	0.50	0.55
临沂	9.46	47.47	43.07	9.55	46.19	44.26	11.10	8.17	16332.7	18042.0	0.61	0.69
德州	11.12	52.9	35.98	10.42	50.31	39.26	7.71	4.65	17113.0	19149.4	0.44	0.45
聊城	11.89	53.39	34.72	12.09	51.86	36.05	6.70	6.37	13737.5	15676.5	0.39	0.43
滨州	9.79	51.31	38.9	9.26	50.3	40.43	6.63	5.21	17244.3	19296.9	0.31	0.26
菏泽	12.44	54.32	33.24	11.74	53.58	34.69	6.61	6.18	10733.7	12267.5	0.47	0.46
河南	12.6	55.91	31.49	11.98	52.21	35.81	9.45	5.90	11150.0	12291.4	0.32	0.35
郑州	2.37	55.96	41.67	2.17	51.46	46.37	4.73	3.36	28140.7	31068.6	0.57	0.64
开封	20.56	44.71	34.73	19.11	45.44	35.45	7.20	6.38	10446.7	10623.2	0.20	0.24
洛阳	7.92	57.74	34.34	7.06	51.07	41.87	7.05	5.29	18333.1	20528.7	0.33	0.34
平顶山	10.44	58.23	31.33	10.21	53.72	36.08	13.76	7.45	10062.7	10951.2	0.46	0.40
安阳	11.83	57.08	31.09	11.45	52.36	36.19	15.08	5.39	8848.6	9788.3	0.34	0.26
鹤壁	9.81	71.73	18.46	9.3	67.37	23.33	12.59	8.87	8756.1	9792.9	0.16	0.27
新乡	12.02	56.59	31.39	11.86	56.6	31.55	6.94	8.50	9011.7	10210.6	0.28	0.26
焦作	7.79	67.42	24.79	7.42	61.8	30.78	13.17	8.84	13519.3	15097.6	0.14	0.16
濮阳	13.15	66.18	20.68	12.42	57.89	29.7	5.33	4.32	8754.8	9712.4	0.22	0.23

指标	GDP 构成						流通业发展指标					
	第一产业占比	第二产业占比	第三产业占比	第一产业占比	第二产业占比	第三产业占比	每万元GDP货运量		人均社会消费品零售总额		单位GDP限额以上批零商品销售总额	
单位	%						吨		万元		元	
年份	2013			2014			2013	2014	2013	2014	2013	2014
许昌	9.85	66.83	23.32	8.85	60.76	30.39	13.01	2.89	11005.8	12383.0	0.21	0.22
漯河	12.48	67.8	19.72	11.59	63.71	24.7	6.99	6.10	12256.6	14488.2	0.28	0.31
三门峡	8.36	65.9	25.74	8.98	62.52	28.5	5.38	4.47	13726.9	15399.0	0.21	0.25
南阳	18.02	50.6	31.38	17.52	46.5	35.98	9.78	5.55	10388.2	11766.1	0.26	0.30
商丘	22.31	46.81	30.88	22.08	43.33	34.6	17.89	9.07	6613.8	7455.8	0.40	0.47
信阳	26.53	40.45	33.02	25.03	41.54	33.43	7.90	6.49	7847.9	8741.6	0.16	0.23
周口	24.91	49.91	25.19	23.05	51.52	25.42	10.63	8.97	6692.3	6895.4	0.20	0.20
驻马店	25.54	43.77	30.69	23.49	41.32	35.19	16.83	7.43	6534.2	7240.6	0.22	0.24
湖北	11.46	51.44	37.1	10.84	51	38.16	5.67	5.58	18462.0	20784.2	0.60	0.60
武汉	3.71	48.57	47.72	3.48	47.53	49	4.92	4.82	47641.4	52814.2	1.16	1.05
黄石	8.34	61.22	30.44	8.62	59.37	32.01	8.12	5.85	17576.4	19603.9	0.25	0.42
十堰	13.24	50.62	36.14	12.59	50.81	36.6	5.84	4.96	13980.4	15811.3	0.43	0.58
宜昌	11.92	60.1	27.97	11.22	59.31	29.47	6.16	4.49	21495.6	24089.2	0.24	0.33
襄阳	13.73	57.26	29	12.83	57.67	29.5	5.77	8.36	15552.1	17305.9	0.23	0.28
鄂州	12.44	59.45	28.11	11.82	59.3	28.88	4.69	4.11	18679.7	20896.8	0.08	0.12
荆门	15.82	54.21	29.97	15.12	53.91	30.98	10.65	5.63	13147.8	15044.3	0.28	0.32
孝感	19.62	48.62	31.76	18.61	49.04	32.35	5.16	4.45	11426.6	13112.6	0.29	0.26
荆州	23.9	44.66	31.44	23.44	44.55	32.01	5.91	8.54	11168.9	12626.3	0.27	0.30
黄冈	26.77	39.12	34.11	24.47	40.17	35.36	4.61	7.04	8349.9	9652.7	0.27	0.27
咸宁	18.68	48.51	32.81	17.84	49.43	32.73	4.62	4.80	10670.2	12201.4	0.39	0.39
随州	18.85	48.38	32.77	17.98	48.46	33.56	4.83	4.79	12044.9	13783.4	0.41	0.39
湖南	11.03	51.72	37.25	10.68	50.76	38.56	8.49	7.43	11785.9	14706.7	0.31	0.32
长沙	4.12	55.18	40.7	3.99	54.2	41.81	38.95	3.87	42274.8	47096.7	0.49	0.49
株洲	8.01	60.03	31.96	7.72	59.24	33.04	10.49	8.47	16523.8	18913.9	0.27	0.27
湘潭	8.38	59.03	32.59	8.13	56.98	34.88	7.36	4.49	13730.3	15436.4	0.17	0.21
衡阳	15.6	47.91	36.49	14.99	46.73	38.28	11.15	7.92	9313.2	10429.7	0.22	0.22
邵阳	22.48	38.89	38.63	21.54	38.16	40.31	18.47	18.97	5342.9	8074.5	0.22	0.24
岳阳	11.12	54.98	33.9	10.79	53.87	35.33	9.01	10.03	1396.7	16076.8	0.20	0.23

指标	GDP 构成						流通业发展指标					
	第一产业占比	第二产业占比	第三产业占比	第一产业占比	第二产业占比	第三产业占比	每万元GDP货运量		人均社会消费品零售总额		单位GDP限额以上批零商品销售总额	
单位	%						吨		万元		元	
年份	2013			2014			2013	2014	2013	2014	2013	2014
常德	14.3	48.67	37.03	13.44	47.65	38.91	5.41	5.31	11969.6	13467.9	0.14	0.13
张家界	12.44	25.4	62.15	11.6	24.31	64.09	5.99	7.68	7256.0	9137.5	0.17	0.15
益阳	19.24	44.98	35.78	18.49	44.03	37.48	10.03	8.98	8390.9	9399.3	0.22	0.23
郴州	9.93	57.42	32.64	9.55	56.78	33.67	16.26	13.19	12226.6	13913.6	0.37	0.38
永州	22.41	38.05	39.54	21.68	37.73	40.59	9.43	5.71	6021.3	6708.9	0.61	0.63
怀化	14.22	43.83	41.95	14.49	43.66	41.85	4.83	4.71	7384.7	8583.8	0.16	0.00
娄底	14.54	54.07	31.39	14.47	53.5	32.03	15.95	12.07	7731.0	8798.3	0.25	0.25
广东	4.67	45.58	49.74	4.37	45.27	50.36	4.46	4.94	29215.9	32004.9	1.00	0.99
广州	1.48	33.9	64.62	1.31	33.47	65.23	5.73	5.72	82696.7	84810.7	1.89	1.90
韶关	13	42.4	44.6	12.62	40.56	46.82	12.61	13.33	14363.0	15882.2	0.26	0.28
深圳	0.04	43.43	56.54	0.03	42.57	57.39	2.04	1.84	142788.8	145815.7	1.24	1.14
珠海	2.59	51.07	46.33	2.35	50.27	47.37	5.15	5.98	66346.5	74021.3	1.62	1.47
汕头	5.57	52.22	42.21	5.35	52.64	42.01	3.01	3.53	21461.6	21698.6	0.61	0.66
佛山	1.98	61.92	36.1	1.8	61.84	36.36	3.94	3.91	59331.8	62255.8	0.52	0.62
江门	7.94	50.65	41.41	8.07	49.05	42.88	5.00	6.69	22994.9	23476.1	0.45	0.48
湛江	20.46	39.53	40.01	19.01	39.58	41.41	6.68	14.54	12567.8	14189.2	0.53	0.54
茂名	17.27	41.36	41.37	15.5	41.5	43	3.61	4.03	13313.8	14162.3	0.66	0.79
肇庆	15.81	47.65	36.54	14.74	50.01	35.24	2.73	3.46	11473.2	12909.8	0.32	0.59
惠州	5.1	57.89	37	4.7	56.56	38.74	7.21	7.25	24982.8	27796.3	0.35	0.34
梅州	20.59	36.2	43.22	19.72	37.31	42.97	8.42	8.49	8574.9	9458.4	0.26	0.26
汕尾	16.12	46.99	36.89	15.32	46.47	38.21	2.88	3.39	842.1	12256.0	0.15	0.14
河源	12.21	49.55	38.24	11.39	47.08	41.53	5.87	9.96	6554.3	11908.2	0.17	0.18
阳江	18.55	49.41	32.04	16.51	48.03	35.45	8.00	9.44	18494.9	18379.4	0.13	0.13
清远	15.34	39.41	45.25	14.66	41.17	44.17	9.57	11.79	12419.8	12619.0	0.16	0.24
东莞	0.37	45.88	53.75	0.35	47.51	52.14	2.34	2.61	78700.8	101478.0	0.53	0.49
中山	2.53	55.47	42	2.37	55.29	42.34	6.34	6.68	57790.4	62895.3	0.54	0.56
潮州	7.04	55.86	37.1	7.15	54.83	38.02	5.11	5.20	13253.6	14727.0	0.95	0.86
揭阳	9.62	63.15	27.23	8.82	61.67	29.5	1.83	2.08	9633.2	10933.7	0.82	0.61

指标	GDP 构成						流通业发展指标					
	第一产业占比	第二产业占比	第三产业占比	第一产业占比	第二产业占比	第三产业占比	每万元GDP货运量		人均社会消费品零售总额		单位GDP限额以上批零商品销售总额	
单位	%						吨		万元		元	
年份	2013			2014			2013	2014	2013	2014	2013	2014
云浮	22.46	43.11	34.44	21.13	44.11	34.76	7.32	7.90	7027.8	9126.2	0.45	0.41
广西	16.68	48.6	34.73	15.57	47.4	37.04	11.27	10.56	9496.8	10544.0	0.33	0.43
南宁	12.48	39.62	47.89	11.74	39.75	48.51	11.54	10.67	20028.1	22158.4	0.76	0.78
柳州	7.92	63.43	28.65	7.11	59.43	33.45	6.86	6.65	20365.8	22709.8	0.48	0.43
桂林	18.06	47.82	34.11	17.68	47.35	34.97	5.19	5.02	11575.8	12970.1	0.18	0.19
梧州	11.63	66.03	22.34	11.23	60.67	28.1	5.65	6.98	8695.6	9647.4	0.10	0.09
北海	19.43	50.84	29.73	17.68	53.1	29.22	9.11	7.97	9860.3	10975.4	0.12	1.73
防城港	13.03	56.38	30.58	12.03	57.79	30.18	15.47	14.84	8755.7	9731.2	0.17	0.22
钦州	24.12	42.04	33.85	22.68	39.64	37.68	36.89	20.47	6779.9	7543.5	0.27	0.22
贵港	21.66	40.88	37.45	19.97	40.42	39.62	16.01	24.92	5977.8	6619.3	0.14	0.16
玉林	20.35	43.94	35.71	18.54	44.1	37.36	16.62	16.10	6889.8	7707.8	0.23	0.22
百色	18.54	53.81	27.64	17.29	53.38	29.33	11.52	10.58	4338.1	4880.1	0.16	0.16
贺州	21.84	46.31	31.84	21.85	42.83	35.32	9.64	9.80	5094.0	5612.4	0.17	0.62
河池	25.31	35.9	38.79	22.83	34.13	43.04	11.71	11.20	4809.6	5329.6	0.19	0.18
来宾	26.08	42.58	31.35	24.21	41.4	34.39	4.60	4.63	4729.0	5036.3	0.12	0.10
崇左	25.56	42.46	31.98	22.68	42.7	34.61	7.09	6.84	3910.1	4368.9	0.12	0.14
海南	8.44	22.75	68.8	7.51	20.29	72.2	12.41	9.61	27761.8	30492.3	0.25	0.10
海口	6.42	23.99	69.59	5.23	19.92	74.85	13.45	11.31	30027.7	32744.8	0.20	0.00
三亚	13.34	19.76	66.9	13.71	21.27	65.01	9.89	4.99	21400.9	24138.4	0.39	0.39
三沙												
重庆	7.92	50.55	41.53	7.44	45.78	46.78	7.70	6.82	13696.3	16919.5	0.75	0.68
四川	11.81	53.27	34.93	11.15	52.48	36.37	6.90	5.20	11724.1	13954.5	0.42	0.43
成都	3.88	45.91	50.22	3.55	44.83	51.62	4.76	2.79	31589.9	36911.6	0.72	0.72
自贡	11.92	59.77	28.31	11.34	59.27	29.39	5.62	4.47	11839.9	13565.9	0.30	0.31
攀枝花	3.48	74.57	21.95	3.33	73.19	23.47	19.50	16.00	19583.2	21943.9	0.32	0.32
泸州	13.64	60.01	26.35	12.69	60.25	27.06	7.36	7.23	8102.7	9656.0	0.41	0.41
德阳	13.94	60.06	26	13.15	59.7	27.15	7.02	6.98	11930.3	13881.2	0.28	0.26
绵阳	16.42	51.38	32.2	15.67	50.97	33.35	4.66	3.07	11874.4	14181.6	0.39	0.43

指标	GDP 构成						流通业发展指标					
	第一产业占比	第二产业占比	第三产业占比	第一产业占比	第二产业占比	第三产业占比	每万元GDP货运量		人均社会消费品零售总额		单位GDP限额以上批商品销售总额	
单位	%						吨		万元		元	
年份	2013			2014			2013	2014	2013	2014	2013	2014
广元	18.18	48.11	33.71	16.93	47.67	35.4	13.05	11.17	7074.8	8520.6	0.24	0.25
遂宁	17.99	55.18	26.83	17.2	55.5	27.3	4.71	4.88	8086.8	9634.1	0.25	0.26
内江	16.49	61.84	21.67	15.79	61.47	22.75	6.52	2.66	7406.8	8362.1	0.18	0.21
乐山	11.54	61.58	26.88	11.19	59.65	29.16	10.98	10.22	10942.7	13702.1	0.19	0.21
南充	22.37	51.84	25.79	21.65	50.5	27.85	5.35	4.74	6895.6	8224.1	0.19	0.19
眉山	16.81	57.12	26.07	15.81	56.59	27.6	7.43	5.85	8038.2	9786.9	0.23	0.22
宜宾	14.79	60.65	24.56	14.33	59.48	26.19	5.38	4.99	9034.2	10831.4	0.24	0.25
广安	17.96	52.38	29.66	16.94	52.51	30.56	6.70	4.34	6209.2	7781.6	0.22	0.23
达州	21.4	53.14	25.46	20.59	52.35	27.06	13.88	9.14	7175.5	8612.1	0.23	0.29
雅安	15.13	57.48	27.39	14.4	57.13	28.47	11.84	10.94	9319.4	11308.0	0.16	0.19
巴中	19	46.03	34.97	17.66	46.04	36.3	9.05	8.13	4620.6	5850.0	0.26	0.26
资阳	21.52	55.63	22.85	20.23	55.99	23.78	6.68	4.61	6633.9	8025.7	0.15	0.18
贵州	11.3	43.7	45	11.88	42.17	45.95	18.13	8.94	6173.0	7135.1	0.44	0.44
贵阳	3.91	40.69	55.4	4.33	39.11	56.57	10.20	10.58	20724.4	23206.7	0.75	0.74
六盘水	6.58	57.11	36.31	7.26	54.38	38.35	79.85	9.80	6431.3	7961.5	0.08	0.25
遵义	13.12	46.96	39.92	14.27	45.92	39.81	8.98	13.58	6042.0	6777.6	0.47	0.48
安顺	14.21	38.32	47.47	15.11	36.47	48.42	7.96	10.48	3904.8	4337.7	0.52	0.25
毕节	18.87	43.17	37.97	19.96	41.27	38.77	6.00	0.25	2280.0	3058.4	0.18	0.17
铜仁	25.43	28.96	45.61	23.11	29.85	47.04	6.18	3.58	2768.3	3105.7	0.21	0.20
云南	13.59	47.91	38.5	13.62	45.56	40.81	7.46	6.52	10205.5	11441.6	0.75	0.71
昆明	4.97	45.01	50.03	4.89	41.44	53.67	8.25	7.46	31132.0	34621.1	1.34	1.24
曲靖	18.26	52.93	28.81	18.81	50.89	30.3	8.30	1.39	5893.7	6609.8	0.36	0.36
玉溪	10.19	60.3	29.5	10.37	59.63	30	6.77	8.84	10542.4	11995.6	0.40	0.32
保山	28.58	34.52	36.9	27.62	34.99	37.38	5.01	7.24	5309.0	6132.0	0.33	0.35
昭通	19.93	50.25	29.82	20.61	48.64	30.75	6.11	6.47	2896.6	3197.5	0.27	0.28
丽江	16.06	45.29	38.65	16.88	43.06	40.06	6.13	10.58	6232.7	6957.4	0.43	0.39
普洱	30.06	38.16	31.78	28.84	35.19	35.97	8.27	8.16	4498.1	5173.1	0.31	0.36
临沧	31.33	42.22	26.45	30.68	42.73	26.58	4.35	6.68	4919.7	5771.3	0.25	0.30

指标	GDP 构成						流通业发展指标					
	第一产业占比	第二产业占比	第三产业占比	第一产业占比	第二产业占比	第三产业占比	每万元 GDP 货运量		人均社会消费品零售总额		单位 GDP 限额以上批零商品销售总额	
单位	%						吨		万元		元	
年份	2013			2014			2013	2014	2013	2014	2013	2014
西藏	3.85	35.28	60.87	3.72	36.77	59.51	2.26	2.91	23978.1	34217.8	0.39	0.44
拉萨	3.85	35.28	60.87	3.72	36.77	59.51	2.26	2.91	23978.1	34217.8	0.39	0.44
陕西	9.4	56.37	34.23	8.87	54.18	36.95	7.58	7.84	12507.1	14986.8	0.50	0.47
西安	4.46	43.36	52.18	3.91	39.96	56.14	10.26	7.65	31577.9	37947.9	0.86	0.87
铜川	6.75	66.8	26.45	6.95	62.97	30.08	12.47	14.13	8453.6	11491.2	0.12	0.14
宝鸡	10.2	65.82	23.99	9.82	64.01	26.17	6.43	6.12	12188.6	14061.1	0.41	0.45
咸阳	16.96	57.85	25.2	15.49	58.72	25.79	4.33	5.39	8621.2	9971.9	0.37	0.22
渭南	15	55.09	29.9	14.55	52.77	32.68	10.28	9.27	6444.9	7872.8	0.56	0.19
延安	7.93	72.23	19.84	8.2	69.9	21.9	6.09	5.62	7210.1	8245.0	0.11	0.16
汉中	20.15	45.1	34.74	18.56	46.21	35.23	7.52	7.29	6425.4	7332.7	0.25	0.31
榆林	4.91	69.75	25.35	4.97	67.34	27.69	4.69	10.68	7921.0	10025.0	0.42	0.41
安康	14.98	53.16	31.86	13.49	55.12	31.39	12.41	9.74	5569.8	6309.0	0.24	0.24
商洛	17.33	50.29	32.37	15.76	52	32.24	1.61	5.97	4861.1	5440.0	0.13	0.14
甘肃	12.37	47.89	39.74	12.11	44.01	43.88	10.04	9.66	8282.5	9508.3	0.73	0.75
兰州	2.77	46.19	51.05	2.62	41.22	56.15	5.93	5.57	22894.0	25216.6	1.50	1.57
嘉峪关	1.63	74.5	23.86	1.63	69.8	28.57	22.80	30.49	18878.1	17647.3	0.77	0.09
金昌	6.27	72.67	21.07	6.7	66.17	27.13	10.70	11.82	12237.2	14891.2	0.45	0.18
白银	11.51	54.63	33.86	12.63	50.4	36.97	28.88	27.69	7669.6	8564.1	0.22	0.26
天水	18.63	37.08	44.29	17.3	35.55	47.15	6.94	5.20	5292.1	6153.3	0.95	0.91
武威	23.4	43.59	33.01	23.33	42.59	34.09	7.48	9.86	6231.4	6969.8	0.14	0.54
张掖	25.95	35.12	38.93	24.6	33.04	42.37	9.35	9.80	8077.1	10451.3	0.25	0.23
平凉	22.28	42.97	34.75	24.18	35.96	39.87	14.00	15.13	5939.9	6968.0	0.68	0.71
酒泉	10.59	53.02	36.39	11.66	47.84	40.49	4.51	5.06	12570.6	14102.3	0.48	0.38
庆阳	12.72	59.47	27.81	11.62	59.77	28.61	7.60	4.64	5605.9	7047.7	0.13	0.12
定西	29.41	25.6	44.98	25.37	24.28	50.35	17.36	16.65	2753.6	3268.5	0.32	0.31
陇南	24.7	29.65	45.65	25.23	26.43	48.35	9.79	5.54	2283.6	2551.9	0.22	0.23
青海	6.71	52.57	40.73	6.27	50.3	43.44	5.00	6.09	9577.6	12956.9	0.41	0.80
西宁	3.69	52.58	43.73	3.51	49.79	46.7	3.34	5.84	13997.4	20438.7	0.53	1.05

指标	GDP 构成						流通业发展指标					
	第一产业占比	第二产业占比	第三产业占比	第一产业占比	第二产业占比	第三产业占比	每万元 GDP 货运量		人均社会消费品零售总额		单位 GDP 限额以上批零商品销售总额	
单位	%						吨		万元		元	
年份	2013			2014			2013	2014	2013	2014	2013	2014
海东	15.46	52.53	32	14.32	51.76	33.93	9.79	6.82	3698.5	4164.5	0.06	0.06
宁夏	8.59	52.53	38.89	8.05	53.51	38.44	14.97	12.45	9131.2	9734.2	0.42	0.53
银川	4.3	53.42	42.28	3.8	54.02	42.17	11.85	11.31	20165.8	19513.9	0.66	0.93
石嘴山	5.23	64.38	30.39	5.12	64.98	29.9	19.41	7.52	11008.1	11863.2	0.18	0.05
吴忠	14.12	54.29	31.58	14.06	57.04	28.9	22.71	20.66	5438.5	6102.2	0.23	0.21
固原	24.44	26.23	49.32	21.8	27.49	50.71	22.70	23.51	3211.7	3635.3	0.06	0.06
中卫	16.15	44.69	39.15	15.4	46.16	38.44	7.63	7.48	4152.6	4639.8	0.19	0.19
新疆	1.01	50.13	48.87	0.98	46.72	52.3	7.65	5.21	34017.7	36801.1	1.17	1.36
乌鲁木齐	1.19	39.73	59.08	1.11	36.81	62.08	9.14	5.56	36898.1	40088.6	1.55	1.78
克拉玛依	0.52	76.99	22.49	0.61	75.49	23.91	3.80	4.17	14127.2	14302.5	0.16	0.15

注：据《"十三五"时期京津冀国民经济和社会发展规划》，京津冀地区包括北京市、天津市以及河北省的保定、廊坊、唐山、张家口、承德、秦皇岛、沧州、衡水、邢台市、邯郸、石家庄 11 个地级市和安阳市；据《长江三角洲城市群发展规划》，长三角城市群包括上海市，江苏省的南京、无锡、常州、苏州、南通、盐城、扬州、镇江、泰州，浙江省的杭州、宁波、嘉兴、湖州、绍兴、金华、舟山、台州，安徽省的合肥、芜湖、马鞍山、铜陵、安庆、滁州、池州、宣城。据《海峡西岸经济区发展规划》，海峡西岸地区包括福建省全境，以及浙江省温州、衢州、丽水，广东省汕头、梅州、潮州、揭阳，江西省上饶、鹰潭、抚州、赣州。

数据来源：据《中国城市统计年鉴》（2014 年、2015 年）数据整理或计算。

参考文献

[1] 陈阿兴. 我国零售产业组织结构优化与政策 [M]. 北京：中国商务出版社，2004.

[2] 重庆市人民政府. 关于积极推进"互联网+流通"行动计划的实施意见（渝府办发〔2016〕155号）[EB/OL]. 重庆市政府网，2016-08-19.

[3] 重庆市统计局. 2015年重庆市国民经济和社会发展统计公报 [EB/OL]. 重庆统计信息网，2016-03-11.

[4] 重庆市人民政府. 关于加快推进商贸流通产业发展的意见（渝府办发〔2015〕29号）[EB/OL]. 重庆市政府网，2016-05-22.

[5] 丁玖玲. 重庆市商贸流通业发展现状及对策研究 [J]. 时代金融，2015（24）.

[6] 郭晓先. 河南对外开放中存在的主要问题及原因分析 [J]. 决策探索（下半月），2014（2）.

[7] 广州市人民政府. 广州商务2014年发展情况和2015年发展思路 [EB/OL]. 中国广州政府门户网站，2015-04-08.

[8] 广州市统计局. 2015年广州市国民经济和社会发展统计公报 [EB/OL]. 广州统计信息网，2016-03-26.

[9] 杭州市统计局. 2015年杭州市国民经济和社会发展统计公报 [EB/OL]. 杭州统计信息网，2016-02-29.

[10] 杭州网. 杭州正式加入GDP"万亿元俱乐部"创业创新力促2015经济增长10.2% [EB/OL]. 杭州网，2016-01-24.

[11] 杭州网.《浙江省都市圈城际铁路近期建设规划》昨天拿到"准生证" [EB/OL]. 杭州网，2014-12-18.

[12] 杭州政府网. 杭州都市圈市长联席会议第一次会议在杭州举行 [EB/OL]. 杭州政府网，2007-05-24.

[13] 河南省人民政府门户网站，www. henan. gov. cn.

[14] 平海，朱婧. 广州流通业发展分析与对策研究 [C] //第九届珠三角流通学术峰会——扩大内需与现代流通体系建设论文集，2012.

[15] 钱江晚报. 浙江亿万富豪居世界第二每380人有1位千万富翁 [N]. 钱江晚

报，2016-10-08.

［16］青岛市统计局. 2015 年青岛市国民经济和社会发展统计公报［EB/OL］. 青岛统计信息网，2016-03-17.

［17］上海交通大学中国都市圈发展与管理研究中心. 2012 中国都市圈评价指数［R］. 2012 国际都市圈发展论坛，2012.

［18］沈阳市统计局. 2015 年沈阳市国民经济和社会发展统计公报［EB/OL］. 沈阳统计信息网，2016-05-31.

［19］石家庄市统计局. 石家庄市 2015 年国民经济和社会发展统计公报［EB/OL］. 石家庄统计信息网，2016-04-11.

［20］石家庄政府网，http：//www. sjz. gov. cn/col/1274084103801/2010/08/13/1281684034243. html.

［21］宋德军，刘阳. 沈阳市流通业竞争力现状、问题及对策研究［J］. 大连民族学院学报，2007（11）.

［22］王须峦，王阳. 西安：国际内陆港　通江达海　节点城市系列调查（九）［J］. 物流技术与应用（货运车辆），2011（4）.

［23］西安市统计局. 2015 年西安市国民经济和社会发展统计公报［EB/OL］. 西安市统计局官网，2016-03-15.

［24］西安市商业贸易局. 西安市人民政府关于印发《西安市商业网点发展规划（2004~2010）的通知》［EB/OL］. 西安市人民政府网，2016-09-27.

［25］西安市人民政府. 西安市人民政府办公厅关于推进"互联网+内贸流通"行动计划的实施意见（市政办发〔2016〕50 号）［EB/OL］. 西安市人民政府网，2016-07-06.

［26］新华网. 福布斯中国大陆最佳商业城市：杭州连续 5 年列第一［EB/OL］. 新华网，2008-09-02.

［27］新华网. 沈阳实施"万人创业工程"［EB/OL］. 新华网，2015-03-27.

［28］颜静. 郑州：居天下之中汇八方之货节点城市系列调查（一）［J］. 物流技术与应用（货运车辆），2010（2）.

［29］赵建军. 青岛市商贸流通产业发展的现状、问题与对策［J］. 青岛大学师范学院学报，2009（3）.

［30］浙江省发展和改革委员会. 杭州市商贸流通业发展现状及对策建议［EB/OL］. 浙江统计信息网，2014-07-22.

［31］郑州市统计局. 2015 年郑州市国民经济和社会发展统计公报［EB/OL］. 郑州市统计局官网，2016-03-24.

［32］中华人民共和国住房和城乡建设部. 全国城镇体系规划纲要（2005~2020

年）［EB/OL］. 中华人民共和国住房和城乡建设部官网，2012-01-03.

［33］中华人民共和国国务院. 国务院关于印发物流业调整和振兴规划的通知（国发〔2009〕8 号）［EB/OL］. 中央政府门户网站，2009-03-13.

［34］中华人民共和国国家发展和改革委员会. 国家发展改革委关于印发综合交通网中长期发展规划的通知（发改交运〔2007〕3045 号）［EB/OL］. 中华人民共和国国家发展和改革委员会官方网站，2007-11-14.

［35］中华人民共和国国家发展和改革委员会. "十二五"综合交通运输体系规划（国发〔2012〕18 号）［EB/OL］. 中华人民共和国国家发展和改革委员会官方网站，2012-07-25.

［36］朱英明. 商业集群竞争优势提升研究［J］. 技术经济，2004（7）.

后 记

构建大流通网络，发挥节点城市的集散效应，对提高经济运行效率、降低运行成本具有重要推动作用。本报告根据商务部制定的《全国流通节点城市布局规划（2015-2020）》，对"3纵5横"骨干流通大通道和节点城市发展状况进行了全面分析和评价，并针对大流通网络构建与流通节点城市发展过程中遇到的困难和问题，提出了相应的对策建议，以期更好地完善骨干流通大通道，推动节点城市发展流通功能，提高流通网络对经济运行的拉动作用，进一步提升经济发展质量。

本书由中国社会科学院创新工程资助出版，全书分为总报告和子报告两大部分。我负责总体框架设计，并对内容进行修改、审定，其余部分的具体写作分工如下：总报告第一、第二章庄伟卿（福建工程学院）；第三章张昊；第四章廖斌（北京联合大学）；子报告一张楚（北京航空航天大学）；子报告二许贵阳；子报告三邹旭鑫。本书的出版得到经济管理出版社的大力支持，尤其是责任编辑杨雪女士付出了大量辛勤工作，在此深表感谢！在本报告写作过程中，我们吸收和引用了国内外许多专家、学者的研究成果，尽可能地在脚注和参考文献中做了说明，在此对相关专家学者一并表示感谢！由于作者研究水平和能力有限，书中还有很多不足，敬请各位同行和读者批评指正！

依绍华

中国社会科学院财经战略研究院

2017年10月